2012 绿色低碳交通运输发展年度报告

中华人民共和国交通运输部　编

人民交通出版社
China Communications Press

内 容 提 要

本报告共分为三篇，主要汇集了交通运输行业2012年节能减排和绿色低碳发展的相关信息，既能够反映交通运输行业节能减排与绿色低碳发展的有关工作情况，也能促进学术交流、传播新理念，推动交通运输行业节能减排与绿色低碳发展，起到"总结工作、发布信息、推广宣传、交流经验、传播知识"的作用。

本书可供交通运输行业管理部门、交通运输企事业单位相关管理人员及技术人员等参考。

图书在版编目(CIP)数据

2012绿色低碳交通运输发展年度报告 / 中华人民共和国交通运输部编. --北京：人民交通出版社，2013.6

ISBN 978-7-114-10702-3

Ⅰ. ①2… Ⅱ. ①中… Ⅲ. ①交通运输业－绿色经济－研究报告－中国－2012 Ⅳ. ①F512.3

中国版本图书馆CIP数据核字(2013)第121684号

Lüse Ditan Jiaotong Yunshu Fazhan Niandu Baogao

书　　名：2012绿色低碳交通运输发展年度报告
著 作 者：中华人民共和国交通运输部
责任编辑：韩亚楠　崔　建
出版发行：人民交通出版社
地　　址：(100011)北京市朝阳区安定门外外馆斜街3号
网　　址：http://www.ccpress.com.cn
销售电话：(010)59757973
总 经 销：人民交通出版社发行部
经　　销：各地新华书店
印　　刷：北京鑫正大印刷有限公司
开　　本：880×1230　1/16
印　　张：14
字　　数：360千
版　　次：2013年5月　第1版
印　　次：2013年5月　第1次印刷
书　　号：ISBN 978-7-114-10702-3
定　　价：95.00元

编写委员会

主　任：杨传堂（交通运输部部长）

副主任：高宏峰（交通运输部副部长、节能减排工作领导小组组长）

何建中（交通运输部副部长、节能减排工作领导小组副组长）

编写领导小组

组　长：柯林春（交通运输部政策法规司副司长）

副组长：周晓航（交通运输部科学研究院副院长、交通运输节能减排项目管理中心主任）

成　员：李树栋（交通运输部政策法规司节能减排处处长）

方　海（交通运输节能减排项目管理中心常务副主任）

李忠奎（交通运输部科学研究院副总工）

编　写　组

组　长：李树栋

副组长：高建刚　方　海　李忠奎　王先进　王　艳　欧阳斌

成　员：张迎涛　王　双　郭　杰　张婧嫄　陈建营　刘　芳

李尚伟　程　悦　蔡秀荣　刘宝双　周艾燕　喻　洁

张　毅　路瑞锁　毕清华　冯婷婷　褚春超　李燕霞

石静远　李　琼　李　胤　王　力　黄　彬

前　言

2012年，交通运输行业深入贯彻落实科学发展观，全面贯彻落实党中央、国务院节能减排工作战略部署，将节能减排作为加快推进交通运输现代化、加快转变交通运输发展方式的重要抓手，统筹规划，重点推进，加强领导，明确责任，积极创新，广泛宣传，大力推进绿色低碳交通运输体系建设，持续开展交通运输节能减排试点示范活动，充分发挥各方面、各层次节能减排政策叠加优势，不断提高行业节能减排监管能力和服务水平，交通运输节能减排工作取得了明显成效。

据测算，2012年，交通运输行业节能420万吨标准煤，减排917万吨CO_2。其中：公路运输节能284万吨标准煤，减排616万吨CO_2；水路运输节能128万吨标准煤，减排288万吨CO_2；港口节能约8万吨标准煤，减排13万吨CO_2。与2011年相比，营运车辆单位运输周转量能耗下降0.8%，营运船舶单位运输周转量能耗下降2.3%，港口综合单耗下降2.2%。

《2012绿色低碳交通运输发展年度报告》汇集了交通运输行业绿色低碳发展的相关信息，是一本"总结工作、发布信息、推广宣传，交流经验、传播知识"的报告，更是年度交通运输绿色低碳发展的检验书，有利于深化交通运输行业绿色低碳发展。

编　者

2013年5月

目　录

行业部署篇

试点示范篇

专项资金管理篇

附录　政策文件

杨传堂部长在交通运输部节能减排工作领导小组 2012 年第三次会议上的讲话摘录

交通运输行业是能源消耗大户和节能减排的重点领域。近年来,交通运输行业深入贯彻落实科学发展观,按照党中央、国务院的决策部署,结合行业实际,科学规划,统筹安排,突出重点,行业节能减排工作稳步推进,成效显著,积累了宝贵经验。

党的十八大提出全面建成小康社会的奋斗目标和"五位一体"总布局,对交通运输节能减排提出了新的更高的要求,转变交通运输发展方式、实现科学发展,也要求节能减排工作拓宽领域。要进一步提高思想认识,以科学发展观为指导,真正把节能减排作为硬任务,完善措施,狠抓落实,努力建设资源节约环境友好型行业,实现交通运输绿色低碳发展。

一是着力推进低碳交通运输体系建设。要健全完善交通运输节能减排工作规划,充分发挥规划的先导作用。要推进交通运输节能减排法律法规、部门规章和标准规范建设,为节能减排工作提供制度保障。

二是着力强化节能减排监督管理。要把交通能源消耗纳入交通发展评价体系,建立相应的目标体系、考核办法、奖惩机制。要有效运用激励政策,充分发挥市场机制的作用,多措并举,推进交通运输结构性、管理性、技术性节能减排。

三是着力提高科技创新驱动能力。要进一步加强基础性、战略性、前瞻性节能减排重大科研课题的推进和成果转化,组织实施好一批重点科技支撑项目。继续组织好低碳交通城市、低碳港口、低碳公路等试点工作,不断深化"车、船、路、港"千家企业低碳交通运输专项行动和交通运输节能减排科技专项行动,力争在甩挂运输和 ETC 等方面实现重点突破。要广泛开展节能减排科技示范工程,大力推广成熟的具有节能减排效果和推广应用价值的新材料、新技术、新产品、新工艺。

四是着力推进节能减排协同机制建设。要加强组织领导,建立加强行业管理、积极依靠地方、注意发挥企业和科研单位主体作用、社会力量广泛参与的交通运输节能减排工作协同机制,努力形成工作合力。要以全国节能宣传周和全国低碳日为契机,继续大力宣传交通运输低碳发展理念,鼓励城市居民低碳出行,努力营造良好外部环境。

加快建设低碳交通运输体系

——2012 年全国节能宣传周期间交通运输部部长李盛霖接受记者访谈摘录

交通运输部出台了一系列治本措施,“重拳”推进节能减排。一是建立并严格实行营运车辆燃料消耗量准入制度;二是严格实行客运运力调控政策;三是加快推进电子不停车收费系统建设;四是严格执行交通固定资产投资项目节能评估审查制度。

在出台硬性措施的同时,目前已初步形成了包括法规、规划、标准规范等多层次的交通运输节能减排制度体系。修订的《中华人民共和国节约能源法》,将交通运输节能纳入调整范围。交通运输部组织制修订了《载货汽车运行燃料消耗量》、《载客汽车运行燃料消耗量》等 20 余项公路水路节能减排相关的国家标准和行业标准。

典型引路是推进新事物的良策。2011 年 2 月,交通运输部选择确定天津、重庆等 10 个城市开展低碳交通运输体系建设城市试点;2012 年 1 月,又确定北京、昆明等 16 个城市为第二批试点。交通运输部 2010 年启动了“车、船、路、港”千家企业低碳交通运输专项行动,共有 1126 家交通运输企业报名参加。

必须清醒地看到,交通运输节能减排工作仍然形势严峻。一是交通运输结构性矛盾尚未根本解决,综合交通枢纽建设滞后,大型化、专业化车船比重不高,老旧车船比重偏高;二是科技研发投入不足,现代信息技术应用推广还比较滞后,服务体系尚未建立;三是交通运输节能减排监管能力还有待提升,专职管理机构和人员缺乏,引导性资金投入明显不足,节能减排长效机制尚未形成。

针对以上薄弱环节,交通运输部已确定了“十二五”节能减排的主要指标是:到 2015 年,与 2005 年相比,营运车辆和营运船舶单位运输周转量能耗分别下降 10% 左右和 15% 左右,港口生产单位吞吐量综合能耗下降 8% 左右;营运车辆和营运船舶单位运输周转量 CO_2 排放分别下降 11% 左右和 16% 左右,港口生产单位吞吐量 CO_2 排放下降 10% 左右。

为实现以上指标,交通运输部已经确定了节能型交通基础设施网络、节能环保型交通运输装备、节能高效运输组织三大体系建设,节能减排科技、重点企业节能减排两项专项行动及十大重点工程等主抓工作。

交通运输部将着力做好保障措施,确保实现以上目标。

一是建立健全节能减排目标责任制和问责制。各级交通运输主管部门将建立健全节能减排管理体制,完善多部门协同推进机制,将《公路水路交通运输节能减排“十二五”规划》确定的各项指标和重点任务逐级分解落实到年度计划,明确各有关部门的责任,由各级交通运输主管部门主要领导负总责。

二是深入推进低碳交通运输体系建设,继续做好城市试点。加大对试点城市的支持力度,逐步扩大试点范围,督促试点城市落实试点项目。

三是完善交通运输节能减排专项资金激励机制,建立健全激励政策。探索建立专项资金绩效评价制度，充分发挥专项资金“以奖代补”政策对交通运输节能减排的引导作用。探索建立“立项评审、资金使用、过程跟踪、项目验收”的项目管理模式。逐步形成以财政资金为引导，企业资金为主体的交通运输节能减排投入机制。

四是加强并完善交通运输节能减排统计监测考核体系，推进能源利用在线监测工作，进一步研究完善交通运输节能减排考核体系方案。

精心谋划,务实推进,交通运输节能减排工作实现良好开局

——交通运输部党组成员、副部长高宏峰在《中国交通报》发表的署名文章

2012 年 6 月 11 日

交通运输是我国节能减排三大重点领域之一,交通运输行业能源消费量约占全社会能源消费总量的 8%,三分之一以上的汽柴油等石油制品消耗在交通运输领域。交通运输部党组高度重视行业节能减排工作,以科学发展观为指导,坚决贯彻落实国务院节能减排工作战略部署,将交通运输节能减排作为加快转变交通运输发展方式、促进现代交通运输业发展的重要抓手,加强领导,全面部署,精心谋划,务实推进,在"十一五"期间取得了显著成效,为"十二五"起好步、开好局奠定了良好基础。

一、交通运输节能减排工作实现良好开局

进入"十二五",交通运输行业节能减排工作继续坚持以科学发展观为指导,坚持理论创新与行业实践相结合,坚持示范试点与推广应用相结合,坚持政府引导与企业自主相结合,科学规划,统筹安排,突出重点,明确责任,节能减排工作迈上了一个新的台阶。

(一)全面部署行业"十二五"期节能减排工作。李盛霖部长多次主持召开部节能减排工作领导小组会议,传达国务院节能减排工作会议精神,安排部署行业节能减排重点工作。部先后印发了《关于公路水路交通运输行业落实〈国务院"十二五"节能减排综合性工作方案〉的实施意见》和《公路水路交通运输节能减排"十二五"规划》,将国家"十二五"规划节能减排工作总体要求、国务院节能减排工作战略部署与行业实际相结合,为做好"十二五"期交通运输节能减排工作提供了纲领性指导文件。

(二)认真落实国务院确定的交通运输节能减排重点工作。一是继续严格实行营运车辆燃料消耗量准入制度。自 2011 年 3 月 1 日起所有申办营运资格的新购车辆(含进口车辆)必须符合燃料消耗量限值标准要求,不符合标准的车型不得投入营运。截至 2011 年 11 月,部已累计审查公布了 17 批共 22492 个达标车型,新进入运输市场的达标车型总计 251.8 万辆,节约燃油 142.5 万吨,减少 CO_2 排放 460.2 万吨。二是继续严格实行客运运力调控政策。对于年平均实载率低于 70% 的县际以上客运班线,一律不得新增运力。对一类客运班线、与高速铁路和城际轨道交通平行的客运班线,原则上不再审批新增运力。对与现有班线重复里程在 70% 以上的二类以上客运班线,严格控制新增班线和运力。三是启动了甩挂运输首批试点工作。与国家发展改革委联合印发了《关于确定甩挂运输首批试点项目(单位)的通知》。截至目前,全国首批实施 26 个试点项目,40 个甩挂运输场站已经全部动工,完成建设投资 18.5 亿元;新购置牵引车和半挂车 4225 辆,总投资 8.2 亿元,甩挂运输推荐车型占新购置车辆的 83%;试点项目共投入甩挂运输车辆 9453 辆,开通一定规模的甩挂运输作业线路 130 多条,已辐射到全国 20 多个省份。通过试点,甩挂运输模式较传统运输模式平均单位运输成

本下降了10%～20%，单位运输周转量能耗下降了15%～20%。2011年，26个试点项目共拉动全社会节约标准煤约10万吨，减少CO_2排放近22万吨。

（三）不断深化“车、船、路、港”千家企业低碳交通运输专项行动。2011年，专项行动得到不断深化。“车”：积极推进甩挂运输；发布了行业标准《汽车驾驶节能操作规范》；举办了机动车安全节能驾驶竞赛。“船”：组织实施长江干线船型标准化工作，经沿江省级交通运输部门审核批准列入拆解计划的船舶已达3742艘，拆改完工船舶3105艘，核准使用中央补贴资金3.85亿元；推广内河船舶免停靠报港信息服务系统；推进船用岸电技术应用；开展天然气船示范项目。“路”：加快推进电子不停车收费系统，截至2011年年底，全国已经开通ETC的省份达20个，建成ETC专用车道3200条，ETC用户突破200万户；开展高速公路运营节能技术应用与示范工程。“港”：继续推广应用靠港船舶使用岸电技术和港口轮胎式集装箱门式起重机“油改电”；推广港口机械节能运行控制技术。交通运输节能减排专项资金也对专项行动参与企业予以重点支持。据统计，2011年专项资金支持专项行动参与企业申报项目占项目总数的34%，补助资金占补助总额的48%；2012年第一批专项资金支持专项行动参与企业项目占项目总数的28%，补助资金占第一批补助总额的23%。

（四）持续推进低碳交通运输体系建设城市试点。组织完成了部重大课题“建设低碳交通运输体系研究”。部印发了《建设低碳交通运输体系指导意见》和《建设低碳交通运输体系试点工作方案》。2011年选择确定天津等10个城市开展试点，组织评审并批复了试点城市实施方案，试点工作进入组织实施阶段。2012年又选择确定北京等16个城市开展第二批城市试点，扩大了试点规模，提升了试点的影响力和示范效应。26个城市试点必将为建设低碳交通运输体系提供丰富的实践经验。

（五）充分发挥交通运输节能减排专项资金激励引导作用。“十二五”期间中央财政每年安排交通运输节能减排专项资金，支持公路水路交通运输节能减排工作。部与财政部联合印发了《交通运输节能减排专项资金管理暂行办法》及2011年、2012年专项资金申请指南，在“公平、公正、公开”的原则下，组织开展了年度专项资金项目申请和审核工作。2011年对122个项目给予了资金支持，补助总额2.5亿元。经核算，除无法准确计算节能减排量的交通运输管理与服务能力建设类项目外，2011年度补助项目形成的节能量为31.5万吨标准煤，替代燃料量为22.4万吨标准油，减少CO_2排放113.8万吨。2012年专项资金分两批申报，第一批已对89个项目予以支持，补助总额1.5亿元。专项资金对行业节能减排工作的深入开展发挥了积极引导作用。

（六）大力推广节能减排示范项目和节能产品技术。2011年确定并公布了20个交通运输行业第四批节能减排示范项目。前四批共80个交通运输节能减排示范项目，对总结节能减排经验、推广节能减排技术、促进节能减排工作发挥了积极作用。目前，已基本完成第五批节能减排示范项目的组织推荐和评审，即将发布。2011年还确定并公布了30项“十二五”期第一批全国重点推广公路水路交通运输节能产品技术，为交通运输企业选择节能产品、技术提供了指导，对促进企业节能降耗发挥了推进作用。

（七）继续强化科技研发对节能减排工作的支撑作用。组织开展了“交通运输行业碳排放统计监测及低碳政策研究”，启动实施了“公路甩挂运输关键技术与示范”等部重大科技专项，继续推进“公路运输节能减排标准体系及系列标准研究”等科研项目。进一步推进科技成果转化，组织开展了“高速公路运营节能技术综合应用研究及示范”等科技成果推广应用；“内河船舶电力推进系统”

等节能减排类科技成果被列入2011年科技成果推广目录。批准发布了《汽车驾驶节能操作规范》等行业节能减排相关标准,启动了相关标准研究项目。

(八)积极参与国际应对气候变化谈判。部六次组团参加了《联合国气候变化框架公约》(UNFCCC)和国际海事组织(IMO)框架下的谈判,出席了UNFCCC德班会议和IMO第62届海上环境保护委员会会议。组织开展专题研究,向IMO提交了4份政策和技术提案,会同外交部、国家发展改革委、工业和信息化部报请国务院批准了坎昆会议后国际海运温室气体减排谈判对策,有效维护了我国整体利益和行业发展利益。部还组织中远、中海、河北远洋等12家远洋公司开展了船舶能效水平调研,初步掌握了我国远洋船舶能耗总量、单位能耗及能效管理水平等基础数据,并与国际具有代表性的船舶能效水平进行了比对。

(九)广泛开展交通运输节能减排宣传交流培训。利用报纸、网络、广播、电视等媒体大力宣传交通运输节能减排成效,积极组织参加全国节能宣传周活动,取得了良好的宣传效果。在多双边领域加大行业节能减排对外宣传力度,利用多双边会议和各种交流活动,学习国外先进经验,为推动我国具有比较优势的企业"走出去"和技术出口创造条件。举办了"2011中国节能与低碳发展论坛"交通节能分论坛、"2012中国交通发展论坛"低碳交通分论坛、建设低碳交通运输体系培训班、第二届机动车驾驶员节能技能竞赛等活动,宣传推广交通运输低碳发展理念和技术。

(十)努力做好公共机构节能。印发了《交通运输部机关节能工作实施方案》等,完善了机关节能工作制度。继续做好部机关节油节电节水工作,2011年部机关用油量同比持平,用水量同比下降1.28%,被国管局和北京市水务局评为"北京市节水型单位",部机关办公楼扣除因通信中心、海事、救捞、公安机房等用电设备增加带来的新增用电量后,用电量同比下降5.49%,完成了国管局确定的2011年度节能目标。进一步加强了对部属各单位公共机构节能的监督、指导和能耗统计工作。

二、交通运输节能减排工作的主要经验

"十一五"以来,交通运输行业深入推进节能减排工作,不断取得新的成效,为下一步继续做好节能减排工作积累了宝贵的经验,主要体现在以下6个方面:

第一,要不断提高对交通运输节能减排工作重要性、紧迫性和艰巨性的认识。近几年,交通运输行业推进节能减排工作,由宣传发动到务实推动,认识在不断提高,行动在逐渐自觉,力度在逐步加大。全行业充分认识到做好节能减排工作对于促进交通运输发展方式转变、加快交通运输结构调整、实现交通运输科学发展的重要意义,逐步增强做好节能减排工作的责任感和使命感,积极谋划,周密部署,明确责任,抓好落实,做到长期有目标,年度有重点,件件有落实,有力提高了交通运输节能减排工作管理水平。

第二,要不断加强交通运输节能减排工作组织领导,建立健全节能减排工作管理机制。近年来,交通运输部适时调整并不断强化节能减排工作领导机构,加强部内外相关部门的沟通与合作,逐步完善节能减排工作管理机制和法规标准规范体系,探索建立节能减排工作长效机制。地方各级交通运输主管部门和交通运输企业也不断加强并稳定节能减排工作管理机构,充实管理队伍,提高管理人员的认识水平和业务能力。全行业节能减排工作管理力度不断加大,管理机制不断优化,管理效能不断提升。

第三,要制定并实施交通运输节能减排规划。各级交通运输主管部门积极参与做好国家和地方

综合规划中的交通运输节能减排部分，研究制定并发布了交通运输行业节能减排专项规划，采取必要措施，贯彻落实规划提出的重点任务和目标要求，加强对规划执行情况的监督检查，切实发挥了规划对交通运输节能减排工作的先导作用。

第四，要突出交通运输企业在节能减排工作中的主体地位。企业是节能减排工作的主体。近年来，广大交通运输企业在政府主管部门的指导下，创造性地开展节能减排工作，因地制宜，因时制宜，开发应用适合本企业实际的节能减排技术和产品，以实际行动打造绿色低碳交通运输企业，为持续深入推进交通运输节能减排工作做出了实际贡献。

第五，要充分发挥科技对节能减排工作的支撑作用。科技为交通运输节能减排工作提供了强大的推动力和更广阔的发展空间。交通运输科研单位和交通运输企业内的研发部门，能够树立为行业发展大局服务的意识，找准着力点，选好创新点，克难攻坚，积极创新，不断加强科技对节能减排工作的支撑力度，促进了节能减排工作不断提升和深化。

第六，要抓好节能减排示范试点和专项行动。近年来，组织开展的节能减排示范项目、节能产品技术推广、“车、船、路、港”千家企业低碳交通运输专项行动、低碳交通运输体系建设城市试点等工作，以点带面，充分发挥了典型示范作用，进一步增强了行业对做好节能减排工作的共识，促进了行业节能减排工作的持续深入。

我们也清醒地认识到，交通运输节能减排工作仍然存在着一些薄弱环节，主要是：交通运输结构性矛盾尚未根本解决；交通运输节能减排技术创新与服务体系仍不完善；交通运输节能减排监管能力还有待提升。

三、下一阶段交通运输节能减排工作的主要任务

“十二五”期节能减排工作形势更加严峻，压力更大，责任更重。李盛霖部长在2012年全国交通运输工作会议上要求，要加快推进交通运输节能减排，大力推进低碳交通运输体系建设，实现交通运输集约、绿色、可持续发展。为实现《公路水路交通运输节能减排“十二五”规划》确定的目标，今后一个时期，要重点抓好以下几个方面的工作：

（一）贯彻落实国务院“十二五”节能减排与应对气候变化工作部署。贯彻落实国务院《“十二五”节能减排综合性工作方案》和《“十二五”控制温室气体排放工作方案》对交通运输行业的具体要求，组织落实部发布的《关于公路水路交通运输行业落实国务院“十二五”节能减排综合性工作方案的实施意见》及部门分工方案，适时发布《交通运输行业应对气候变化行动方案》，确保国家和行业节能减排与应对气候变化工作部署落到实处。

（二）深入推进低碳交通运输体系建设。继续深化低碳交通运输体系建设相关政策研究。继续组织做好低碳交通运输体系建设城市试点，加大对试点工作的推进力度和对试点城市的支持力度，及时总结宣传试点经验，确保试点工作取得预期成效。部从今年开始，重点在四个城市，即武汉、南昌、厦门和无锡，组织开展低碳交通城市试点；在四个港区，即天津港、青岛港、连云港港和蛇口集装箱码头港区，组织开展低碳港口试点。

（三）继续深入开展“车、船、路、港”千家企业低碳交通运输专项行动，组织做好万家企业节能低碳行动。切实发挥“车、船、路、港”千家企业低碳交通运输专项行动对交通运输节能减排工作的示范作用，加强对专项行动参与企业的支持与引导，逐步建立有利于发挥专项行动示范作用的长效工

作机制。配合国家发展改革委开展万家企业节能低碳行动,加强行业指导,强化行业监督,督促行动方案各项措施落到实处。

(四)完善交通运输节能减排专项资金激励机制。组织开展交通运输节能减排专项资金激励机制研究,探索建立专项资金绩效评价制度,组织实施专项资金绩效调查工作。完善专项资金项目管理,研究建立节能减排量第三方审核制度,推进项目区域性管理和主题性管理,探索建立"立项评审、资金使用、过程跟踪、项目验收"的项目管理模式,加强项目管理信息化建设。

(五)加强并完善交通运输节能减排统计监测考核体系,推进能源利用在线监测工作。组织开展交通运输能源利用统计监测研究。继续完善交通运输能耗统计监测报表制度,巩固并适度扩大监测范围,不断提高监测数据质量。组织开展普通营运货车、内河船舶能源利用状况远程监测试点。进一步研究完善交通运输节能减排考核体系方案。

(六)继续推进交通运输节能减排重点工作。一是继续严格实行营运车辆燃料消耗量准入制度;二是继续执行对客车实载率低于70%的线路不投放新运力;三是继续推行公路甩挂运输;四是因地制宜推进天然气汽车在道路运输、城市公交、出租汽车及港口中的应用;五是深入开展绿色汽车维修工程;六是在出租汽车行业开展电话预约服务模式试点;七是加大对天然气船舶试点工作的支持力度;八是制定并发布靠港船舶使用岸电技术相关标准。

(七)组织实施节能减排科技专项行动。大力推进交通运输节能减排重大科技专项的组织实施,组织开展节能减排相关政策软科学研究。促进节能减排科技成果推广应用,发布包括节能减排技术在内的年度交通运输建设科技成果推广目录,启动节能低碳科技成果推广项目,深入推进节能科技示范工程的组织实施。继续推进节能减排国家和行业标准的制修订工作。

(八)积极开展交通运输节能减排宣传交流培训,继续做好应对气候变化谈判。大力宣传低碳交通运输体系建设经验与成效,着力打造交通运输节能减排"十百千"工程(十个低碳交通运输体系建设城市试点,一百个交通运输行业节能减排示范项目,一千家"车、船、路、港"企业低碳交通运输专项行动参与企业)。组织开展交通运输节能减排学习培训与竞赛活动。继续积极参与UNFCCC和IMO框架下应对气候变化谈判,深入开展船舶能效履约研究。

交通运输行业正在积极构建低碳绿色交通运输体系。李盛霖部长指出,切实做好节能减排工作,加快建设低碳交通运输体系,是实现交通运输可持续发展的内在需要。我们坚信,通过科学规划,务实推动,定会开创"十二五"交通运输节能减排工作新局面,圆满达成国家和行业确定的"十二五"节能减排发展目标!

强化体系建设，勇于开拓创新，深入推进低碳交通运输体系建设城市试点工作

——交通运输部党组成员、政策法规司司长何建中在第二批低碳交通运输体系建设城市试点工作启动会上的总结讲话

2012 年 2 月 10 日

同志们：

第二批低碳交通运输体系建设城市试点工作启动会今天在山东烟台召开，会上先后有 30 多位同志做了发言。下面，我围绕会议主题讲几点意见：

第一，深化认识。

交通运输部决定在首批 10 个试点城市的基础上，继续选择 16 个城市开展第二批试点工作，我们对开展此项工作要有一个清醒的认识。

一是要认识到节能减排是国家发展的重要战略。我国政府已经宣布，到 2020 年，单位国内生产总值 CO_2 排放比 2005 年下降 40% ~45%。国务院先后出台了《“十二五”节能减排综合性工作方案》、《“十二五”控制温室气体排放工作方案》，这些方案都明确地强调要在重点领域加大节能减排工作力度，将总体节能减排目标分解到各省、市、自治区，采取有力措施予以落实。这些指标是相对比较硬性的，到“十二五”期末，全国单位国内生产总值能源消耗和 CO_2 排放比 2010 年下降 16% 和 17%。除此以外，还从环境保护的角度提出了一些具体的指标，包括削减化学需氧量、氮氧化物。这些指标将作为各省、市、自治区年度考核的约束性指标，也将逐渐对重点行业提出考核要求，所以我们一定要落实国务院提出的系列规划、方案和措施。节能减排不是一个简单的工作部署，而是国家发展的战略，不仅仅是一个简单经济问题，还涉及国家总体发展的政治问题、外交问题，以及我国在国际社会的环境问题。因此，要不断深化认识，增强工作的紧迫感、责任感和使命感。

二是要认识到优化交通运输能耗结构势在必行，更是交通运输科学发展、安全发展的内在要求。交通运输能源消耗占全社会能源消耗的8%，在石油制品的消耗中，交通运输占三分之一以上。我国石油对外依存度早已超过50%，人均能源占有量远远低于世界平均水平，即使有一些新的储量发现，但我国能源消耗的峰值还远远没有达到，我国能源消耗和 CO_2 排放的总量已经是世界第一。交通运输行业作为重点能源消耗大户，合理优化能源消耗结构，转变交通运输发展方式，加快综合运输体系建设，发挥各种交通运输方式比较优势，加大节能减排工作力度，完成“十二五”期公路、水路节能减排的指标，是当前我们工作的重要任务和目标，也是列入国务院年度和“十二五”期对交通运输主要任务考核的重点工作之一。

三是节能减排实践告诉我们，只要思想上有明确的认识，行动上有扎实的举措，就可以取得比较好的成绩。“十一五”期，整个交通运输行业的节能减排工作取得了比较好的成绩。首先是制度建设有所突破。通过贯彻《节约能源法》，制定了部门规章，同时对营运车辆燃料消耗量限值制定了部

令，严格了准入制度。同时，出台了一系列节能减排行业标准和考核性指标。其次是在重点领域和关键环节采取了专项行动。如开展了"车、船、路、港"千家企业低碳交通运输专项行动，针对不同领域实施节能减排措施予以推进，取得了较好的成效，引导广大交通运输企业积极参与，参与企业自身也获得了益处，赢得了更大的发展空间，在市场竞争中处于更加有利的位置。再次是连续推出交通运输节能减排示范项目。目前已经推出80个示范项目，今年继续推出20个示范项目，将达到100个。这些项目在交通运输的不同领域都有积极的示范效应和引领作用，也有一些在节能减排技术方面有所突破。最后是积极建设低碳交通运输体系。近两年，按照部党组的要求，从总体上进行了深入研究，既包括建设低碳交通运输体系研究，也包括几个运输方式和关键环节的单项研究，部印发的《建设低碳交通运输体系指导意见》和《建设低碳交通运输体系试点工作方案》都是研究成果的具体体现。今天会上选择了深圳、杭州、无锡进行交流，3个城市是首批试点工作中成效显著且具有特色的城市。城市试点工作是从总体区域的角度推进低碳交通运输体系建设的重要尝试。第二批确定16个试点城市，也是为进一步扩大视野，满足体系总体建设的要求，把不同类型、不同特色的试点项目放在这个平台上加强研究，为今后进一步推进低碳交通运输体系建设，起到先行先试、创造经验的作用，为进一步完善总体规划和实施专项行动奠定基础。我们要深刻认识到，只要认真抓好这项工作，节能减排成效是明显的，由点到线再到面地推进交通运输行业节能减排工作、低碳交通运输体系建设，就一定会取得更加有效的成果。

第二，借鉴经验。

这次会上深圳、杭州、无锡都做了交流发言，我想主要有3个方面的经验可以进行借鉴。

一是明确工作推进机制。试点工作的关键在于如何抓好这项工作，首批10个试点城市都从工作机制入手，从领导机构到工作小组，从制定配套政策到确定重点领域，从主导部门牵头抓、相关部门协同抓到政府牵头组织抓，都充分体现了健全工作机制是推进试点工作的坚实基础。因此，第二批试点城市要将健全工作推进机制作为试点工作方案的重要内容。

二是选准试点内容。首批10个试点城市按照部确定的6大重点领域，结合各自城市的特点，选择一到两个有特色的方面作为重点内容推进。例如，深圳的特点是综合交通运输管理体系和运行机制的建设，为低碳交通运输城市发展奠定了组织架构、体制架构和工作架构；杭州的特点是"五位一体"公共交通方式的融合，推进了交通运输组织方式、用能方式和行为方式的转变；无锡的特点是智能交通的探索和尝试。另外，贵阳和保定在清洁能源推广和应用，优化城市公交发展战略方面具有一定特色，武汉的特色是从区域和地理位置的角度，发展和推进多种运输方式在中心节点的连接作用，实现运输结构调整和用能结构优化。因此，明确试点内容和突出自身特点是第二批试点工作的基本要求。

三是务实组织实施。要认识到城市试点工作不是去装门面、搞形象工程，而是应该扎扎实实按照部批准的实施方案，逐项、逐年要采取有效措施加以推进。实践证明，去年首批10个试点城市都有不同程度的进展，体现在务实地推进该项工作开展。在推进过程中，要明确工作计划，交通运输企业广泛参与，充分发挥交通运输企业的主体作用，制定地方城市配套政策，都属于务实推进的有效措施。

第三，制订方案。

第二批16个试点城市在制定试点方案时，一是要深刻理解低碳交通运输体系指导意见和实施方案的原则、精神和要求。尽管部确定了第二批试点城市名单，但如果某个城市试点实施方案得不到认可，同样要取消这个城市的试点资格。因此，必须要完全掌握理解《建设低碳交通运输体系指导意见》和《建设低碳交通运输体系试点工作方案》的原则、精神和要求。

二是明确试点工作目标。第一，试点工作内容要涵盖部确定的6个重点领域，具体包括：调整交通运输结构、优化能源消耗结构、改善交通运输组织、改进提升运输装备、发展智能信息交通、引导改变出行方式。第二，要将低碳交通运输体系建设试点方案列入城市的总体发展战略规划，这是一条相对硬性的要求。如果游离于城市总体规划发展之外，这项工作是缺乏生命力的，也没有很强的推动力。大家回去向主管市长汇报，没有这项内容，一律取消试点资格。第三，要做出专项规划。无论是5年或者更长时期，要着手制定低碳交通运输体系建设专项规划。

三是要有试点工作实施计划。第一，要有年度的目标，要明确每年抓几项工作，必须是低碳交通运输体系建设城市试点工作的年度计划。第二，要有阶段性成果和成效，要认真组织实施，及时对试点工作进行总结和提炼。第三，要有考核评价标准，最好将考核指标要求列在城市总体考核体系中。

第四，突出重点。

第二批试点工作要做到有的放矢，突出重点核心工作。

一是要在体系建设方面下工夫。首批试点城市只是从总体内容中选几项开展工作，第二批试点城市要强调在总体体系建设方面下工夫，这也是国家节能减排政策的引导方向。例如选择开展智能交通建设，就要覆盖城市交通运输各个主要领域，不是一个点，要强调面。如果从运输组织角度选择，就要覆盖这个城市各种交通运输方式的衔接。在总体体系考虑的基础上，明确推进的目标和措施。

二是要在特色和创新方面下工夫。要根据城市自身特点，可以在一到两个方面开展更具特色的试点工作。如烟台是一个港口城市，从低碳交通的角度如何体现，就要考虑到公路、水路、铁路、民航之间如何衔接，不同港区之间又如何衔接，地面交通与其他交通方式之间如何衔接。因此，一定要针对本城市特点，充分考虑区域性、主题性的情况，提出具有自己特色的发展思路。

三是政策争取有所突破。国家层面的政策我们在选定试点城市时就充分地进行了考虑。例如国家发展改革委开展的低碳省区、低碳城市的建设，国家发展改革委、财政部开展的节能减排财政政策综合示范城市、国家两型社会建设的示范区域等在我们的试点城市中都有充分体现。这里主要强调地方政策的落实，重点是各地要争取城市本身的政策，这不仅仅是配套，更加有利于增强推进力度。另外，从发展的角度来看，节能减排将成为一个地区未来发展的重点工作，没有这项工作就是不可持续发展。在这种情况下，提前研究制定政策是具有前瞻性的。通过此次会议交流，各个试点城市可以学习相关经验、互相借鉴，逐步推进低碳交通运输体系建设城市试点工作。

第五，完善机制。

健全机制是试点工作顺利开展的保障。

一是完善工作机制。首先要由部门行为变为政府行为，例如落实城市公交发展战略，提高城市公交分担率，就需要政府主导推进，一方面是大力发展城市公共交通，另一方面就是要引导公众选择公共交通。其次要由行业推进变成社会推进，行业推动是必要的，但更要形成各个部门具体承担的工作内容和任务，这就需要在政府工作目标、财政预算、考核目标中充分体现。

二是制定法规标准。首先是地方法规，目前相当一部分试点城市拥有立法权，地方层面要争取从立法的角度推进。例如为贯彻《节约能源法》,部制定了实施细则,发布了《道路运输车辆燃料消耗量限值标准》和《道路运输车辆燃料消耗量检测和监督管理办法》,正在制定《营运船舶燃料消耗量限值标准》及相关管理办法。各地也可以制定符合实际情况的公路、水路规章。其次是标准制定。现在标准是越来越重要,从国家层面一定要建立行业标准,如靠港船舶岸电标准,出现多种版本,部里正在考虑制定统一标准;另外,什么是低碳交通运输城市,就需要考虑设置指标体系,这些都属于标准规范层面的工作。各地可以大胆尝试制定区域性的标准,形成长效机制。第三是碳排放控制。目前碳交易正在制定规则、标准和规范,国际海事组织已经发布船舶能效规则,欧盟已经实施碳交易,初步计算,2012 年中国几大航空公司需要 8 亿多元,交通运输行业如何应对新规则,就需要我们提前考虑,通过研究提出有效措施,在试点工作中可以进行一定的探索和尝试。

三是强调科技支撑。第一,要立项研究课题。低碳交通是相对比较新的领域,各地可以在部体系研究的基础上,立一些有利于推进发展的研究性课题,包括试点方案本身也需要研究和制订。因此,要争取政府相关部门的支持,增加课题研究力度,形成规范性、规律性的认识,更好地支撑试点工作开展。第二,要加强成果转化。一方面是将现有的科学技术应用于交通运输行业,包括清洁能源利用、路面养护技术、隧道照明技术、节能和新能源车船、运输装备改进等;另一方面是要敢于将自己研究成果进行尝试和应用,不是研究后就放在一边。第三,要借力推进。要充分发挥科研院所的技术优势,支撑和推进我们工作开展,各个城市要根据实际情况,选择合理的技术支撑。

四是建立监测考核体系。今年部节能减排统计监测工作要有所突破,交通运输行业能源消耗和碳排放统计要逐步落实。目前,国家发展改革委正在牵头开展重点领域在线监测工作,一方面是为了做到心中有数,另一方面防止弄虚作假。目前,交通运输节能减排专项资金的“以奖代补”项目的节能量都是计算出来的,单个项目计算是相对准确容易的,但是下一步开展区域性、主题性工作,如何测算将是一个硬性的工作。因此,试点城市要着手考虑推进这项工作,形成一套能与省、部对接的办法。

第六,务实推进。

只有实实在在地推进试点工作,才会取得显著成效。

一是落实目标和责任要求。不仅争取试点城市很积极,落实工作也要扎实,要有目标责任体系,要实实在在推进工作。目前,国家已经发布了 2020 年碳排放强度下降 40% ~45% 的目标,将来会分摊到各地各行业,所以低碳交通运输体系建设工作也要有指标体系,一定要落实目标责任要求,一定要争取将试点想法变成实施方案,落实到具体推进措施。

二是抓住重点环节下工夫。除各地特色以外,部里正在抓“车、船、路、港”专项行动,并选择各个领域的重点内容进行推进。各个城市在试点工作中,要确定专项工作目标和计划,采取有效的措施推进工作。交通运输部积极落实国务院对交通运输提出的要求,各省都会下达带有约束性和指令性要求,各地都要采取措施,加强落实,这样才能保障整体工作的效果。

三是发挥交通运输企业的主体作用。政府层面主要是做好顶层规划设计,有系统化考虑、引导性政策、重点项目推动,在此基础上,引导交通运输企业广泛参与。我们要组织、协调、推进、引导,还要监督、检查、考核,引导企业变被动为主动,让企业尝到益处,把企业的积极性调动起来。

四是加大推广、宣传、交流、总结经验的力度。从政府层面讲,无论是示范项目、专项行动、交流总结、座谈推广等形式都是必要的。利用新闻媒体对有推广价值的项目、经验加大宣传,各级政府要共同努力做好这项工作。交通运输节能减排工作要真正实现实质转变，就需要总结、宣传、交流、推广，我们要善于做好这项工作。这样低碳交通运输体系建设通过试点工作，实现点线面的有效推进，顺利完成“十二五”期公路、水路节能减排的指标性要求，为构建出低碳交通运输体系做出贡献。

最后希望大家共同努力，从思想认识、推动力度方面进一步加强，使交通运输行业节能减排工作更加有扎实、更有成效，切实为实现国家目标做出重要贡献。

行业部署篇

一、加强组织领导，全面落实行业节能减排工作部署

（一）组织召开重要会议研究部署行业节能减排工作

2012年，交通运输部先后3次召开部节能减排工作领导小组会议，研究讨论落实国务院节能减排工作部署的部内分工方案、低碳交通运输体系建设城市试点等行业节能减排工作重大问题，安排推进2012年度行业节能减排重点工作。

2012年1月18日下午，交通运输部部长、部节能减排工作领导小组组长李盛霖主持召开部节能减排工作领导小组2012年第一次会议。会议审议并原则通过了《2011年交通运输行业节能减排工作总结和2012年工作要点》、《贯彻落实〈公路水路交通运输行业落实国务院"十二五"节能减排综合性工作方案的实施意见〉的部门分工方案》和《低碳交通运输体系建设第二批试点城市推荐名单》。李盛霖充分肯定了2011年交通运输行业节能减排工作取得的显著成效。一年来，交通运输行业深入贯彻落实科学发展观，全面贯彻落实国务院节能减排工作战略部署，坚持理论创新与行业实践相结合，坚持示范试点与推广应用相结合，坚持政府引导与企业自主相结合，科学规划，统筹安排，突出重点，明确责任，扎实推进，为实现国家和行业"十二五"节能减排目标奠定了良好开端。会议要求要切实把握国务院节能减排工作总体要求，认真落实交通运输部实施意见及部门分工方案，加强领导，明确责任，确保完成部确定的各项节能减排工作安排。会议指出要继续组织做好低碳交通运输体系建设城市试点，及时总结，加强宣传，将交通运输低碳发展持续推向深入。会议强调，要完善交通运输节能减排专项资金激励机制，创新专项资金项目管理模式，突出重点，强化引导，不断提高专项资金使用效益。会议强调全行业要不断提高和深化对节能减排工作的认识，将节能减排作为加快转变交通运输发展方式，促进现代交通运输业发展的重要抓手，务实推进，抓出成效。要从全局高度和战略角度认识节能减排工作的重要性，要认识到节能减排不仅是一个发展问题，也是一个政治问题，要认识到节能减排工作对于促进交通运输发展方式转变，加快交通运输结构调整，实现交通运输科学发展的重要意义，要认识到低碳交通运输体系是现代交通运输业的重要内容，低碳发展是现代交通运输业的突出标志。全行业要进一步增强做好节能减排工作的责任感和紧迫感，提高认识，加强领导，明确责任，抓好落实，确保国家和行业"十二五"节能减排重点工作的落实及目标的实现。

2012年7月10日，交通运输部副部长、部节能减排工作领导小组副组长高宏峰主持召开2012年部节能减排工作领导小组第二次会议，总结2012年以来交通运输行业节能减排工作经验，研究部署下半年节能减排工作。他强调，要积极创新交通运输节能减排专项资金项目管理模式，进一步增强专项资金对行业节能减排工作的导向作用，提高专项资金使用效率。会议审议并原则通过了《2012年上半年交通运输行业节能减排工作总结和2012年下半年工作安排》以及《2012年度交通运输节能减排专项资金（第二批）补助方案》。高宏峰指出，近几年，行业对推动节能减排工作的认识不断提高，行动逐渐自觉，力度逐步加大，节能减排工作取得显著成效。全行业要进一步提高对节能减排工作重要性、紧迫性和艰巨性的认识，将认识转化为行动，务实推进，抓出成效。高宏峰强调，要

继续深化低碳交通运输体系建设研究，组织做好第二批城市试点实施方案的评审，指导并及时总结城市试点工作，加快低碳交通运输体系建设步伐；继续研究完善专项资金项目管理模式，推进专项资金项目区域性和主题性管理试点，完善申请项目第三方审核，加大对节能减排能力建设的支持力度，组织开展专项资金绩效调查。高宏峰要求，各司局、各单位要按照部发布的今年节能减排工作要点要求，组织做好下半年节能减排重点工作，确保完成年初制定的工作目标。一是尽快发布《交通运输行业应对气候变化行动方案》和《交通运输行业"十二五"控制温室气体排放工作方案》。二是继续深入开展"车、船、路、港"千家企业低碳交通运输专项行动，配合国家发展改革委组织做好万家企业节能低碳行动。三是加强并完善交通运输节能减排统计监测考核体系。四是继续推进营运车辆燃料消耗量限值管理、甩挂运输试点、天然气动力船舶试点应用等节能减排重点工程。五是组织实施节能减排科技专项行动。六是继续做好气候变化谈判和对外交流合作工作。七是积极开展道路运输节能减排宣传培训。八是继续做好公共机构节能工作。

2012 年 12 月 27 日，交通运输部杨传堂部长主持召开部节能减排领导小组第三次工作会议。会议听取了 2012 年交通运输行业节能减排工作情况的汇报，研究了 2013 年行业节能减排重点工作，审议并原则通过交通运输节能减排第三方审核机构认定名单。会议决定在 2013 年 6 月召开低碳交通运输体系建设试点示范推进会。杨传堂指出，交通运输行业是能源消耗大户和节能减排的重点领域。近年来，交通运输行业深入贯彻落实科学发展观，按照党中央、国务院的决策部署，结合行业实际，科学规划，统筹安排，突出重点，行业节能减排工作稳步推进，成效显著，积累了宝贵经验。杨传堂强调，党的十八大提出全面建成小康社会的奋斗目标和"五位一体"总布局，对交通运输节能减排提出了新的更高的要求，转变交通运输发展方式、实现科学发展，也要求节能减排工作进一步拓宽领域。要进一步提高思想认识，以科学发展观为指导，真正把节能减排作为硬任务，完善措施，狠抓落实，努力建设资源节约环境友好型行业，实现交通运输绿色低碳发展。明年和今后一个时期，要重点在以下 4 个方面下工夫：一是着力推进低碳交通运输体系建设。要完善交通运输节能减排工作规划，充分发挥规划的先导作用。要推进交通运输节能减排法律法规、部门规章和标准规范建设，为节能减排工作提供制度保障。二是着力强化节能减排监督管理。要把交通能源消耗纳入交通发展评价体系，建立相应的目标体系、考核办法、奖惩机制。要有效运用激励政策，充分发挥市场机制的作用，多措并举，推进交通运输结构性、管理性、技术性节能减排。三是着力提高科技创新驱动能力。要进一步加强基础性、战略性、前瞻性节能减排重大科研课题的推进和成果转化，组织实施好一批重点科技支撑项目。继续组织好低碳交通城市、低碳港口、低碳公路等试点工作，不断深化"车、船、路、港"千家企业低碳交通运输专项行动和交通运输节能减排科技专项行动，力争在甩挂运输和 ETC 等方面实现重点突破。要广泛开展节能减排科技示范工程，大力推广成熟的具有节能减排效果和推广应用价值的新材料、新技术、新产品、新工艺。四是着力推进节能减排协同机制建设。要加强组织领导，建立加强行业管理、积极依靠地方、注意发挥企业和科研单位主体作用、社会力量广泛参与的交通运输节能减排工作协同机制，努力形成工作合力。要以全国节能宣传周和全国低碳日为契机，继续大力宣传交通运输低碳发展理念，鼓励城市居民低碳出行，努力营造良好外部环境。

（二）印发《2011 年交通运输行业节能减排工作总结和 2012 年工作要点》

2012 年 2 月 1 日，交通运输部印发《关于印发〈2011 年交通运输行业节能减排工作总结和 2012

年工作要点〉》(交政法发〔2012〕46 号)。2011 年交通运输行业深入贯彻落实科学发展观,全面贯彻落实国务院节能减排工作战略部署,坚持理论创新与行业实践相结合,坚持示范试点与推广应用相结合,坚持政府引导与企业自主相结合,科学规划,统筹安排,突出重点,明确责任,扎实推进,为实现国家和行业“十二五”节能减排目标奠定了良好基础。2012 年交通运输行业节能减排工作要点包括:(1)贯彻落实国务院“十二五”节能减排与应对气候变化工作部署;(2)深入推进低碳交通运输体系建设,扩大试点城市范围;(3)继续深入开展“车、船、路、港”千家企业低碳交通运输专项行动,组织做好万家企业节能低碳行动;(4)完善交通运输节能减排专项资金激励机制;(5)创新交通运输节能减排专项资金项目管理模式;(6)加强并完善交通运输节能减排统计监测考核体系,推进能源利用在线监测工作;(7)组织开展交通运输节能减排示范活动;(8)继续推进交通运输节能减排重点工作;(9)组织实施节能减排科技专项行动;(10)继续做好气候变化谈判和对外交流合作工作。

(三)印发《关于贯彻落实公路水路交通运输行业落实国务院“十二五”节能减排综合性工作方案的实施意见的部门分工方案的通知》

2012 年 1 月 30 日,印发了《关于贯彻落实公路水路交通运输行业落实国务院“十二五”节能减排综合性工作方案的实施意见的部门分工方案的通知》(厅政法字〔2012〕16 号),将国务院对交通运输行业“十二五”期节能减排工作的要求落到实处,明确了部门责任,加大了推进力度。

(四)印发《交通运输行业“十二五”控制温室气体排放工作方案》

2012 年 9 月 7 日,印发了《交通运输部关于印发交通运输行业“十二五”控制温室气体排放工作方案的通知》(交政法发〔2012〕419 号)。该工作方案包括总体要求和主要目标、加强构建行业低碳发展路径、深入推进节能低碳交通运输专项工作、加快建立温室气体排放统计核算体系、探索应用市场手段推进行业温室气体减排、参与国际应对气候变化谈判及合作、保障措施等内容。此外,还制订了《交通运输行业应对气候变化行动方案》,统筹安排交通运输行业“十二五”期控制温室气体排放和应对气候变化重点工作。

二、把握关键环节,着力推进国务院节能减排重点任务

(一)继续严格实施营运车辆燃料消耗量限值标准

根据《道路运输车辆燃料消耗量检测和监督管理办法》(交通运输部令 2009 年第 11 号)有关规定,截至 2012 年年底,交通运输部累计发布 21 批达标车型,发布达标车型近 2 万个。2012 年全国新进入营运市场的达标车辆共 276 万辆,节约燃油 156 万吨,减少 CO_2 排放 504 万吨。

(二)继续严格实施客运运力调控政策

对于年平均实载率低于 70% 的县际以上客运班线,一律不新增运力。对一类客运班线、与高速铁路和城际轨道交通平行的客运班线,原则上不审批新增运力。对与现有班线重复里程在 70% 以上的二类以上客运班线,继续严格控制新增班线和运力。开展了道路客运实载率调查与测算技术规范

研究,形成了《道路客运实载率调查与测算技术规范》。

(三)继续加大公路甩挂运输试点工作推进力度

积极推进运输管理组织化,扩大试点示范。截至2012年年底,全国首批实施的26个试点项目、40个甩挂运输场站已经全部动工,通过试点,甩挂运输模式单位运输周转量能耗下降了15%~20%。在首批试点的基础上,2012年交通运输部联合财政部、国家发展改革委启动了第二批甩挂运输试点工作,共确定69个项目纳入试点,遴选、发布第二批甩挂运输推荐车型,试点效益初步显现。

一是组织召开公路甩挂运输试点推进工作会议。2012年4月27日至28日,交通运输部在山东烟台召开公路甩挂运输试点推进工作会议。交通运输部冯正霖副部长出席会议并发表重要讲话。会议由交通运输部总工程师戴东昌主持,国家发展改革委资源节约和环境保护司有关同志到会讲话。交通运输部有关司局领导和全国24个省(区、市)的交通运输主管部门和道路运输管理机构负责人、首批甩挂运输试点企业以及甩挂运输推荐车型生产制造企业共180余人参加了会议。

冯正霖副部长在讲话中充分肯定了首批甩挂运输试点工作取得的成绩,客观分析了甩挂运输发展面临的困难和问题,并对下一步试点工作进行了部署和安排。冯正霖副部长指出,2010年福州会议以来,甩挂运输发展政策实现新突破,补助资金逐步落实,场站基础设施逐步完善,技术推广应用步伐加快,运营组织模式得到优化。截至目前,首批26个甩挂运输试点项目全面启动,40个甩挂运输站场已经全部动工,完成建设投资18.5亿元;新购置牵引车和半挂车4225辆,总投资8.2亿元;试点项目共投入甩挂运输车辆9453辆,开通一定规模的甩挂运输作业线路130多条,已辐射全国20多个省份。甩挂运输试点一年半来的运行成果逐步显现,车辆运行效率稳步提升,节能减排取得效果,甩挂运输长途干线试点线路上货运实载率普遍达到了80%左右,远高于社会平均水平。甩挂运输模式较传统运输模式平均单位运输成本下降了10%~20%,单位运输周转量能耗下降了15%~20%。据统计,2011年,26个试点项目共拉动全社会节约标准煤约10万吨,减少CO_2排放近22万吨,在降低运营成本、提升企业竞争力的同时,促进了行业节能减排,产生了明显的经济社会和环保效益。同时冯正霖副部长也指出,当前公路甩挂运输发展仍存在着发展还不均衡、法规制度还不健全、扶持政策还不全面、市场主体还不适应、设施设备还不完善等方面的问题,在今后推进甩挂运输发展的过程中,要下决心、花气力,认真加以解决。

冯正霖副部长指出,今后一段时期推动甩挂运输发展的总体要求是以试点项目为依托,以运输企业为主体,全面落实政策措施,扩大甩挂运输规模,加快构建集约高效、安全可靠、诚信规范的甩挂运输服务网络,有力支撑道路货运业转型升级,服务现代道路运输业科学发展。今年上半年,交通运输部、国家发展改革委又筛选了一批试点项目给予资金支持,交通运输部、财政部明确每年从车购税资金中安排专项资金支持甩挂运输发展。下一步,交通运输部将联合其他部委采取有针对性的措施,进一步把甩挂运输试点工作向全面纵深推进。

冯正霖副部长强调,下一步要重点做好6个方面的工作:一是大力培育扶持龙头骨干甩挂运输企业,逐步形成"以中小企业为基础、以大企业为主体,以大带小、以小固大"的良性市场格局。二是全面落实甩挂运输试点配套资金,加快形成有利于甩挂运输发展的长效机制。三是加快实施甩挂运输车辆通行费优惠政策，利用通行费的杠杆调节作用全面带动甩挂运输发展。四是进一步完善甩挂运输车型推荐制度，推动货运车型标准化。五是努力提升甩挂运输信息化水平，为发展甩挂运输提供有力的信息技术支撑。六是全力确保甩挂运输试点取得新成效，切实把好项目筛选审查和监督检查关。

会议对首批37个甩挂运输试点企业进行了授牌。山东、福建、江苏、广东4个首批甩挂运输试点省份交通运输主管部门，福建盛辉、上海新杰、河南新运3家首批甩挂运输试点企业，以及江苏金南物流在会上做了典型发言和经验交流。同时，交通运输部组织部规划院、部公路院对首批甩挂运输试点企业进展进行了督导，并组织了甩挂运输推荐车型技术交流活动。

二是组织召开公路甩挂运输第二批试点项目工作会议。2012年10月15日至16日，交通运输部在深圳召开公路甩挂运输第二批试点项目工作会议。交通运输部道路运输司李刚司长出席会议并做重要讲话。全国各省（区、市）的交通运输主管部门和道路运输管理机构分管领导、第二批甩挂运输试点企业以及甩挂运输推荐车型生产制造企业代表参加了会议。李刚司长介绍了烟台会议以来甩挂运输试点工作的进展情况，并对下一步试点工作进行了部署和安排。李刚司长指出，烟台会议后，部里和各省按照会议的各项部署和要求，重点推进了5项重点工作：精心制订方案，优选试点项目，加快资金拨付，促进法规修改，推荐甩挂车型。甩挂运输试点各项工作顺利推进并取得了明显进展。李刚司长强调，甩挂运输试点工作已经进入到全面推进的关键时期，下一步要重点做好以下7个方面的工作：进一步认识发展甩挂运输的重大意义；进一步加强对试点工作的支持和指导；进一步细化落实企业试点工作方案；进一步落实试点扶持政策；进一步做好首批试点项目验收准备及资金申报；进一步加强对试点项目的跟踪督查；进一步加快第三批试点的前期工作。各地一定要把握机遇，创新进取，扎实工作，努力开创甩挂运输发展的新局面，为加快道路货运业转型升级、发展现代道路运输业做出新的更大贡献。10月16日下午，召开甩挂运输推荐车型生产制造企业与试点企业分组讨论会，来自北京、天津、山西、吉林、上海、山东等企事业单位代表交流了经验。

三是先后发布两批公路甩挂运输推荐车型。2012年1月18日，为推进公路甩挂运输发展，提升道路货物运输效率，促进道路运输行业节能减排，根据《甩挂运输试点工作实施方案》（交运发〔2010〕562号）以及《货运汽车及汽车列车推荐车型工作规则》（交公路发〔2005〕170号）的有关要求，交通运输部组织评审并公示了第一批甩挂运输推荐车型，2013年1月14日，发布了第二批公路甩挂运输推荐车型。

（四）继续完善交通运输能耗统计监测工作

继续完善交通运输能耗统计监测工作，推进普通营运货车和内河船舶能源利用状况远程监测。优化扩充了能耗监测重点企业范围，逐步将36个中心城市的重点公交企业纳入监测范围。组织开展了普通营运货车及长江流域内河船舶能耗统计监测状况调研，组织开发了普通营运货车和内河船舶能耗远程监测设备。

（五）继续推进天然气汽车在交通运输领域的应用

交通运输部组织召开了城际客货运输推广天然气汽车试点工作座谈会，批复同意在辽宁、宁夏、江苏、山东四地和广东汽运集团、山西汽运集团开展城际道路客货运输车辆推广天然气汽车试点，以点带面,重点推进 LNG 汽车的使用。

(六)深入开展绿色汽车维修工程

大力推广江苏等地绿色汽车维修工作经验。2011 年 11 月 25 日,交通运输部道路运输司王水平副司长、孟秋调研员和中国汽车维修行业协会常务副会长徐通法对江苏省机动车维修行业管理工作进行了专题调研。王水平副司长一行听取了江苏省交通运输厅运管局关于江苏省维修行业发展概况、“绿色汽修”创建、品牌建设方案研究和节能减排工作推进情况的介绍,并深入维修企业对“绿色汽修”创建等进行了实地调研指导。

组织举办绿色汽车维修现场交流活动。中国汽车维修行业协会于 2012 年第四季度组织开展绿色汽车维修现场交流活动,动员全行业增强节能减排政治意识、大局意识、责任意识,引导机动车维修企业积极承担发展低碳交通建设的社会责任,踊跃投身汽车绿色维修活动,构建资源节约型、环境友好型行业。

(七)在出租汽车行业开展服务管理信息系统试点工程

2011 年 1 月 12 日,交通运输部印发《关于以方案比选方式选择城市出租汽车服务管理信息系统试点工程承担单位的通知》(厅规划字〔2011〕7 号),决定在全国范围内开展城市出租汽车服务管理信息系统建设试点工作。

2011 年 4 月 15 日,交通运输部综合规划司会同道路运输司和科技司,采用邀请专家进行方案比选的方式择优确定北京、石家庄、大连、哈尔滨、泰州、杭州、宣城、潍坊、郑州、深圳、重庆、成都、昆明、西安、兰州共 15 个地级以上城市,试点开展城市出租汽车服务管理信息系统工程建设,并完成试点工程建设方案(代工可)的批复。第一批试点开展城市出租汽车服务管理信息系统工程建设覆盖出租汽车 20.5 万辆,占全国 16.6% 。

2011 年 7 月 5 日,全国城市出租汽车服务管理信息系统试点工程启动会在哈尔滨市召开,全国首批 15 个试点城市及所在的省交通运输厅的 120 余名代表参加了会议。会议对城市出租汽车服务管理信息系统试点工程总体业务功能和技术标准提出了明确要求,组织与会代表学习了国外电召先进经验,哈尔滨市交通运输局介绍了出租汽车服务管理信息系统试点工程建设经验。会议要求,各试点城市要加快推进出租汽车服务管理信息系统建设进程,不断提高出租汽车行业信息化水平,以科技创新引领行业发展。

2012 年 9 月 27 日,交通运输部又下发《关于申报二批城市出租汽车服务管理信息系统试点工程建设项目的通知》(交运便字〔2012〕229 号),决定开展第二批城市出租汽车服务管理信息系统建设试点工程。

(八)加大对以天然气为动力的船舶试点工作的支持力度

近年来,交通运输部海事局积极探索 LNG 作为动力燃料,启动研究项目,扩大研究范围。国家海事局要求船舶燃用天然气先行试点再逐步推广,为此陆续出台了相关文件和技术法规。2012 年 2 月,“长迅 3”轮双燃料动力系统改造试点通过了由长江海事局组织的第一次专家评审。6 月 20 日,根据中国海事局 2012 年 5 月印发的《LNG 燃料动力试点船舶技术要求》和《LNG 燃料动力试点船舶关键设备技术要求》，长航凤凰股份有限公司“长迅3”轮LNG双燃料（柴油—天然气）动力系统改造试点再次通过了中国海事局组织的专家评审，成为中国海事局确认的我国第一艘通过海事部门专家评审的双燃料动力系统改造试点船舶。2012年10月11日，国家海事局正式下文核准我国第一艘LNG燃料动力船舶“长迅3”船舶进行试点运营。

三、突出试点先行，深入推进低碳交通运输体系建设

（一）低碳交通运输体系建设第二批试点城市工作展开

为进一步深化低碳交通运输体系建设工作，经交通运输部节能减排工作领导小组研究，决定开展第二批城市试点工作。2011年11月14日，交通运输部印发了《关于征集第二批低碳交通运输体系建设试点城市的通知》（厅政法便〔2011〕159号），确定低碳交通运输体系建设第二批试点城市征集采取“城市交通运输主管部门申请—省级交通运输主管部门推荐—专家评审会评议—部节能减排办公室审核—部节能减排工作领导小组审定”的程序进行组织遴选。

在专家评审会投票结果的基础上，坚持兼顾东中西部区域平衡、城市类型与规模，充分考虑申请城市所在省交通运输厅优先推荐意见、申请城市政府支持力度等因素，形成了包括首都、省会城市、计划单列市、地级城市、县级城市等不同类型和规模的城市试点范围。通过部节能减排办公室成员会议审议，经部节能减排工作领导小组会议审定，最终确定北京、昆明、西安、宁波、广州、沈阳、哈尔滨、淮安、青岛、海口、成都、烟台、株洲、蚌埠、十堰、济源16个城市为低碳交通运输体系建设第二批试点城市。

（二）低碳交通运输体系建设第二批城市试点启动会召开

2012年2月2日，交通运输部印发《关于开展低碳交通运输体系建设第二批试点城市工作的通知》（厅政法字〔2012〕19号），对第二批试点城市的试点工作提出了要求。

2012年2月10日，低碳交通运输体系建设第二批城市试点启动会在山东烟台召开，会上部分首批试点城市代表交流了试点工作情况，第二批试点城市代表介绍本部门节能减排与低碳发展工作现状及开展试点工作打算。财政部代表、部财务司代表、省级交通运输主管部门代表以及科研院校单位代表参加了会议。交通运输部党组成员、政策法规司司长何建中强调，节能减排是国家重大战略，优化交通运输用能结构，是实现交通运输科学发展、安全发展的内在要求。要在借鉴首批低碳交通运输体系建设城市试点工作经验的基础上，进一步提高认识，明确推进工作机制，选准试点内容，务实组织实施。

为进一步做好试点工作，何建中指出，一是要深化认识，贯彻落实低碳交通运输体系建设指导意见和试点工作方案的精神和要求。二是要借鉴经验。首批试点城市的工作经验充分体现了健全工作机制是推进试点工作的坚实基础，明确试点内容和突出自身特点是第二批试点工作的基本要求，同时在工作推进的过程中要务实组织实施。三是要制订方案。要有年度工作目标和计划，有阶段性成果和成效，有相应的考核与评价要求，并列入所在城市总体考核目标中。四是要突出重点。要在体系建设上下工夫，在特色创新上下工夫，在政策争取上求突破。五是要进一步完善机制。加强政

府主导，把部门行为变为政府行为，完善相关的法律法规和标准，加大科技支撑力度，加强统计监测和考核工作。六是要务实推进。落实目标和责任要求，抓住重点环节和领域。要发挥交通运输企业的主体作用，引导企业广泛参与。要加大总结交流和宣传推广的力度，利用行业主流宣传平台大力宣传示范项目的经验。

（三）低碳交通运输体系建设第二批城市试点工作进入实施阶段

根据交通运输部《关于印发〈建设低碳交通运输体系指导意见〉和〈建设低碳交通运输体系试点工作方案〉的通知》（交政法发〔2011〕53 号），交通运输部办公厅《关于开展低碳交通运输体系建设第二批城市试点工作的通知》（厅政法字〔2012〕19 号）精神及各省（市、区）交通运输主管部门要求，经过试点城市实施方案的编制、评审和调整等工作，北京、昆明、西安、宁波、广州、沈阳、哈尔滨、淮安、烟台、海口、成都、青岛、株洲、蚌埠、十堰、济源共 16 个第二批低碳交通运输体系建设城市试点实施方案先后获得交通运输部的批复，标志着第二批城市试点工作进入实施阶段。

（四）交通运输节能减排专项资金区域性和主题性管理试点工作展开

为深入推进低碳交通运输体系建设，提高交通运输节能减排专项资金使用效益，逐步形成具体项目管理与区域性管理、主题性管理相结合的管理模式积累经验。部选定武汉、南昌、厦门和无锡市为专项资金项目区域性管理试点城市，指导试点城市交通运输主管部门编制区域性交通运输节能减排实施方案；选定港口 RTG“油改电”技术应用进行主题性管理试点，集中时间、加大力度，在 1 ~ 2 年内基本完成港口 RTG“油改电”技术应用项目的实施；选定天津港、青岛港、连云港港和蛇口集装箱码头有限公司开展“低碳港口建设”主题性管理试点，指导试点港口编制节能减排综合性实施方案。探索建立“立项评审、资金使用、过程跟踪、项目验收”的项目管理模式，切实推进试点低碳交通运输体系建设持续深入。

（五）继续深化低碳交通运输体系研究

《交通运输行业碳排放统计监测及低碳政策研究》是部党组确定的 2010 年重点科研课题《建设低碳交通运输体系研究》的配套支撑研究项目，由 7 个专题组成，涵盖了低碳交通运输有关理论和方法研究、碳排放现状和目标测算、统计监测与考核体系研究、重大政策与技术分析等低碳基础研究内容。2012 年 8 月 16 日，交通运输部科技司组织对部重点软科学研究项目《交通运输行业碳排放统计监测及低碳政策研究》进行评审验收。会上，由来自国家发展改革委、环境保护部、中国社会科学院、北京理工大学以及武汉市交委等方面领导和专家组成的评审专家委员会，听取了项目组对研究成果的汇报。各位评审专家对本项目取得的系列研究成果一致给予了高度评价，认为 7 个专题不仅内容丰富、成果丰硕，而且在低碳交通有关理论和方法应用、推进路径选择、关键技术和政策梳理、统计监测体系构建等方面，具有很强的创新性。成果对于交通运输部出台低碳交通运输体系建设指导意见、应对气候变化行动方案以及确定“十二五”低碳发展目标、组织低碳试点等，发挥了重要的支撑作用。研究成果总体达到国内领先水平，而且真正体现了软科学研究的应用价值，更重要的是为交通运输领域的低碳研究奠定了坚实的基础。

四、深化千企行动，充分发挥交通企业主体作用

2010年5月14日，“车、船、路、港”千家企业低碳交通运输专项行动在湖北武汉启动。两年来，“车、船、路、港”千家企业低碳交通运输专项行动在增强企业节能减排意识，提高企业节能减排水平，发挥先进企业在行业节能减排工作中的示范效应等方面，发挥了重要作用，企业在节能减排工作中的主体地位得到强化，专项行动取得阶段性成效。2012年，专项行动得到继续深化。

（一）在营运车辆方面

一是继续严格实行营运车辆燃料消耗量准入制度；二是甩挂运输试点工作取得明显进展；三是联合中国海员建设工会全国委员会在全国道路客运行业共同开展了节能减排达标竞赛活动。按照交通运输部和中国海员建设工会全国委员会联合下发的《关于在全国道路客运行业开展节能减排达标竞赛活动的通知》（海建工总字〔2012〕32号）精神，2012年7月至12月，在全国道路客运行业共同开展节能减排达标竞赛活动。以道路客运企业、营运班组为阵地，深入开展以“比管理、比技能、比创新、比能效”为主要内容的“四比”竞赛活动，带动道路运输行业提高节能减排意识，提高能源利用效率。

（二）在营运船舶方面

一是发布了《关于内河运输船舶标准船型指标体系的公告》。为贯彻落实《国务院关于加快长江等内河水运发展的意见》（国发〔2011〕2号）精神，实施“兴内河”战略，加快推进全国内河船型标准化，提高我国内河运输船队整体技术水平，实现2020年建成畅通、高效、平安、绿色的现代化内河水运体系目标，交通部组织编制了《内河运输船舶标准船型指标体系》，并于2012年3月29日公布，自2012年7月1日起生效施行。自公告生效之日起，新开工建造内河船舶应符合《内河运输船舶标准船型指标体系》要求。

二是发布了营运船舶燃料消耗量和CO_2排放限值标准。2012年2月，交通运输部水运科学研究院、中国船级社、长江航运科学研究所、武汉理工大学等8家单位共同完成了“营运船舶燃料消耗量限值与CO_2排放指数研究”项目。该项目在分析国际海事组织、美国和欧盟相关标准的基础上，针对我国拟投入国内营运市场的内河和沿海船舶，先确定船舶燃料消耗指标和CO_2排放指标；然后以样本船舶的统计和分析结果为基础，得出散货船、集装箱船和油船的燃料消耗和CO_2排放限值；最后，在实船测试验证的基础上，设计了燃料消耗指标和CO_2排放指标验证方法，最终形成《营运船舶燃料消耗限值及验证方法》、《营运船舶CO_2排放限值及验证方法》两项标准。2012年6月29日，交通运输部发布《营运船舶燃料消耗限值及验证方法》等4项交通运输行业标准，并于2012年9月1日开始实施。

三是继续推进以天然气为燃料的内河运输船舶试点。

四是继续推广内河船舶免停靠报港信息服务系统、靠港船舶使用岸电技术应用。2012年4月24日，交通运输部水运局与招商局国际有限公司蛇口集装箱码头（SCT）共同举行船用岸电系统暨“绿色低碳港区”启动仪式，以此推动靠港船舶使用岸电系统，促进“十二五”水运节能减排技术试点

和示范，为在珠三角乃至全国创建“绿色低碳港区”积累创造了条件。SCT船用岸电系统节能减排改造试点工程于2010年10月开工，2011年10月25日完工，并成功对高压船舶和低压船舶进行了供电，通过了中国船级社和蛇口招商供电公司组织的竣工初步验收。船舶停港期间使用岸电供电比自发供电节能和减排效果显著。

交通运输部于2012年7月4日公布《码头船舶岸电设施建设技术规范》(JTS 155—2012)，自2012年8月1日起施行。该规范为强制性行业标准。交通运输部将通过编制港口船舶岸电规范和技术标准，加快岸电技术标准的制定及推广工作，推进靠港船舶使用岸电，加快绿色港口建设步伐，促进水运可持续发展。

(三)在公路方面

一是进一步推进ETC联网工程。截至2012年年底，全国已开通ETC省份达24个，建成ETC专用车道3708条，ETC用户460万。

二是部公路局组织开展高速公路运营节能技术应用示范工程，推进路面材料再生利用技术和可再生能源的应用。2012年9月27日，交通运输部印发《关于加快推进公路路面材料循环利用工作的指导意见》(简称《意见》)，进一步促进公路交通事业可持续发展，加快构建资源节约型、环境友好型公路交通行业。根据《意见》，到“十二五”末，全国将基本实现公路路面旧料“零废弃”，路面旧料回收率(含回收和就地利用)达到95%以上，循环利用率(含回收再利用和就地利用)达到50%以上，其中东、中、西部分别达到60%以上、50%以上、40%以上。到2020年，全国公路路面旧料循环利用率达到90%以上。《意见》要求，各省(区、市)交通运输主管部门要科学制订公路路面材料循环利用工作方案，加强路面旧料回收管理，充分发挥市场机制作用，积极引导和支持路面旧料回收站点建设；积极引导并大力推广公路路面材料循环利用技术，加强工程设计源头管理；强化施工过程管理，确保路面材料循环利用工程的施工质量。

(四)在港口方面

继续推进轮胎式集装箱门式起重机“油改电”技术和港口机械节能运行控制技术应用，采用信息化技术优化港口组织调度，开展原油码头油气回收试点等。

五、开展科技创新和攻关，加强示范作用与能力建设

(一)发布了交通运输行业第五批节能减排示范项目

2012年6月15日，交通运输部举行第五批交通运输行业节能减排示范项目授牌暨全国道路客运节能减排达标竞赛启动仪式。至此，交通运输行业节能减排示范项目总计已达100个，形成了一个覆盖公路水路交通运输领域的较为全面的示范项目体系。

高宏峰副部长为示范项目单位授牌并发表讲话，中国海员建设工会副主席姚久强就在全国道路客运行业开展节能减排达标竞赛活动作了动员部署。会议由部党组成员、政策法规司司长何建中主持。高宏峰指出，通过百个示范项目的推选，极大地提高了交通运输企事业单位开展节能减排工作

的积极性。示范项目的推选过程不断优化，影响广泛，引领作用逐渐显现。高宏峰强调，要做好贯彻落实国务院"十二五"节能减排与应对气候变化工作部署等12项工作，确保实现今年节能减排工作目标。一是继续深入开展"车、船、路、港"千家企业低碳交通运输专项行动，加强对专项行动参与企业的支持与引导，逐步建立有利于发挥专项行动示范作用的长效工作机制。二是完善交通运输节能减排专项资金激励机制，创新管理模式。充分发挥专项资金"以奖代补"政策的引导作用，组织开展专项资金项目区域性管理和主题性管理试点工作，探索建立"立项评审、资金使用、过程跟踪、项目验收"的项目管理模式。三是加强并完善交通运输节能减排统计监测考核体系，推进能源利用在线监测工作。组织开展普通营运货车、内河船舶能源利用状况远程监测试点工作，开发、建设在线监测信息管理平台。四是配合全国海员建设工会开展道路客运行业节能减排达标竞赛活动，带动道路运输行业提高节能环保意识，加强企业能源管理，切实提高能源利用效率。

交通运输部连续五年在全行业开展节能减排示范活动，在每年节能宣传周期间推出20个交通运输节能减排示范项目。100个示范项目涉及交通运输行业的97个企事业单位，涵盖了车、船、路、港、航以及城市轨道交通各个领域。其中：道路运输项目39个；船舶运输项目18个；公路项目16个；港口项目23个；航道项目3个；城市轨道交通项目1个。

（二）组织开展"十二五"期第二批全国重点推广公路水路交通运输节能产品（技术）的推选工作

为贯彻落实《中华人民共和国节约能源法》，引导交通运输行业推广使用先进的节能产品（技术），促进节能技术创新与成果转化，进一步提升节能减排工作水平，由部节能减排与应对气候变化工作办公室组织开展"十二五"第二批全国重点推广公路水路交通运输节能产品（技术）推选工作。

（三）继续组织推进隧道半导体照明产品应用示范工程

配合国家发展改革委，继续组织推进隧道半导体照明产品应用示范工程，加强指导和监督，推进示范工程稳步实施。

（四）深入推进节能减排科技示范工程

组织实施了云南昆龙高速运营节能科技示范工程等节能减排示范工程，城市智能交通和长三角航道网及京杭运河水系智能航运服务国家物联网应用示范工程。

（五）组织开展交通运输建设科技成果推广目录发布工作及推广计划项目

组织开展了2012年交通运输建设科技成果推广目录发布工作，部科技司启动实施了"低碳环保技术在农村公路建设中的推广应用"等部科技成果推广计划项目。

（六）推进部重大科技专项，启动软科学研究项目

继续推进"公路甩挂运输关键技术与示范"等部重大科技专项，启动"公路交通运输节能减排法律法规制度体系研究"等部软科学研究项目，有序推进全球环境基金项目"缓解大城市拥堵、减少碳排放项目"。

（七）继续推进节能减排标准规范的制修订工作

发布了《码头船舶岸电设施建设技术规范》、《港口船舶岸基供电系统技术条件》、《营运船舶燃料消耗限值及检测方法》等行业标准，开展了《水运工程建设项目节能评价规范》、《集装箱堆场装卸设备供电设施技术规范》等规范的编制工作和《天然气汽车替代燃料量评价方法研究》等标准研究项目。

（八）参与国家发展改革委课题，承担"中国交通低碳发展战略研究"分课题

参与国家发展改革委"中国低碳发展宏观战略研究"，组织有关单位承担"中国交通低碳发展战略研究"分课题，探索研究交通运输低碳发展途径，为国家和行业制定交通运输低碳发展政策提供决策支持。

六、完善政策措施，全力做好交通运输节能减排专项资金管理工作

（一）完善交通运输节能减排项目管理模式

一是召开交通运输节能减排项目管理中心2011年度总结会。2012年1月6日，交通运输节能减排项目管理中心（以下简称"项目管理中心"）召开2011年度工作总结会，交通运输部政策法规司朱伽林副司长、交通运输部科学研究院李作敏院长出席会议并讲话。会议由交通运输部科学研究院副院长、项目管理中心主任周晓航同志主持，项目管理中心全体成员参加了会议。

朱伽林副司长深刻分析了"十二五"时期交通运输节能减排工作面临的严峻形势和艰巨任务，对项目管理中心第一年圆满完成交通运输节能减排专项资金"以奖代补"工作给予了充分肯定，并对项目管理中心如何做好2012年项目管理工作、更好地发挥专项资金的引导作用提出了希望和要求。一是专项资金的使用和管理要继续坚持"公开、公平、公正"的原则；二是进一步完善项目审核流程；三是组织好第三方审核机构试点；四是建立完善项目电子申报系统；五是开展2013年专项资金优先支持领域调研和项目摸底；六是加强项目管理中心与行业内外沟通和联系。

李作敏院长对会议进行了总结，肯定了项目管理中心2011年所做的工作和取得的成绩，并对项目管理中心如何做好为部和行业服务，发挥好院职能部门的作用提出了希望。一是在为部服务方面，项目管理中心要定位为有力的支撑机构；二是在为行业服务方面，要定位为联系行业的桥梁纽带，尤其要加强与交通运输企业的沟通联系；三是作为院内设机构，要发挥好对外交流的窗口作用；四是作为院内职能管理机构，要做规范管理的标兵；五是加强队伍建设和文化建设。

最后，周晓航副院长要求项目管理中心全体成员要根据朱伽林副司长和李作敏院长的讲话精神，进一步做好项目管理中心的各项工作，更好地为部服务、为院服务、为行业服务，为推进交通运输行业节能减排事业做出更大的贡献！

二是召开交通运输节能减排专项资金申请项目专家评审工作研讨会。2012年2月7日，交通运输部政策法规司和交通运输节能减排项目管理中心组织召开了交通运输节能减排专项资金申请项目专家评审工作研讨会。会议由交通运输节能减排项目管理中心周晓航主任主持，部科学研究院、

部公路科学研究院、部水运科学研究院、中国交通建设股份有限公司、中交水运规划设计院和中国道路运输协会的相关专家参加了本次会议。与会专家结合2011年度交通运输节能减排专项资金申请项目的评审工作，对交通运输节能减排专项资金项目专家评审程序的改进和优化进行了讨论，为提高项目评审的效率和科学性提供了宝贵的意见和建议。

三是召开交通运输节能减排专项资金项目管理工作会。2012年7月18日，交通运输部政策法规司朱伽林副司长在北京主持召开交通运输节能减排专项资金项目管理工作会，交通运输部科学研究院副院长、交通运输节能减排项目管理中心主任周晓航，交通运输部政策法规司节能减排处处长李树栋、副调研员高建刚，部规划研究院、公路科学院、水运科学院、科学研究院、中交水规院、船级社和交通运输节能减排项目管理中心的有关专家和同志参加了会议。

会议讨论总结了2012年第二批交通运输节能减排专项资金项目评审工作，初步研究了2013年专项资金项目指南和第三方审核机构办法等。朱伽林副司长认真听取了与会同志对节能减排项目管理工作的意见和建议后，对下阶段的工作提出明确要求。第一，项目中心要在修改完善2012年项目申请指南的基础上，尽快制订2013年项目申请指南，进一步修改完善专项资金申请项目节能减排量或投资额核算细则，尽快制定第三方审核机构管理办法，尽快出台区域性主题性试点管理办法，并筹备召开2个片区座谈会；第二，各科研院所要加快能力建设软课题的研究进度，按时保质报送部；第三，第二批低碳交通运输试点城市方案编制单位要按部要求，按时完成方案编制工作并参加评审；第四，研究深入推动"车船路港"千家企业节能减排专项行动，增强企业做好节能减排工作积极性；第五，加强行业节能减排宣传工作，办好交通节能网和交通运输节能减排项目管理中心网两个网站，树立行业良好形象。

四是召开交通运输节能减排专项资金申请工作座谈会。2012年9月21日，交通运输部政策法规司在北京召开了交通运输节能减排专项资金申请工作座谈会。会上，交通运输节能减排项目管理中心常务副主任方海介绍了2012年度交通运输节能减排专项资金项目申请及审核情况。与会代表交流了2013年度本地区本单位专项资金补助申报项目摸底情况，并对开展区域性主题性项目管理、第三方机构审核等专项资金项目管理工作提出了意见和建议。交通运输部党组成员、政策法规司司长何建中，副司长柯林春，财政部经建司处长邓燕出席会议并讲话，各省级交通运输主管部门、部内有关司局、部属有关单位、有关中央交通运输企业节能减排机构负责同志和专家参加了会议。

柯林春副司长总结了座谈会的成果，认为会议提供了一个很好的经验交流的平台，提高了节能减排工作的管理水平，有助于进一步了解节能减排工作机制，抓好专项资金管理工作；同时还提出下一阶段节能减排工作，要抓好时间节点，把握工作要点，完善各项规范性文件，扩大社会影响。

何建中司长在认真听取了与会领导和专家发言后，提出了三点要求。首先，要完善《交通运输节能减排专项资金管理暂行办法》，并研究制定《第三方审核机构认定办法》，体现专项资金的公正性，争取更大限度地发挥专项资金引导性作用。其次，充分利用专项资金来切实引导和推进低碳交通运输体系建设。做到由逐个单一项目向区域性、主题性项目推进。从行业公路、水运、城市客运等各个领域深入贯彻低碳体系建设理念，努力达到部"十二五"节能减排规划各项目标。最后，加强交通运输行业统计监测考核体系建设，为最大限度用好财政资金提供节能减排和环保约束性指标考察基础。

(二)加强交通运输节能减排项目管理制度建设

一是印发《交通运输节能减排专项资金申请指南(2013 年度)》。2012 年 11 月 8 日,为推进 2013 年交通运输节能减排重点工作,指导交通运输企事业单位申请交通运输节能减排专项资金,根据财政部、交通运输部《关于印发〈交通运输节能减排专项资金管理暂行办法〉的通知》(财建〔2011〕374 号),交通运输办公厅与财政部办公厅于近日联合印发了《交通运输节能减排专项资金申请指南(2013 年度)》(厅政法字〔2012〕245 号)。

二是发布交通运输节能减排项目管理配套文件。发布了《交通运输节能减排第三方审核机构认定暂行办法》、《交通运输节能减排专项资金支持区域性、主题性项目实施细则(试行)》、《交通运输节能减排能力建设项目管理办法(试行)》等配套文件。

(三)组织 2012 年度专项资金支持项目申请和审核工作

一是召开 2012 年度交通运输节能减排专项资金第一批申请项目专家评审会。2 月 21 日至 24 日,2012 年度交通运输节能减排专项资金第一批申请项目专家评审会在北京召开。59 名交通运输节能减排专家对 253 个"以奖代补"申请项目逐一进行严格审核,为交通运输部节能减排工作领导小组决策提供技术支撑。交通运输部党组成员、政法司司长何建中,财政部经建司副处长闫林出席专家评审会预备会议并讲话,交通运输部政法司副司长朱伽林主持会议。

二是 2012 年度交通运输节能减排专项资金第二批申请项目审核组赴京蒙沪鲁等 13 省(区、市)现场审核项目。为做好 2012 年度第二批交通运输节能减排专项资金以奖代补工作,确保资金申请与审核的"公开、公平、公正",根据《交通运输节能减排专项资金管理暂行办法》,7 月 7 日至 13 日,部政策法规司与交通运输节能减排项目管理中心、交通运输节能减排专家联合组成 6 个审核组,分别对北京、天津、内蒙古、黑龙江、上海、江苏、山东、福建、广西、广东、深圳、陕西和山西申报的部分项目的申请材料及实施情况进行了现场审核。此次现场审核的项目涵盖 2012 年度《指南》的大部分领域,对单个项目补助额在 500 万元以上的项目进行了重点审核,核查的地区也基本覆盖了获得补助相对较高的所有地区。经现场审核,项目申报信息真实可信,符合专项资金申请的条件和要求。

三是召开 2012 年度交通运输节能减排专项资金第二批申请项目专家评审会。7 月 1 日,交通运输节能减排专项资金申请项目(第二批)专家评审会预备会在北京举行。来自全国的 74 名专家对 407 个"以奖代补"申请项目逐一进行严格审核,为交通运输部节能减排工作领导小组决策提供技术支撑。交通运输部党组成员、政策法规司司长何建中,财政部经建司处长邓燕出席专家评审会预备会议并讲话,交通运输部科学研究院书记王晓曼、交通运输部政策法规司节能减排处处长李树栋出席会议,交通运输部政法司副司长朱伽林主持会议。

(四)开展专项资金申请第三方审核

一是组织开展了"营运船舶和施工船舶节能技术应用"类项目的第三方审核。2012 年 2 月,开展专项资金申请项目第三方机构审核试点,选定"营运船舶和施工船舶节能技术应用"类申请项目作为试点项目,中国船级社质量认证公司作为第三方审核机构。省区市交通运输、财政主管部门在收到"营运船舶和施工船舶节能技术应用"类申请项目并初审同意后,委托中国船级社质量认证公司对项目进行审核,并将《交通运输节能减排专项资金申请项目第三方审核报告》连同项目申请材料一并上报。

二是认定了23家交通运输节能减排第三方审核机构。2012年11月21日,根据财政部、交通运输部《关于印发〈交通运输节能减排专项资金管理暂行办法〉的通知》(财建〔2011〕374号)和交通运输部办公厅《关于印发〈交通运输节能减排第三方审核机构认定暂行办法〉及推荐申报第三方审核机构的通知》(厅政法字〔2012〕259号)规定,部在单位自愿申请,省级交通运输主管部门、部直属单位、中央所属交通企业集团推荐的基础上,经审核,将拟初步列入进行考核认定的第三方审核机构候选名单予以公布。2012年12月12日,根据交通运输部办公厅《关于印发〈交通运输节能减排第三方审核机构认定暂行办法〉及推荐申报第三方审核机构的通知》(厅政法字〔2012〕259号)规定,经推荐、审查、考核,拟将"天津市市政工程研究院"等23家单位认定为交通运输节能减排第三方审核机构。2013年1月5日,正式公布交通运输节能减排第三方审核机构名单。

三是举办交通运输节能减排第三方审核机构工作培训班。2012年11月29日至12月1日,根据交通运输部办公厅印发的《交通运输节能减排第三方审核机构认定暂行办法》(厅政法字〔2012〕259号),为做好交通运输节能减排专项资金补助项目在部分领域开展第三方机构审核的试点工作,加强审核人员对审核政策和程序的理解和把握,受部政法司委托,交通运输节能减排项目管理中心在北京举办交通运输节能减排第三方审核机构工作培训班。来自全国各省(区、市)被列入部考核认定候选名单的23家第三方审核机构近300名审核人员参加了培训。政策法规司副司长柯林春、交通运输部科学研究院副院长、节能减排项目管理中心主任周晓航出席了开班式并讲话,政法司节能减排处处长李树栋主持了开班式。柯林春副司长对如何做好第三方机构审核工作、发挥好专项资金的引导作用提出了3点要求。一是要充分认识到第三方审核工作的重要意义。节能减排专项资金是国家财政资金,第三方审核机构作为专业审核单位要为国家财政资金使用的公开、公平、公正把好第一道关,保证节能减排专项资金使用的安全、合理、高效。二是要完善机构内部各项管理机制,包括加强机构管理,健全第三方审核机构的管理体制;完善机构内部工作机制,技术负责人要严把质量关,务求做到审核结果的真实、可靠;建立机构退出机制,不断更新第三方审核机构队伍,保持高质量审核。三是加强审核人员业务和理论知识学习,积累审核经验,提高审核能力和审核质量,严格遵守审核纪律,保证审核客观、公正。

(五)评审并批复区域性主题性试点实施方案

2012年6月26日至27日,交通运输部政策法规司在北京主持召开了交通运输节能减排重点研究项目暨区域性主题性试点实施方案专家评审会。交通运输部党组成员、政法司司长何建中,财政部经建司毕莎莎,部财务司副司长许春风,交通运输部科学研究院副院长、交通运输节能减排项目管理中心主任周晓航,南昌和连云港市政府等领导同志出席会议,来自中国船级社、部规划院、交科院、公路院、水运院、中交水规院,以及协会、地方交通主管部门、科研院所的28名专家出席会议。专家预备会议由部政法司副司长朱伽林主持,何建中司长向各位专家介绍了评审会的相关背景,并对节能减排重点研究项目和区域性主题性试点实施方案的立项评审提出了明确要求,一是评审要体现前瞻性、科学性、可行性,二是评审要体现公平、公正、公开;三是评审要体现引导、激励和示范作用。

预备会后,各专家组严格按照评审要点和评审程序等相关要求,对低碳交通运输评价指标体系等13个能力建设重点研究项目和南昌、连云港港两个区域性主题性试点实施方案进行了评审。专家认真听取课题组汇报，审阅评审材料，利用两天时间顺利完成全部评审工作。立项评审会的成功召开，迈出了交通运输节能减排专项资金管理方式创新的重要一步，对进一步提高交通运输节能减排专项资金使用效益、加快行业节能减排工作能力建设、推进低碳交通运输体系建设具有重要意义。

（六）推进交通运输节能减排能力建设项目工作

交通运输节能减排能力建设项目是指为推进低碳交通运输体系建设，按照专项资金管理办法支持范围的要求，组织开展的交通运输节能减排新机制、新技术、新工艺、新产品的开发和应用，特别是交通运输节能减排标准、统计、监测、考核、评价体系建设，以及基础性、战略性、前瞻性研究等。2012年交通运输节能减排专项资金首次用于支持交通运输行业节能减排能力建设项目。提出了交通运输节能减排统计监测考核、低碳交通运输体系评价指标、交通运输行业CO_2排放预测及减排政策3个方面共15项交通运输节能减排能力建设项目，2012年对其中9个项目给予了支持。

2012年10月17日，交通运输部政策法规司在部机关组织召开了“交通运输节能减排能力建设项目汇报会”。会议由交通运输部党组成员、政策法规司司长何建中出席并主持会议。交通运输部政策法规司副司长柯林春、节能减排处处长李树栋和来自部科学院、规划院、公路院、水运院、船级社、天津水科院、中交水规院、中国交通通信信息中心等9家课题承担单位的领导和专家参加了会议。

与会专家对各自承担的“交通运输节能减排能力建设项目”的课题进展和取得成果进行了详细汇报。何建中司长在认真听取了各单位汇报后提出了3点意见：一是充分肯定了各承担单位能建设课题的初步研究成果，认为各单位总的研究思路和初步结论基本符合部设定目标要求，下一步要高度重视能力建设项目研究，加大骨干科研力量的投入，从课题质量和成果上保证用好节能减排专项资金；二是明确下一步深入研究的两个重点，即确定评价指标要坚持科学性、合理性、可行性，确定评价方法要坚持统一、衔接、个性；三是提出下一步工作要求，节能减排处要逐一加强督促协调，各课题完成时间要服从质量要求，项目之间要加强合作，年底部在课题成果的基础上出台指导意见。

七、组织专题研究，积极参与气候变化谈判工作

组织开展交通运输行业应对气候变化工作相关研究，深入分析探讨交通运输行业减缓和适应气候变化的基本路径，积极参与气候变化谈判工作，增加行业话语权，有效维护了行业发展利益和国家气候变化谈判整体利益。

（一）参与IPCC第五次评估报告的政府评审工作

参与政府间气候变化专门委员会（IPCC）第五次评估报告的政府评审工作，对第一工作组报告进行研究讨论，提出了部门评审意见。

（二）组织开展国际海运温室气体减排市场机制等研究

继续组织开展国际海运温室气体减排市场机制等研究，结合最新谈判进展和研究结果，提出了

下一步工作安排和谈判对策。

（三）组团出席国际海事组织（IMO）海上环境保护委员会会议

组团出席了国际海事组织（IMO）第六十三、六十四届海上环境保护委员会会议，参与国际海运温室气体减排谈判，向 IMO 单独或联合其他国家共同提交了 6 份政策和技术提案。

（四）组织派员出席《联合国气候变化框架公约》（UNFCCC）会议

组织派员出席了《联合国气候变化框架公约》（UNFCCC）多哈会议、曼谷会议和波恩会议，积极参与和引导谈判进程。

（五）派员参加第二届“中德绿色物流会议”

派员参加德国交通建设和城市规划部在柏林举行的第二届“中德绿色物流会议”，进一步加强了交通运输低碳发展国际交流与合作。

八、注重宣传交流，广泛传播绿色低碳交通理念

（一）与国家发展改革委等部门联合组织开展 2012 年全国节能宣传周活动

与国家发展改革委等部门联合组织开展了 2012 年全国节能宣传周活动。部机关组织了公共自行车启动仪式、低碳体验日等宣传活动。地方各级交通运输主管部门也围绕节能宣传周主题，组织开展了各具特色的宣传活动，取得了良好效果。

2012 年 6 月 10 日至 16 日是自 1991 年以来第二十二个全国节能宣传周，由国家发展改革委、交通运输部等 14 个部委联合发文组织开展的全国节能宣传周主题为“节能低碳，绿色发展”。交通运输部结合行业实际，制定了《交通运输部机关 2012 年全国节能宣传周活动方案》，强调要大力宣传低碳交通运输体系建设成效，积极推广宣传交通运输低碳发展理念、节能驾驶操作经验和车船节能产品技术，倡导公众绿色出行。

（二）举办交通运输节能减排与低碳交通运输体系建设试点工作培训班

2012 年 3 月 28 日至 31 日，交通运输部政策法规司在交通运输部管理干部学院举办了交通运输节能减排与低碳交通运输体系建设试点工作培训班，来自 27 个省（直辖市、自治区）的交通运输厅（委）、低碳交通运输体系建设第二批试点城市交通运输部门、相关企事业单位负责节能减排与低碳发展相关人员共 213 人参加了培训。本次培训班邀请了国家发展改革委应对气候变化司、国务院发展研究中心、国家发展改革委能源研究所、交通运输部规划研究院、交通运输部科学研究院等单位的领导和专家进行了授课。主要就低碳交通运输体系建设与试点工作、“十二五”交通运输节能减排的目标任务及 2012 年工作重点、交通运输节能减排专项资金管理与使用等内容进行了系统全面的培训。

（三）举办“2012 中国交通发展论坛”低碳交通分论坛和“2012 中国节能与低碳发展论坛”交通节能分论坛

2012 年 5 月 15 日，举办了“2012 中国交通发展论坛”，主题是“安全发展、绿色发展”。论坛分为主题论坛及专题论坛两个部分。专题论坛内容涉及低碳交通、公路养护技术、公路建设技术创新、客车安全、城乡交通运输新技术等主题，分别围绕交通运输行业发展的热点问题展开专题研讨和交流。

2012 年 11 月 23 日，“2012 中国节能与低碳发展论坛暨 2012 中国节能协会年会”在京举行，同时还召开了“大力推进低碳交通运输体系建设”交通节能分论坛。分论坛由中国节能协会交通运输节能专业委员会主办，中国节能协会理事长、原铁道部部长傅志寰、原交通部副部长李居昌出席论坛。地方交通运输主管部门、部属科研单位、大专院校、交通企事业单位、新闻媒体的代表 100 余人参加。交通运输节能减排项目管理中心主任周晓航、南昌市交通运输局副局长吴久铭、交通运输部科学研究院副总工李忠奎等 7 人作了主题演讲。代表们围绕交通运输节能减排政策、低碳交通城市评价指标体系及交通节能技术等方面进行了热烈地讨论。

（四）做好机关节能，切实体现公共机构表率作用

部机关服务中心分解了年度节能减排指标，注重日常管理，制定和采取了切实有效的节能措施，效果比较明显。部印发了《关于进一步做好 2012 年部属各单位公共机构节能工作的通知》，分解落实节能减排目标，加强部属单位公共机构节能监督、指导和能耗数据统计。按季分月统计公示部机关及部属单位的用电、用水量等能耗数据。积极与国管局沟通协调，在部分部属单位继续推广财政补贴高效照明产品。

试点示范篇

一、第二批低碳交通运输体系建设城市试点

（一）北京市

北京市是全国的政治文化中心，行政区划上包含6个市区和10个郊区县，总面积1.68万平方公里，常住人口2018.6万。2011年，北京地区生产总值超过1.6万亿元，人均GDP超过1.2万美元。"十一五"以来，北京市在路网建设、公交城市建设、运输服务、智能交通、交通需求管理等方面都开展了诸多工作，成为北京市交通事业发展最快、交通投入最大、交通结构改善最明显、市民得到实惠最多、机动车增长最迅速的时期。北京市以举办奥运会为契机，加快构建以"人文交通、科技交通、绿色交通"为特征的新北京交通体系，交通运输取得跨越式发展，基本满足市民不断增长的交通需求。随着首都经济社会的持续快速发展，北京市的城市化、现代化、机动化进程进一步加快，未来几年北京市交通运输发展依然面临着交通运输需求快速增加、综合运输要求越来越高、交通出行结构优化任重道远、交通节能减排任重道远等严峻挑战。

1. 交通运输节能减排工作现状

一是成立北京市交通行业节能减排工作领导小组，市交通委主任担任组长，理顺工作机制，加强内外综合协调机制。

二是推进公众绿色出行，优化运输网络，实施公交优先战略，加强社会车辆需求管理。

三是推进绿色施工，推广节能减排新材料、新工艺，实现公路废旧材料综合利用，减少能源消耗，实现废弃物再生利用。

四是推广新能源与清洁能源公交，在出租车、公交等领域加快老旧机动车淘汰；在轨道交通领域，通过淘汰高能耗直流电机车，换用交流电机车。

五是推进公交、出租及轨道交通运营管理智能化，提升公众交通出行信息服务水平，大规模推广ETC技术在省际通道中的应用。

六是制定一系列节能减排政策文件，加强交通节能减排监管和服务力度，加强顶层设计，积极开展节能减排宣传。

2. 低碳交通运输体系建设指导思想和主要目标

深入贯彻落实科学发展观，按照建设中国特色世界城市的总体要求，紧紧围绕"人文交通、科技交通、绿色交通"的发展理念，以加快转变交通发展方式为主线，以提高能源利用效率、降低CO_2排放强度为重点，突出公交都市、社会车辆需求管理、智慧交通"三个特色"，建设大枢纽，发展大交通，努力缓解大城市拥堵难题，发挥"制度创新、引领示范"作用，构建与中国特色世界城市相匹配的低碳交通运输体系，促进首都交通全面协调可持续发展。

到2014年，公路运输和城市客运的单位周转量、单位运输量的能耗均实现较高幅度下降，绿色设施更加完善，绿色出行结构更加合理，绿色装备结构更加优化，智能交通水平进一步提升，公共交通低碳化水平进一步提升，节能减排监管和保障能力明显增强，碳排放强度和污染物排放强度明显降低，以低碳排放为特征的首都综合交通运输体系初步形成。

3. 低碳交通运输体系建设重点领域及主要任务

低碳交通基础设施领域。开展低碳道路、公路、轨道、枢纽、场站设计与建设，制定相应的规范，加强绿色施工和养护工艺的推广，对道路建设中的废旧材料利用率提出明确目标。

低碳交通运输装备领域。在货运领域组建城市货运“绿色车队”，在客运领域以天然气公共汽车为辅，以无轨电车，纯电动、混合动力公共汽车为补充优化车辆用能结构；通过积极推广节能减排驾驶技术和在驾驶培训中采用模拟驾驶等行为实现节油，加强对维修中废包装物、废电池、废轮胎、废机油及废配件的统一回收，促进废物的循环利用，促进北京市整个交通运输行业装备的转型升级。

低碳公共交通服务领域。着力推进公交都市建设，构建“一个战略、五大工程”。加快实施公共交通优先发展战略，重点实施地面公交网络化服务工程、轨道交通网络化服务工程、交通便捷换乘服务工程、城市慢行交通工程、城市绿色物流配送工程5大工程。具体内容包括以下几点：调整完善地面公交普线网，拓展地面公交支线网，开设早晚高峰运营的通勤快车，加快轨道交通新线建设，增加中心城线网密度；优化公交场站布局，加强地面公交与轨道交通的衔接；建设较完善的轨道驻车换乘（P+R）、自行车驻车换乘系统（B+R），随轨道交通新线同步规划、投资、建设完善的接驳换乘系统，促进轨道交通与公共电汽车、出租汽车、社会车辆、自行车、步行之间的有效衔接；依托轨道交通站点和公交枢纽，推进公共自行车租赁系统建设；依托货运枢纽场站，带动城乡物流配送业发展。

低碳智能交通领域。完善地面公交智能调度系统，提升公交运行效率；完善轨道交通信号控制系统，提高轨道运载能力；完善出租汽车调度服务系统，提高出租汽车里程利用率；建设停车管理和诱导系统、综合交通枢纽智能化系统；建设便民交通信息服务平台和交通运行信息发布机制，及时动态发布道路交通拥堵指数，为市民提供动态、静态相结合的交互式信息服务。

低碳交通政策创新领域。完善高峰时段区域限行政策，完善小客车保有量增量调控政策，完善错时上下班措施，完善区域差额停车收费政策，积极发展中小学校车服务系统；研究试行“低排放区”收费政策，对进入市限制区域的机动车均要根据其尾气排放量进行收费；设立专项低碳发展创新与奖励基金，鼓励全民参与节能减排行动；建立健全企业低碳创新奖励机制，打造低碳交通示范区县、低碳交通示范企业和低碳交通科技示范基地。

低碳交通运输基础能力建设领域。成立北京市交通行业节能减排中心，明确机构职责，组建人才队伍，健全工作机制，履行行业节能减排公共服务平台职责；大力开展低碳交通相关标准体系、碳减排指标交易标准等项目研究，建设符合国际化大都市要求的高效能源利用标准体系；完善交通能耗统计指标体系、方法体系、采集体系，建立节能减排监测与考核体系，建设交通节能减排重点实验室。

4. 低碳交通运输体系建设重点项目

北京市建设低碳交通运输体系试点项目共36个。其中：低碳交通基础设施领域5个；低碳运输装备服务领域5个；低碳公共交通服务领域9个；低碳智能交通服务领域11个；低碳交通政策创新领域3个；低碳交通能力建设领域3个。

（二）昆明市

昆明市地处中国西南边睡、云贵高原中部，是云南省政治、经济、文化、交通中心，全国十大重点旅游城市之一，环境优美，气候宜人。昆明共辖6区、7县，代管安宁1市，另管辖3个国家级开发区；

全市总面积21011平方公里,市区面积330平方公里;2011年年末全市常住人口648.64万人,城镇人口比重66%;2011年全市实现地区生产总值2509.58亿元,人均生产总值达38831元,是全省人均水平的两倍。昆明作为我国重要的综合交通枢纽,公路、铁路、民航、水运等运输方式齐全。京昆、渝昆、沪昆、杭瑞、汕昆、广昆6条国家高速公路交会于此,公路网络四通八达;贵昆、成昆、昆河、广大、南昆等12条铁路干支线亦会接于此,构成了联结全国、沟通东南亚的铁路运输网络;新建的长水国际机场是全国第四大国际航空港,建立起"泛珠三角地区—昆明—滇中城市群—国际"便捷的国际空中通道;市域内有滇池、金沙江通航,具备一定的水运开发潜力。

1. 交通运输节能减排工作现状

一是建立领导机构,不断加强节能减排组织工作。昆明市交通运输局高度重视交通运输节能减排工作,在省交通运输厅及昆明市政府指导下全面贯彻落实省市节能减排要求,逐级成立节能减排工作领导机构及其办事机构,基本形成了各级交通运输管理部门具体负责、交通企业为主体、全行业齐抓共管的交通运输节能减排工作格局。

二是完善政策法规,不断改善节能减排制度环境。"十一五"以来,昆明市积极贯彻落实交通运输部、云南省省委省政府、云南省交通运输厅等的相关政策法规文件,并注重结合地方实际,制定发布了一些政策文件,为推动交通运输节能减排与低碳发展提供了良好的制度保障。

三是优化交通结构,不断强化节能减排集约效应。"十一五"期,昆明加快了综合运输体系建设,注重发展铁路、水运等单位运输量能耗相对较低的运输方式。同时,昆明市全面推进轨道交通建设,完善公交线网,不断提升慢行交通出行条件,使公共交通出行分担率、非机动低碳出行比例逐步提高。通过加快推进交通运输结构调整,大大提升了交通运输系统的整体节能减排水平。

四是推进技术应用,不断提高节能减排科技含量。"十一五"以来,昆明市交通运输行业大力推进低碳建养技术、节能技术、信息技术应用和节能产品、节能装备、替代能源使用,为节能减排和低碳发展提供了有力的技术支撑。

五是优化运输组织,不断提升运输效率。"十一五"以来,昆明市积极推进城乡客运一体化发展、执行客运运力调控政策;积极发展集约高效的物流运输组织模式,重点鼓励企业推行甩挂运输,开展试点工作。经有效引导和培育,全市道路客货运输的能效水平有所提升。

六是强化监督管理,不断提升节能减排基础能力。"十一五"以来,昆明市交通运输行业紧紧围绕低碳能力建设,不断提升理念意识,加强宣传引导,广泛深入开展形式多样的节能减排宣传教育与交流培训、示范试点与实践活动,积极探索能耗监测调查,行业节能减排监管能力和水平有所提升。

2. 低碳交通运输体系建设指导思想和主要目标

以科学发展观为指导,围绕昆明市建设云南绿色经济强省的龙头、民族文化强省的枢纽、中国面向西南开放的国际化门户和桥头堡城市的目标,继续加快交通运输发展方式转变,不断优化交通运输用能结构,着力强化技术创新和管理创新,通过政府引导、企业主导、社会参与,重点在加强交通基础设施建设、调整交通运输装备结构、提高客货运输效率、健全车辆服务体系、推广交通运输低碳科技、扩大信息技术服务领域、加强低碳交通能力建设7个方面强化低碳交通运输体系建设并开展试点工作,通过试点带动一批重点项目和关键技术的应用,推进昆明低碳交通体系建设,逐步形成以低碳交通为发展方向,以低碳出行为交通特征的资源节约型、环境友好型交通运输体系。

到试点期末(2014年),低碳交通运输理念深入人心,交通运输行业节能减排意识不断增强,交通运输生产、运营、消费的各个环节碳排放强度逐步降低，交通基础设施建设更加完善，交通运输装备更加节能，客货运输效率明显提高，车辆服务体系更加健全，交通运输低碳科技含量持续提升，交通公众信息服务应用不断加大，低碳交通能力建设成效显著，交通运输低碳排放的特征初步显现，为昆明市完成"十二五"时期内降低单位 GDP 能耗目标做出重要贡献。到 2020 年，基本建立起符合国家节能减排战略要求、以低碳排放为特征的交通运输体系。

3. 低碳交通运输体系建设重点领域及主要任务

加强交通基础设施建设。在省内率先实现县县通高速公路，建成覆盖全市的高等级干线公路网，主要旅游景区将实现高等级公路快速直达，优化路网结构，改善路网通达性和畅通性。建设层次分明、功能互补、结构合理的客运场站体系，优化客运站场布局，实现"零距离换乘"。全面启动 1 个国际陆港、5 大核心物流基地、10 个物流园区和 1 个公共物流信息平台的"1－5－10－1 工程"，推动昆明内陆港与口岸物流战略节点间的"港港联动"、"港岸联动"。实施精品旅游水运通道和重要港口、库区湖区航运设施建设，初步形成市内快速水运通道和以滇池为主的精品旅游航线骨干水运体系。推进城市轨道线网建设，改善公共交通出行条件。在呈贡新区以及轨道站点周边区域建设"便民自行车公共服务系统"，构建系统、舒适的慢行交通网络。持续开展"四环十七射"道路绿化美化工程，推进公路沿线碳汇林建设。

调整交通运输装备结构。淘汰高耗能的老旧车辆，引导营运车辆向大型化、专业化方向发展，优化车辆运力结构。深入实施国家"十城千辆"新能源车推广试点工作，探索清洁能源应用，推广醇类燃料等节油技术，调整车辆能源结构。加快淘汰技术落后、能耗高、污染大的老旧船舶与落后船型，在船舶上推广电力推动、LNG、LPG 等清洁能源。

提高客货运输效率。推进旅客运输集约化、公司化改造，加快构建由快速客运、干线客运、农村客运、旅游客运组成的多层次客运网络服务体系，全面提升客运服务品质。积极申报"公交都市"试点城市工程，加快构建以轨道交通和快速公交为骨干、常规公交为主体、出租车为补充、慢行交通为延伸的一体化都市公交体系。引导货运企业向网络化、集约化、有序化和高效化发展。促进航运企业向规模化发展，提升船舶营运组织效率和节能水平。

健全车辆服务体系。出台机动车维修行业"绿色维修"标准。加强对驾驶培训机构在节能驾驶培训、节能设施设备使用方面的管理。推广驾驶模拟器、多媒体教学系统、学时记录仪等现代设备技术。鼓励新能源和清洁能源车辆在教练车的使用。升级运营车辆检查设备，推广使用平板式试验台，降低车辆检测能耗。构建完善停车系统，实施差别化的停车设施供给、停车收费及管理，建立停车换乘系统。整顿洗车业市场，推广无水洗车和微水洗车等节水洗车方式，推行用水许可证制度、安装计量用水设施等措施。

推广交通运输低碳科技。推广应用温拌沥青技术、沥青冷再生技术等道路基础设施建设和养护中的新技术、新工艺。积极采用各种建筑新技术，有效利用光能、地热、风能等各种再生能源替代电能，构建绿色、生态型运输站场。推广汽油发动机直接喷射、多气阀电喷等先进节油技术，鼓励使用导流板、风扇离合器等汽车节能产品。推广船舶机桨匹配节能技术改造、优化电子喷油控制装置防污漆等节能技术。推广太阳能光伏光电供电、新型节能灯具、隧道照明智能控制等多项节能照明技术。

扩大信息技术服务领域。完善出租车电召服务系统。完善空车位数据采集系统，建立停车诱导网站。建设ERP公交综合智能管理系统，推动城市公用事业“一卡通”工程。完善公共物流信息平台，打造专门化物流信息系统、社会物流共享信息系统和企业物流信息系统3大系统。构建公路信息服务平台，与公安、气象等部门建立信息共享制度。实施收费站ETC技术改造，推广不停车收费系统。在交通运输局及下属单位建立电子化办公系统。

加强低碳交通能力建设。完善多部门协同推进机制，强化与其他政府部门间的信息共享与协同合作。逐级分解落实低碳交通的各项指标和重点任务，健全低碳交通发展目标责任制和问责制。完善交通运输节能减排统计指标体系，强化指标的调查统计、分析和发布。健全行业节能减排监管体系，形成责权明确、协调顺畅、运行高效、保障有力的交通运输节能减排监管网络。组织开展经常性的节能减排培训教育、技术和经验交流工作，全面提升全行业人员素质。

4. 低碳交通运输体系建设重点项目

昆明市建设低碳交通运输体系试点项目共21个。按项目主题分为9类：天然气车辆推广项目5个；滇池绿色旅游水运项目2个；绿色立体停车场建设项目1个；甩挂运输试点示范项目3个；高速公路节能技术应用项目3个；公共自行车推广项目1个；醇醚类双燃料汽化器推广项目1个；公路沿线碳汇林项目1个；智能公交系统建设项目4个。

（三）西安市

陕西省省会西安市位于黄河流域中部关中盆地，地处中西部两大经济区域结合部，是西北地区通往西南、中原、华东和华北的门户和交通枢纽，在西部大开发战略中具有重要的战略地位。西安市具有承东启西、东联西进的地理优势，为多样化的交通运输体系发展奠定了良好的自然基础。作为全国性综合交通枢纽试点城市，西安市紧紧抓住全国交通大发展的历史契机，以高速公路、铁路、航空、轨道交通为重点，着力加快交通基础设施建设，切实抓好重点公路项目建设和农村公路建设，使得交通运输规模总量快速健康增长、服务能力显著增强、运力结构不断优化。西安市通过推动交通基础设施建设，初步形成了公路、铁路、航空一体的综合交通运输体系，交通运输基本满足了国民经济增长和人民生活的需要。通过咸阳国际机场扩建，铁路枢纽改造，一批高速公路与等级公路的新建、改建和扩建，形成了以大西安为中心的“米”字形交通网络。

1. 交通运输节能减排工作现状

一是加强交通运输节能减排的组织管理。在市委、市政府统一领导下，西安市健全节能组织体系，成立了由市政府常务副市长任组长的节能减排工作领导小组及其办公室。西安市发展和改革委员会作为全市节能减排工作的主管部门，统筹全市节能减排工作，环保、统计、交通运输等34个市级部门组成领导小组成员单位，围绕节能减排，各司其职，各负其责，密切配合，上下联动，通力协作制定各自领域的节能减排措施，加大实施力度。

二是通过目标责任制度落实节能减排。“十一五”期间，西安市交通运输局通过建立节能减排目标责任制，将交通节能减排责任分到单位，落到实处。通过政策引导、标准规范，建立严格的管理制度和有效的激励机制；加快交通运输结构调整步伐；以项目建设为手段，着力抓好重点领域的节能减排工作；加强监管，逐步建立交通运输节能减排长效机制。

三是在基础设施建设中探索低碳设计。“十一五”期间，西安市通过优化路网设计，采用低耗技术，将节能减排理念贯穿公路建设。西安市已形成四通八达、便捷通畅的道路网，极大地便利居民交通出行,减少了因车辆拥堵产生的能源浪费和尾气排放。公路设计部门优化设计方案,采用低能耗的新方法、新工艺,积极建设绿色公路,收到了很好的节能减排效果。

四是发展清洁车辆,提高装备能效标准。近年来,西安市加快淘汰高能耗车辆,提高新车准入门槛,推行清洁低碳车辆,不断优化运力结构,为交通节能减排做出了贡献。客运车辆方面,在车型上,载客量大、效能高的特大型车数量增加明显。货运车辆方面,近年来,能效高、省油的柴油车数量明显上升,汽油车逐渐减少。节能高效的大吨位、拖挂车逐渐受到市场的青睐,数量逐步上升。

五是城市公共交通采取多样化节能措施。“十一五”期间,西安市围绕公交优先战略,推进城市公交在规模、质量和信息化上全面发展,推动了交通节能减排。同时,公交车油改气工作进展顺利,公交车燃料结构有较大变化,绝大多数公交车已经使用天然气。同时,公共交通信息化建设进展显著。全市公共汽车均已安装 GPS 系统,便于检测车辆运行信息和优化管理调度。并且,数条智能调度示范线路的试点建设取得了良好的效果。

2. 低碳交通运输体系建设指导思想和主要目标

以科学发展观为指导,以加快交通运输发展方式转变、推进西安市低碳城市建设为目标,贯彻落实国家、地方及行业应对气候变化工作部署,以加快构建符合低碳发展要求的城市交通运输体系为战略任务,加快清洁能源和节能装备应用,强化高效运输组织技术应用和节能技术创新,大力提升交通信息化智能化水平,打造以“绿色低碳,智·网促畅”为特色的西安市低碳交通运输体系。

到 2015 年,西安市综合运输能力明显改善,运力结构得到优化,运输效率明显提升,运输装备更加节能,交通信息化、智能化水平显著提升,西部地区重要中心城市、交通枢纽的地位进一步巩固,交通运输能耗和碳排放强度明显下降,低碳出行的意识和行为大为增强,低碳交通运输体系构建取得显著成效。

3. 低碳交通运输体系建设重点领域及主要任务

加强交通信息化智能化。加快公路运输的信息化、智能化进程,加快现代信息技术在公路运输领域的研发应用,逐步实现智能化、数字化管理,加强物流管理信息系统建设,促进客货运输市场的电子化、网络化,实现物流信息共享,提高运输效率,降低能源消耗。

推广低碳型运输装备。借助自身的资源优势,在天然气目前已经大面积推广使用的基础上,进一步扩大天然气在交通运输领域的使用面积,包括继续更新 CNG 公交车和出租车,继续更新购置 LNG 客运车辆,以及在城市货车推广使用 CNG;开始推广使用纯电动公交车。此外,车辆天然气加气站也将展开建设。

创新运输组织与操作技术。在汽车维修行业试点,推行“绿色汽修”工程。鼓励运输企业发展甩挂运输,提高道路货运效率,达到降低能耗的目的。

建设低碳型交通基础设施。加快高速公路建设,形成通达全省、对接周边的高速公路网络。同时,对交通需求大、拥挤度高的主骨架实施一级化工程。提高国道、城市放射线等重要通道的容量配置,实施 G310、G210、G312 和 G108 国省干线升级等改造工程,全面提升路网的交通流容纳能力,最终形成“一环三横四纵十二射”格局。在交通基础设施建设尤其是公路的建设与养护过程中,采用温拌沥青、冷再生等低碳技术。

打造公众低碳出行系统。加快地铁建设进度,确保 2013 年 1 号线通车运营,3 号线于 2015 年通车运营,做好 4、5、6 号线等线路的前期准备工作和城市地铁总体规划修编工作。以公交优先发展为导向，完善西安公交线网，提高公交输送能力；建设公交专用道，积极发展 BRT，提高公交车运行速度；增加公交车运营数量，改善公交车辆结构，提高公交服务水平和吸引力；改善公交场站设施，引进新能源公交车辆，建设绿色环保公交系统；加大政府监管和制度创新，规范服务和提高公交管理水平。倡导低碳的“步行”出行方式。建设完善人行横道、过街天桥和地道等基础设施，加强宣传教育，提高行人安全意识，提高人行过街设施的使用效率，显著降低行人过街事故率。实施明城墙内旅游景点的自行车专用道、服务站以及公共自行车服务管理系统。

4. 低碳交通运输体系建设重点项目

西安市建设低碳交通运输体系试点项目共 32 个。按项目主题分为 6 类：替代能源利用项目 10 个；运营组织及操作技术创新项目 4 个；低碳交通基础设施项目 3 个；公众低碳出行系统项目 2 个；节能技术改造项目 1 个；交通信息化建设项目 12 个。

（四）宁波市

宁波是我国东南沿海重要港口城市，全国 15 个副省级城市和 5 个计划单列市之一，长江三角洲南翼经济中心，华东地区重要的先进制造业基地、现代物流中心和交通枢纽。2011 年宁波市 GDP 总量为 6010 亿元，按常住人口计算人均 GDP 达到 1.2 万美元，在第二批 16 个试点城市中仅次于广州、北京位居第三位。2009 年，宁波被确定为国家级综合交通枢纽城市和全国性物流节点。经过“十一五”5 年的建设，综合交通基础设施规模不断扩大，总体上实现了规划目标。2010 年全市公路总里程超过 1 万公里，其中高速公路里程达到 385 公里，公路网密度提高到 104 公里/百平方公里。同时，港口总吞吐能力达到 3.3 亿吨，宁波港港口货物吞吐量和集装箱吞吐量居全国第四、第三位，在上海国际航运中心的地位不断提高。

1. 交通运输节能减排工作现状

宁波市坚持把节能减排作为转变经济增长方式的重要内容，取得了显著成效。“十一五”期间，全市交通运输行业万元增加值能耗每年以较快速度下降，超额完成了市政府下达的“十一五”节能减排的各项目标任务，为宁波市建设资源节约型和环境友好型社会做出了积极贡献。

一是成立了交通运输行业节能减排工作领导小组，颁布实施了节能减排的一系列政策法规与规划。领导全市交通运输行业节能减排工作，推动了交通节能减排工作有序、规范的开展。

二是促进交通体系优化。建设杭州湾跨海大桥、甬台温铁路、绕城高速公路等一批重点工程，实现宁波市“一小时高速圈”。提高路网技术等级和密度，改善车辆通行条件，为车辆节能降耗提供基础保障。结合轨道交通建设，优化城市公交线网和场站布局，提升运行效率。

三是优化调整运力结构，引导车船向大型化、专业化、清洁化方向发展。积极推广清洁能源运输装备，加快 LNG 加气站等配套基础设施建设。

四是推进物流基地建设，推广新型运输方式。开通宁波—温州海铁联运集装箱“五定”班列，相继开展宁波至上饶、鹰潭、南昌、湖南等地的海铁联运业务。

五是打造交通信息平台，推广应用节能技术。应用集装箱甩挂运输与双重运输、集装箱码头专用牵引车“一拖多挂”等技术，提高物流运输的组织化和集约化水平。

2. 低碳交通运输体系建设指导思想和主要目标

以科学发展观为指导，以提高能源利用效率、降低碳排放强度为核心，以结构调整、科技创新、强化管理为突破口，构建与现代化国际港口城市发展要求相适应的综合运输体系和国家级综合交通枢纽，改善城市交通出行结构，逐步建设慢行交通系统，加快清洁能源应用，建立交通运输碳排放管理体系，加快构建快速、便捷、高效、安全、节能的城市交通体系，为长三角地区城市低碳交通体系建设积累可借鉴的工作经验和实用低碳交通技术。

到2015年，构建城际、城乡、城市交通统筹发展，与现代化国际港口城市发展要求相适应，"畅通高效、安全绿色"的综合运输体系。到2020年，形成政府有效监管、市场主体自觉节能减排的长效机制，形成资源节约、环境友好的交通发展方式，实现交通运输与经济社会、自然环境和谐发展。

3.低碳交通运输体系建设重点领域及主要任务

(1)打造低碳综合交通运输体系

改善综合运输结构。进一步加大水运和铁路在综合运输中的比重，进一步优化公路基础设施结构，形成"一环六射" 高速公路网络格局，高速公路覆盖宁波全部区县。继续提升国省干线公路技术水平，加强干线公路与高速公路的衔接，基本完成农村公路网络化建设。

完善城市客运网线。建成运营轨道交通1号线全线、2号线一期工程，基本构筑形成城市轨道交通"十"字骨架。加快中心城区快速路建设，中心城基本形成"两横三纵"快速路网络，宁波市中心城区将规划建设7条公交专用道，优化城市轨道交通与道路交通换乘系统，逐步实现城市客运零换乘。

发展综合运输枢纽。重点建设宁波南站综合客运枢纽、余慈综合客运枢纽、空港综合客运枢纽等国家级综合客运枢纽。重点建设梅山保税港区物流中心、宁波铁路集装箱中心站、宁波陆港物流中心等综合货运枢纽，初步形成全国性大型物流中心框架。

(2)建设低碳交通基础设施

倡导低碳公路建养。推广预防性养护，加快路面材料再生技术和温拌沥青、改性沥青技术等在该领域的应用，规范化、规模化实施各项环保建设技术。增加公路碳汇。扩大公路绿化和碳汇林面积，实现宁波市辖区高速公路和国省道宜林路段绿化率100%，公路绿化增加碳汇量达到10万吨以上。

打造节能低碳港口。优化港口结构布局，推进港口设施节能减排。鼓励靠港船舶使用岸电技术，优化新建码头电网设计，加大老港区电网改造力度，应用动态无功补偿和谐波治理技术，提高港口设备的技术水平。引导轻型、高效、电能和清洁能源驱动、变频控制的港口装卸设备的发展，加大港口节能减排技术的研究和应用。推进电动轮胎式集装箱龙门起重机电能回馈技术、带式输送机全变频控制技术应用，提高港区清洁能源运输车辆的比例。

实施绿色照明技术。在象山港公路大桥及接线道路、杭州湾大桥连接线隧道、高速公路照明系统、宁波港区堆场、道路和仓库照明系统等工程中增加绿色照明技术改造项目，推广LED等节能照明技术。

(3)应用低碳交通运输装备

推进车船结构专业化。加快发展适合高速公路、干线公路的大吨位多轴重型车辆和短途集散用的轻型低耗货车，引导水运企业发展500TEU以上集装箱船、5万吨级以上散货船、1万吨级以上液货危险品船、200客位以上高速客船。

促进清洁能源车船发展。加快天然气车辆在宁波市公共交通车辆和港区集装箱卡车中的应用。调整船舶能源消费结构，尝试推广应用太阳能、LNG清洁能源，鼓励船舶风力驱动技术的研发。

加强船舶节能技术改造。推广应用优化电子喷油控制装置、CRP吊舱柴电混合推进系统、节能环保涂层材料技术、改进型螺旋桨锁紧螺母项目、主机轴带稳频发电机项目等先进适用的节能减排技术和产品。

(4)优化运输与作业组织

发展甩挂运输。积极开展集装箱甩挂运输试点,不断扩大甩挂运输组织方式在道路货运中的应用范围,进一步提高集装箱运输效率。

推进双重运输。充分运用GPS、RFID、第四方物流市场平台等技术,建立具有宁波特色的双重运输物流平台。

提高港口作业效率。加强港口作业组织、协调,减少设备空转待机时间,提高作业效率。通过工艺改造和合理的调度作业,缩短工艺环节和货物周转频次。

(5)强化智慧交通系统

加快物联网、云计算等现代信息技术在交通运输领域的研发应用,逐步实现智能化、智慧化管理。推进公众出行信息服务系统工程,基本构建智慧化出行信息服务体系。建立统一的城市智能化公共交通综合信息平台,建设宁波市出租车电召服务中心。将进一步加强以"数字公路"、"数字运管"等为代表的行业信息化建设与推广应用,加快建设ETC通道,提高高速公路通行能力和联网收费效率。

(6)完善能耗与碳排放管理体系

建立行业能耗与碳排放管理体制,建立相关技术实施标准,建立低碳交通统计、监测与考核体系。

4. 低碳交通运输体系建设重点项目

宁波市建设低碳交通运输体系试点项目共41个。其中:低碳综合交通系统4个;低碳交通设施9个;低碳交通运输装备11个;运输组织优化类4个;智慧交通10个;交通碳排放管理3个。

(五)广州市

广州市是五大国家中心城市之一,华南地区的海陆空交通中心,素有中国"南大门"之称。2011年实现地区生产总值(GDP)12303亿元,经济总量位居中国大陆城市第三位,全市常住人口1270万人,人均生产总值达到1.3万美元,达到中等发达国家和地区水平。为加快转变经济发展方式,广州市市委市政府提出要走出一条经济低碳、城市智慧、社会文明、生态优美、城乡一体、生活幸福的新型城市化发展道路。

1. 交通运输节能减排工作基础及现状

近年来,广州市被科技部列为国家创新型试点城市、国家"十城千辆"节能与新能源汽车示范推广应用工程试点城市,"基于物联网的城市智能交通应用示范"项目被国家发展改革委和财政部列为首批国家物联网应用示范工程之一。2012年,交通运输部将广州市确定为全国低碳交通运输体系建设第二批16个试点城市之一,旨在积极探索交通运输低碳发展的各种可行模式和合理路径,形成以低碳为特征的交通运输体系进行示范推广。广州市采取了一系列低碳交通发展行动,低碳交通成效显著,并获得了由联合国开发署等7家机构联合颁发的"2011国际可持续交通奖"。

为加快推进新型城市化发展,广州市交委以科学发展观为统领,根据"低碳经济、智慧城市、幸福生活”三位一体的城市发展理念,积极组织市交通行业各单位从“结构性减碳”、“技术性减碳”、“制度性减碳”3 大方面,整体推进低碳交通发展工作。节能减排成效突出,其中广州 BRT 项目获评联合国“2012 年应对气候变化灯塔项目”。广州市被交通运输部列入低碳交通运输体系建设试点城市,呈现了低碳交通、节能减排发展新局面和新形势,广州市低碳交通框架体系雏形初显。

2. 低碳交通运输体系建设总体目标及思路

深入贯彻科学发展观,全面落实“低碳经济、智慧城市、幸福生活”的战略部署,以加快交通运输发展方式为主线,以提高交通运输行业能源利用效率、降低碳排放强度、增强可持续发展能力为核心,以加快构建低碳立体交通网络体系、绿色低碳运输装备体系、节能高效运输组织体系、智能交通服务管理体系和低碳交通能力保障体系为重点,以试点项目和专项行动为载体,努力在低碳交通技术与政策创新上先行先试,尽快形成集政府推动、企业主动、社会行动于一体的低碳交通发展长效机制,加快构建与国家中心城市、创新型城市、综合性门户城市定位相匹配,以立体交通、绿色交通、智慧交通、效能交通为主要特征的低碳交通运输体系,力争率先建成全国低碳交通城市,为广州新型城市化发展战略提供有力支撑。

3. 低碳交通运输体系建设重点领域及主要任务

在低碳项目方面,大力增强低碳交通支撑力。以低碳交通项目的研究、推进为突破口,增强低碳交通发展的支撑力。项目内容从单纯的“车”领域拓宽至“车、船、路、港”,启动或继续推进了“节能与新能源公交车辆”、“智能交通”、“集装箱轮胎龙门式起重机‘油改电’”、“旧水泥混凝土和旧沥青混凝土再生利用”等多个项目,并取得了良好成效。2012 年,市交通节能专项资金 1000 万元对 16 个重点低碳项目进行了扶持;广州港南沙港务有限公司的《场桥“油改电”项目》获得了交通运输部 222 万元节能专项资金奖励,广州市《双源无轨纯电动城市客车应用推广》、《广州市停车场管理与信息发布系统》、《珠三角区域城市公共交通一卡通项目(二期)》被评为广东省交通节能减排示范项目。

在绿色公交方面,全面提高公交承载力。大力发展高承载力的公共交通工具,推行绿色、环保、智能集约化的出行公交模式,是构建广州低碳交通运输体系的重要手段。市交委在 2012 年上半年用 50 天时间分 3 批组织完成了新开 50 条公交线路工作,增加线路总里程 840 公里,使广州市公交线路总数增至 724 条,线路总里程增至 11317 公里,惠及 100 多万市民群众交通出行;广州市与地铁接驳的常规公交线路比例已达 56%,圆满实现预期目标。BRT 项目自 2010 年 2 月开通以来,已为广州公交减排 CO_2 1.61 万吨,荣获了英国标准协会颁发的“可持续发展—绿色低碳奖”和联合国“2012 年应对气候变化灯塔项目”的奖项。同时,继续深化节能与新能源公交车辆的应用管理工作,至 2012 年 10 月,广州市已示范应用 991 台节能与新能源公交车辆。

在尾气治理方面,加强监管高排放营运车辆。有针对性地将全市 17 万辆营运车辆纳入“政府督促指导、企业自检保障、环保联动执法”排气污染治理三级监管体系,斩断了客货车的“黑尾巴”。一是严格抽检执法,1 至 10 月,协同市环保部门抽检了 5213 辆营运车辆尾气排放状况,依法查处了 36 辆超标车辆。二是严把自检关,2012 年运输企业、站场累计检查车辆尾气情况共 153 万辆次,对 3700 辆次不合格车辆实现停场整改。三是严防冒黑烟车,1 至 10 月对市环保局转来的 4594 辆群众举报冒黑烟营运车进行了及时整治。四是严审车辆准入,印发了《黄标营运车淘汰工作指导意见》,组织市、区运管部门有效开展黄标营运车辆定期审验、强化检测把关等工作;1 至 10 月,广州市已淘汰营运黄标车 8470 辆,超额完成了 6000 辆的年度淘汰任务。

在智能交通方面，大力提高交通运行效率。推进国家物联网城市智能交通系统建设，省交通运输厅启动了由广州市交通信息投资公司为承担单位的物联网配套科研项目，市科信局信息化配套项目也初步立项；进一步建设完善了公交GPS智能调度、出租车电召、停车诱导系统等智能交通管理系统，大力提高了交通系统的服务水平和运行效率；成功开发了国内首个城市综合交通信息服务软件“行讯通”，为广大市民免费提供实时路况、停车场、公交、出租、地铁等12项综合交通信息服务。

在交通治堵方面，切实推进改善城区交通。全力统筹推进2012年落实“治堵30条”措施的工作计划，完成了27个交通拥堵点治理工作，提前完成2011年市政府确定的39个交通拥堵点治理任务；完成70公里公交专用道工程建设；推进了1000辆出租车高峰运力投放、试行中小客车总量调控等工作。

在理念倡导方面，营造低碳发展氛围。指导各运输企业把低碳交通作为主线，将相关要求落实到日常管理和监督中，扎实开展低碳交通宣传、教育和培训工作。1至10月，广州市交通行业各单位共累计开展低碳培训教育10万人次，出版低碳专刊42期，张贴海报2300份，发放公共机构低碳宣传手册5300份、节能驾驶宣传手册1万余份，各候车大厅滚动播放节能公益广告20万余次。

在低碳机制方面，强化低碳交通制度。组织制订了市交委推进新型城市化发展“1+10”政策文件之一的《关于推进低碳交通运输体系建设的实施方案(2012—2016)》，计划通过构建低碳立体交通网络体系、绿色低碳运输装备体系、节能高效运输组织体系、智能交通服务管理体系、低碳交通保障体系共5大体系，提高交通运输行业能源利用效率和降低碳排放强度，大力增强可持续发展能力，力争建成全国低碳交通先进城市。

4. 低碳交通运输体系建设重点项目

广州市建设低碳交通运输体系试点项目共41个。按项目主题领域划分为10大板块：低碳公共交通板块5个；低碳公路建养板块2个；低碳场站建设板块2个；低碳港口板块4个；低碳运输车辆板块3个；低碳运输船舶板块2个；绿色货运与物流板块7个；绿色驾驶与维修板块3个；智慧交通板块7个；低碳能力建设板块6个。

(六)沈阳市

沈阳市地处辽宁省中部，是东北地区政治、经济、金融、文化和信息中心，我国15个副省级城市之一；现辖9区4县；总面积12860平方公里，市区面积3471平方公里；总人口722.7万人，市区人口519.1万人。2011年，沈阳市国内生产总值达到5914.9亿元，“十一五”期间，年均增长18.6%，人均GDP达到1万美元，居全国大中城市第十七位，城市化水平超过70%。沈阳市地处环渤海地区与东北地区的重要结合部，交通区位条件优越，是国家公路运输枢纽城市之一，公路网整体达到国内一流水平。相继建成了沈大、京沈、沈四、沈抚等8条高速公路和沈阳绕城高速公路，实现了县县通高速，形成了沈阳经济区“一小时交通圈”。沈阳市还拥有全国最大的铁路编组站和东北地区最大的民用航空港，陆续开工建设了京哈、沈大、沈吉、沈丹客运专线，建成沈阳站、沈阳东站、沈阳西站、沈阳北站4个铁路客运站，沈阳南站正在建设。民航方面，桃仙国际机场是一级干线机场，全国八大区域航空枢纽之一，T3航站楼已完成主体建设。

1. 交通运输节能减排工作现状

一是建立领导机构，不断加强节能减排组织工作。沈阳市高度重视交通运输节能减排工作，逐级成立节能减排工作领导机构及其办事机构，基本形成了市政府统一领导、各级交通运输管理部门具体负责、交通企业为主体、全行业齐抓共管的交通运输节能减排工作格局。市交通局挂牌成立了节能减排办公室，负责全市交通行业的节能减排工作。

二是完善政策法规，不断改善节能减排制度环境。市交通局研究制定了《沈阳市交通行业节能减排工作指导意见》、各年度工作要点及工作实施方案，组织研究起草了《沈阳市交通行业节能减排“十二五”发展规划》等。同时，研究制订了沈阳市公交行业节能减排工作方案，制定了更新、新增车辆的补偿、补贴及鼓励政策，对完善沈阳市交通行业的节能减排与低碳发展提供了良好的制度保障和政策支撑。

三是促进公交优先发展。通过优化线网，投入高等级车辆，建设 GPS 调度系统，坚持低票价政策等措施，提升公交服务水平。

四是推广使用清洁车辆。2005 年，沈阳市政府发布了《关于推广使用燃气汽车的通告》，2006 年，完成汽油公交车和出租车的全部改装。与此同时，通过立法程序，加快营运车辆的更新改造步伐。《沈阳市出租汽车管理办法》中将车辆使用年限由 8 年降到 6 年。

五是推广使用新材料、新工艺。总结试验路温拌和摊铺施工工艺，逐步在县以上公路建设中大面积推广。逐步推广厂拌冷、热再生在路面下面层中的应用。在沈中线新建工程中，首次使用橡胶沥青，为橡胶沥青大面积应用于公路建设和养护中奠定了坚实基础。

六是推广应用新技术，推进高速公路运营节能。沈阳市域范围内的高速公路主要应用了摄像机太阳能供电系统和嵌入式车道控制机。加快推进市域范围内的高速公路 ETC 车道建设，将微波离子灯、太阳能灯、收费红外辐射供暖系统、地源热泵等节能技术应用于高速公路服务区。

七是宣传普及交通运输节能理念。在出租车显示屏、车载移动电视、交通网站等媒体上积极宣传国家、省、市节能减排方面的方针政策及相关知识；加强对从业人员的节能减排教育培训；举办节能宣传周等活动。

2. 低碳交通运输体系建设指导思想和主要目标

以科学发展观为指导，以第十二次全运会在沈阳市召开为契机，以沈阳市建设资源节约型和环境友好型城市为发展方向，以加快交通运输发展方式转变，促进行业可持续发展，减少 CO_2 排放为目标，围绕“调整交通运输结构、优化能源消耗结构、改善交通运输组织与装备、发展低碳交通基础设施、发展智能信息交通、引导改变出行方式”等六大重点领域，通过政府主导、企业示范、社会参与，开展基础设施建设、能源利用、运输组织、智能交通、社会出行等领域的试点，解决一批重点项目和关键技术等难点，推进沈阳交通运输体系低碳化发展。

到 2014 年，沈阳市交通运输行业温室气体排放逐步降低，行业节能减排意识增强，低碳交通运输理念得到普及，交通运输生产、运营、消费各个环节的碳排放强度逐步降低，交通运输低碳排放的特征初步显现。

3. 低碳交通运输体系建设重点领域及主要任务

调整交通运输结构。充分发挥各种运输方式的比较优势，重视低碳交通规划，强调不同运输方式间的优化配置和衔接配合。重点推进客运站场将向综合化和城乡客运一体化方向发展，实现重要节点基础设施网络化，客货运输便捷化，努力实现客运的“零距离换乘”和物流的“无缝衔接”。促进公共交通（含地铁）发展，加强公交专用道路建设，设置公交优先通行信号，在局部地区开展公共自行车租赁试点，形成具有快速、舒适、便捷、生态、信息等特征的现代城市公交系统。

优化能源消耗结构。优化车辆能源消费结构，开发和引进碳含量低、温室气体排放少的新能源和替代能源燃料。制定交通税费优惠政策鼓励节能、环保车辆发展。优化设施设备能耗结构，积极推进新能源、可再生能源在交通基础设施的建设、运行领域的应用。

改善运输组织与装备。优化道路运输组织结构，加快道路运输组织结构调整，推进客货运输集约化、公司化改造，整合运输资源。构建现代化公共交通网络，推动公交集约化经营。优化运力结构，提高公路货运效率。加快公路货运站场建设，促进现代物流发展。加强车辆定期检测与维修保养，推广节油驾驶操控技术。应用绿色驾培装备，推广绿色维修技术。

建设低碳交通设施。在城市公交、公路、水路基础设施建设过程中，加大循环材料和清洁能源的使用比重，推进绿色照明设施的使用。通过基础设施的建设，减少交通拥挤和阻塞，提高交通运输网络的通行能力。完善综合客运枢纽站、公共交通站场、站台等设施配套，促进各种运输方式的零距离换乘和无缝对接，提升交通运输效率。

发展智能信息交通。完善公众出行信息服务平台，建设面向城市的基于互联网的实时动态交通信息服务，出租车综合信息服务平台和物流公共信息服务平台。推进办公自动化应用，建立交通能耗与碳排放的统计考核体系，制定监督考核办法，依法加强对交通运输用能单位，特别是重点耗能企业节能减排的监督检查。

倡导公众低碳出行方式。倡导低碳出行理念，扶持和鼓励提供班车、校车服务。发展慢行交通，完善步行和自行车道系统，布局规划和建设公共自行车租赁系统。鼓励公众购买小排量汽车和新能源车辆，倡导"少开一天车"、"绿色出行"等形式的低碳出行推广活动。同时，加强低碳交通宣传教育，组织开展"低碳交通宣传日"活动，倡导"1-3-5"出行方式，即1公里以内步行，3公里以内单车行，5公里以内公交行。

4.低碳交通运输体系建设重点项目

沈阳市建设低碳交通运输体系试点项目共11个。按项目主题分为6大领域：调整交通运输结构、优化能源消耗结构、改善交通运输组织与装备、建设低碳交通基础设施、发展智能信息交通和引导改变出行方式。推出了立体公交网络优化工程、低碳城市配送体系、低碳收费站建设工程、天然气汽车推广工程、油电混合汽车推广工程、公共自行车租赁系统、远通甩挂运输试点、路面节能技术应用工程、绿色维修驾培技术推广工程、交通运输智能管理信息系统等11个试点工程。

（七）哈尔滨市

哈尔滨是黑龙江省省会、我国东北北部中心城市、国家重要的制造业基地、历史文化名城和国际冰雪文化名城。近年来，哈尔滨市获得了众多荣耀，首批中国优秀旅游城市、中国十大品牌城市、中国十大节庆城市等，是著名的"冰城夏都"、"风情之都"等。哈尔滨市市域面积为5.3万平方公里，都市区范围为7086平方公里，中心城区总用地面积4187平方公里，主城区面积311平方公里。2010年户籍总人口1063.5万人，其中主城区451.8万人。哈尔滨地处东北地区的地理中心，是全国综合运输大通道的重要节点、42个全国性综合交通枢纽之一，也是我国第一条欧亚大陆桥上的特大城市，是欧洲各国货物进入太平洋通道的重要节点，是沟通东北亚、欧洲和太平洋的交通枢纽。

1. 交通运输节能减排工作现状

一是加强组织管理。2010年,哈尔滨市交通运输局成立了"哈尔滨市交通运输局节能减排工作领导小组",负责贯彻落实省市节能减排的工作要求和工作目标,组织领导全市交通运输行业节能减排工作,研究建立节能减排的长效机制,解决节能减排工作中的重大问题。

二是推广使用清洁能源运输车辆。"十一五"以来,在城市公共交通领域,累计更新欧Ⅲ排放标准以上的清洁能源公交车辆1800辆,目前清洁能源公交车辆占全部公交车辆56%。哈尔滨市公共电车总公司、哈尔滨市公共汽车总公司等3个单位分别在城市公交、班车客运、旅游客运、包车客运等方面开展了节能减排示范项目活动。

三是推广节能减排新技术、新材料。在交通基础设施建设养护中采用新结构、新工艺和新材料,推广应用路面可再生材料、温拌沥青等新技术。在京哈路71公里中修罩面工程中,对路况较好的路段采用改性沥青微表处处理方式20余公里。在京哈路1000延长米的试验路段上采用了抗裂贴技术,取得了很好的效果。

四是强化节能减排统计与管理工作。加强交通能源与污染物排放的统计与管理。实施重点用能单位能源利用状况报告制度,制定全市交通运输行业能源消耗与污染排放统计分析制度,强化各项指标的统计调查、分析、预测和发布工作,定期开展交通能源消耗评估工作。

五是改善交通运输装备结构与技术。贯彻落实《道路运输车辆燃料消耗量检测和监督管理办法》(交通运输部令2009年第11号),加强对道路运输营运车辆燃料消耗的检测和监管。全市公路长途客车4403辆,营运货车达74407辆,公交车辆4953辆。客车高档化、舒适化趋势明显;货物运输运力正逐步向大型化、专业化方向调整等。

六是大力推进交通信息化进程。"十一五"期间,全市交通信息化建设计划投资超1亿元,建设了一批大项目。目前,城市公交智能调度指挥系统一期、出租车服务管理信息系统一期、物流公共信息平台投入使用,城市客运和交通物流效率及服务水平得到明显提升。

七是加强公路的建、管、养,落实节能减排要求。公路基础建设达到环保要求。长江路(龙凤路)至绕城高速段建设工程等道路工程要严格执行建设项目环境影响评价制度,采取隔声屏障、绿化防护等有效措施,保证声环境质量达标。落实公路建设与养护、场站建设与维护。严格落实运输基础设施建设的环境评价和节能减排等措施。

2. 低碳交通运输体系建设指导思想和主要目标

以邓小平理论和"三个代表"重要思想为指导,以科学发展观为指导,结合自身经济发展水平,积极应对全球气候变化,以构建"城市低碳综合交通运输体系"为目标,以"北跃、南拓、中兴、强县"的城市发展战略为契机,以提高能源效率、实现节能减排目标为主线,以公交都市建设、清洁燃料车辆应用、缓解交通拥堵为重点,以结构调整和制度、技术创新为手段,突出高寒地区的公交节油和清洁燃料车辆应用的亮点和特色,通过政府引导扶持、企业主导实施和社会积极参与的方针,通过示范带动和突出重点相结合的方针,从低碳基础设施建设、优化交通运输组织、清洁能源车辆推广、交通智能信息技术、低碳交通能力建设5个方面强化低碳交通运输体系的试点工作,进一步加强体制机制建设,加快交通方式转变,形成一个符合应对气候变化工作要求的更安全、更通畅、更便捷、更绿色、更和谐的现代综合交通运输体系,进一步强化哈尔滨的重要交通枢纽地位,为哈尔滨形成可持续发展的新模式,为加快建设北国水城、工业大城、科技新城、文化名城,率先实现基本现代化目标提供有效支撑。

到2014年,全市上下低碳交通运输理念进一步增强;交通基础设施更加完善,不同运输方式衔接更加顺畅、高效;综合运输服务能力明显增强,以城市公交为主导的城市客运体系逐步形成;运输装备结构更加优化,能源消费结构更加合理;节能减排科技创新能力与推广水平进一步提升,技术性节能减排取得明显进展;工作体制机制更加完善,初步建立比较完善的交通运输节能减排管理体系,节能减排监管能力和支撑保障水平明显增强。

3. 低碳交通运输体系建设重点领域及主要任务

推进低碳基础设施建设。以加快低碳基础设施建设为核心,在基础设施建设中积极引进、推广节能型新技术、新材料、新工艺;优化道路结构和路面等级;加快清洁燃料车辆配套设施等建设;加快推进场站照明系统改造项目,逐年扩大节能路灯的使用比例;发展综合运输枢纽,推进综合交通体系建设;提高公路网密度、公路技术结构和路面等级;结合哈尔滨城市结构和用地形态,优化城市道路网络结构,加快公交专用道建设,不断提高其畅通性和可达性。在水路运输领域,加强港口建设,提升航道技术等级,提高运输能效。

推广低碳交通运输装备。新增运输装备应鼓励使用大容量、高效率的运输装备和节能环保型的运输装备的应用,加快对老旧车辆的淘汰更新力度。优化车辆运力结构,优化车辆的结构,推广清洁燃料教练车辆和驾校模拟装备,鼓励推广船舶节能减排新技术、新产品,加强对在用车辆的保养和维修,加快绿色汽车维修技术应用,加强营运车辆节能驾驶的宣传与培训。

优化交通运输组织模式。加快综合运输体系建设,优化交通结构,优先发展城市公共交通,转换发展方式,优化物流组织模式,全面提升运输效率。加快运输网络设施的发展,优化公路客货运站场布局,切实落实公交优先发展,优化城市公交网络和公交调度,加强对公交在用车辆的维修与保养,改善城市慢行交通环境,鼓励物流企业的网络化和运输组织模式优化,开展甩挂运输试点、多式联运试点。全面提升运输组织效率,进一步发挥哈尔滨国家公路运输枢纽作用。

强化智能交通信息技术。大力推进交通行业的信息化水平,提高交通运输的管理水平和服务水平。建立交通信息服务系统,实现客、货信息资源共享,方便公众出行。大力推进公路运输的信息化、智能化进程,加快现代信息技术在公路运输领域的研发与应用。重点加强以高速公路客运为骨干的现代客运信息系统、客运公共信息服务平台和货运信息服务网等建设,促进客货运输市场的电子化、网络化。

创新低碳交通政策制度。结合哈尔滨实际,从经济、管理、标准等方面创新低碳交通政策制度,建立先进的政策、标准等,形成现代化的管理模式。建立灵活的市场机制,拓宽资金来源。加快培养交通能源与碳排放市场机制,建立多渠道、多层次的交通投融资体制和机制,加强合同能源管理、碳交易等新的市场机制在交通行业中的应用。

建立低碳公众信息平台。建立公交出行服务网站、建立智能公交电子站牌系统、电话呼叫服务系统等,实时查看交通路况,实时查询停车位,实时掌握公交到站信息,为市民出行提供重要参考信息。

4. 低碳交通运输体系建设重点项目

哈尔滨市建设低碳交通运输体系试点项目共22个。其中:第一类为直接产生节能减排效果的项目,共16个;第二类为城市低碳交通运输体系能力建设的设施条件项目,共6个,项目实施将间接带动交通节能减排和低碳发展。按建设领域分六类:低碳交通基础设施领域2个;低碳运输装备服务领域7个;优化交通运输组织模式领域7个;低碳智能交通服务领域6个。

(八)淮安市

淮安市地处淮河流域,全市辖清河、清浦、淮阴、淮安4区和涟水、洪泽、盱眙、金湖4县,总面积10072平方公里。作为苏北中心城市和淮河沿岸最大工商业中心,淮安南邻"长三角"经济核心区,东靠沿海发达地区,北接大陆桥经济带,地理位置十分优越,是南下北上的交通要道,是江苏乃至泛长三角北部区域的交通枢纽。淮安拥有得天独厚的内河航运资源,是南北水运干线的主要节点,京杭大运河穿境而过,市内又有盐河航道、淮河入海水道、入江水道等航道,水运网络通达,具备从传统的"运河经济"转为"海河经济"的条件。自2010年被正式纳入长三角一体化战略和沿海开发战略以来,淮安市加快实施"借港出海、扩大开放"战略,更多地承接产业转移,对接沿海,取得了突出成效。"十一五"以来,淮安交通基础设施建设得到了全面的发展,正从历史上的漕运中心逐步发展为水、陆、铁、空协调发展的立体式、多元化区域性综合交通枢纽。随着交通网络逐步完善,运输能力明显增强,服务水平显著提升,行业管理有效开展,全市交通运输行业进入转型升级、协调发展的新阶段。

1. 交通运输节能减排工作现状

一是建立全市节能管理工作机制。淮安市建立了节能减排工作机制,确保各项节能减排任务的实现。成立了由市政府主要领导任组长、市政府主管领导任副组长、有关部门主要负责同志为领导小组成员的市节能减排工作领导小组,全面推进本市节能减排工作。领导小组下设办公室,由市发展改革委、市环保局等部门组成。与此同时,全市各区县也成立了相应的领导机构,由区县政府主要领导负责。

二是健全完善节能减排政策法规。淮安市交通运输局积极贯彻落实国家、江苏省政府和交通运输部相关法规政策,并制定了促进节能减排的一系列政策措施,包括实施公交优先发展战略、建立完善节能减排激励政策、严格执行营运车辆燃料消耗量限值的政策等,有力支持和保障交通运输节能减排规划和目标的实现。

三是结构性节能减排取得进展。"十一五"期间,淮安市各级交通运输主管部门以规划为龙头,切实贯彻落实部党组提出的"以加快交通结构调整为主线"的工作思路,促进了行业的结构性节能减排。优化基础设施结构,推动综合运输体系建设;优化运力结构,推广节能高效型车船;优化能源结构,加快应用推广清洁能源车船。

四是技术性节能减排较快发展。淮安市在交通运输基础设施建设及公路、水路运输中依托新科技、使用新产品、推广新技术,不断提升交通运输的智能化、信息化水平,用技术性节能减排助推低碳交通运输体系建设。

五是管理性节能减排取得实效。淮安市交通运输局发挥政府部门的推动和指导作用,以组织实施重点工程为抓手,大力发展先进的运输组织方式,完善公共客运服务体系、提高公路运输站场体系的整体效率,广泛动员全行业节能减排。

2. 低碳交通运输体系建设指导思想和主要目标

以科学发展观为指导,以加快交通运输发展方式转变、推进淮安市低碳城市建设为目标,贯彻落实国家、地方及行业应对气候变化工作部署，以加快构建符合低碳发展要求的城市交通运输体系为战略任务，着力发展内河水运，加快清洁能源和节能装备应用，改善城市交通出行结构，逐步建设慢行交通系统，提升交通信息化智能化水平，打造具有淮安特色的、以“绿·河·城·畅”为核心理念的低碳交通运输体系。

到2015年，构建城际、城乡、城市交通统筹发展，与外向型城市发展要求相适应，“安全、便捷、畅通、绿色”的综合运输体系。淮安市综合运输能力显著改善，运输效率明显提升，运输装备更加节能，江苏乃至泛长三角北部区域交通枢纽、苏北重要中心城市的地位进一步巩固，交通运输能耗和碳排放强度明显下降，低碳出行的意识和行为明显增强，低碳交通运输体系构建取得显著成效。

3. 低碳交通运输体系建设重点领域及主要任务

大力发展绿色水运。绿色水运应从航道、港口等基础设施及运输船舶等装备进行全方位打造。首先，依托航道建设的“十二五”规划中“全市航道达标总里程达到256公里，省干线航道达标里程达60%以上，所有县通三级以上航道”的目标，强化内河航道网络建设，加快货运“陆转水”及水、公、铁联运的发展，是淮安交通低碳发展最具潜力的领域。需要重点建设完善水运基础设施，通过航道整治，打通出海航道，使航道网等级整体提升，大幅提高水运通行能力和效率。其次，加快港口的规模化发展，改变内河码头小、散、乱的现状，推进港口资源的整合和港口设备的更新改造，提升港口运营能效。此外，采用节能、高效及能源低碳化的水运设施及装备，促进运输装备的结构优化。

建设城市低碳出行系统。“十二五”时期是淮安市城市化进程加快的重要阶段，一方面，中心城区将进一步扩大，“组团相间”的城市发展格局也将继续推进。同时，随着“打造低碳社会模式”成为淮安建设低碳城市的目标，加快城市化进程中必须采取措施有效引导城市居民低碳出行。因此，优先发展大容量、低碳高效的公共交通方式，将成为满足淮安城市化发展阶段性需求的必要选择。另一方面，生态新城的建设是“十二五”期间淮安城市建设的重要内容。在生态新城这一特殊空间单元中，如何体现生态、环保、低碳等主题，如何全新打造一个具有明显低碳特征的出行系统，对于新城未来的交通体系形态提出了更高要求和设想。

推广应用清洁能源。目前淮安市交通运输行业中清洁能源利用的比例还较低，具有较大发展空间。根据淮安市相关规划，“十二五”期间，调整能源结构、发展清洁能源是淮安市能源发展的重要目标，将通过发展屋顶光伏、小水电、核电、天然气发电等多种方式来实现。作为西气东输工程沿线城市，天然气供应量将有较大提升，具有推广天然气车辆的良好气源条件。同时，全国第一艘天然气试验船舶也诞生于江苏省，技术已经较为成熟。“十二五”期间，淮安市借助城市能源结构调整、发展天然气车船的优势条件，在目前已有部分天然气车辆的基础上，加快推进天然气在城市公交、出租车、道路客货运车辆、内河运输船舶等领域的推广应用。未来随着车船加气站建设成网、LNG混合动力船舶标准的出台以及完善，推广应用天然气车船的技术和条件都将更加成熟，成为淮安市低碳交通运输体系建设的优势领域。

建设低碳型交通基础设施。“十二五”期间，淮安市仍面临大规模的交通基础设施建设任务，包括开展高速公路建设，全面推进服务城市化，强化与邻市路网衔接、连接性，发挥网络功能，服务港站枢纽的干线公路建设，形成九横五纵的干线公路网，加强地方重点连接性道路和农村公路建设等。因此，对于在基础设施建设领域推广应用节能减排技术尤为必要，如温拌沥青、冷再生等较成熟技术。同时，随着长三角北部商贸物流中心的加快建设，淮安市各类型物流基础设施建设中低碳技术、设备的应用也将更为广泛，为打造低碳、高效的现代物流业提供支撑。

建设交通信息化工程。淮安市目前交通信息化智能化建设总体上仍处于起步阶段，亟须在道路运输企业、城市客运企业及航道网络等领域取得突破，以提升交通运营、管理的信息化智能化水平。“十二五”期间需要加快建立功能完善的客货运输信息服务系统、交通智能调度中心、交通运行监控中心等信息服务平台，促进交通运输的电子化、网络化，优化交通流的时空分布，减少无效运输、不合理运输和交通拥堵等带来的能源浪费。同时，大力推进高速公路不停车收费，内河航运不停船收费与服务系统建设，积极引导车、船流，提高通行效率。

4. 低碳交通运输体系建设重点项目

淮安市建设低碳交通运输体系试点项目共26个。按项目主题分为五类：绿色水运项目6个，中心城区及生态新城低碳出行系统项目3个，车辆清洁能源利用项目7个，低碳型交通基础设施及设备项目5个，交通信息化建设项目5个。

（九）烟台市

烟台市为山东省下辖地级市，地处山东半岛东部，辖6区7个县级市和长岛县。烟台东连威海，西接潍坊，西南与青岛毗邻，北濒渤海、黄海，与辽东半岛对峙，与大连隔海相望，共同形成拱卫首都北京的海上门户，最大横距214公里，最大纵距130公里，面积13739平方公里，其中市区面积2643.60平方公里，海岸线909公里，人口692万。烟台市曾在2003年获中国人居环境范例奖，2004年获中国人居环境奖，2004年被中央文明办授予全国首批中国优秀旅游城市，2004年被中央电视台评为最佳中国魅力城市，2005年获得联合国人居奖，2005年被授予“全国文明城市”称号。烟台是我国首批沿海开放城市之一，是环渤海经济圈内以及东亚地区国际性港城、商城、旅游城。

1. 交通运输节能减排工作现状

一是加强了组织机构建设。2009年4月1日，为加强对交通运输节能减排工作的组织和领导，烟台市交通局印发了《关于成立烟台市交通局节能减排工作领导小组的通知》，确定了烟台市交通局“十一五”期间节能减排工作组织管理模式，进一步健全了烟台市交通运输节能减排组织管理机制建设。成立烟台市交通局节能减排工作领导小组，负责烟台市交通运输节能减排日常协调和推进工作。领导小组下设办公室，负责领导小组日常工作，办公室设在市交通局科教科，郑树清副局长兼任办公室主任。

二是完善制度建设。建立了“一岗双责”为核心的交通运输节能减排责任体系，形成了统一领导、分工负责、任务督办、绩效考核的工作格局。节能减排工作目标任务层层分解，列入烟台市交通局三级责任督查体系，实行编码管理，全程跟踪，确保落实。建立交通运输节能减排工作联动机制。明确各部门（单位）任务分工，制订年度工作计划，定期组织召开会议，听取工作进展情况，协调解决交通运输节能减排工作中遇到的问题和困难。建立了联络员工作机制和定期信息报送制度。制定了科教科节能减排板块业务工作分工表，明确了其与局机关相关科室、局属相关单位的工作事项。承担节能减排工作职责或任务的各部门（单位），要落实相应工作机构，指定专人负责此项工作，确定1名具体承办的在编公务员作为联络员。各相关部门（单位）定期向市交通局节能减排工作领导小组报送工作计划执行情况，不定期接受领导小组专项检查，推动交通运输节能减排各项工作落到实处。

三是完善了减排政策法规。烟台市交通局积极贯彻落实国务院、交通运输部、山东省交通运输厅和烟台市政府的相关法规政策，并制定了促进节能减排的一系列政策措施，包括公交优先发展战略、提高运输装备水平、客运班车运力调整政策、建立完善节能减排激励政策，有力支持和保障了交通运输节能减排目标的实现。

四是优化了交通运输结构。大力发展公共交通，公交出行分担率高于全省平均水平。调整运力结构，逐步向大型化、专业化和标准化方向发展。大力发展管道运输，倡导经济节能运输方式。优化运输企业组织结构，扶持龙头企业整合市场资源。

五是加强技术应用推广。烟台市交通运输行业积极引进低碳新技术，加强节能降耗工作，降低企业的生产成本。完善了营运车辆智能化管理系统和公众出行信息服务系统，向公众发布出行信息，方便公众出行；建立了烟台港开放式港口信息网络平台；加快了烟台港物流商务平台的建设；开展了照明系统改造项目；加大了 ETC 建设力度。

六是跟进了落实国家政策。严格实施燃料消耗量限值标准。对客车实载率低于 70% 的线路不投放新运力。推行陆海甩挂运输试点行动。积极开展“车、船、路、港”千家企业行动。落实国家发展改革委开展万家企业节能低碳行动。大力推选节能减排示范项目。

七是加强了节能减排培训、宣传、教育力度。组织企业定期对员工进行节能知识和驾驶员操作技能培训，组织开展驾驶员节油驾驶竞赛等活动。同时加强对节能减排管理工作者的培养，派专业人员参加全国节能减排专业知识培训和学习。积极开展“节能宣传周”、“能源短缺体验日”等活动，发放宣传材料，在收费站、服务区悬挂标语横幅，利用高速公路电子显示屏播放宣传口号，并加强与新闻媒体合作，加大公路节能减排宣传力度，营造了良好的活动氛围。

2. 低碳交通运输体系建设指导思想和主要目标

按照建设现代化、国际性港口城市的目标要求，以科学发展为主题，以转方式、调结构为主线，以提高交通综合服务水平为着力点，以改革创新为动力，突出“低碳装备、绿色港航、多式联运”三个特色，着力实施畅通大通道、疏通内循环、培育大物流、完善大服务四大战略，大力发展现代化两型交通运输业，努力实现交通运输业的低碳、绿色发展，为全面建设小康社会和文明富庶新烟台提供有力的支撑和保障。

力争经过“十二五”的努力，建成贯通辽东半岛和山东半岛，连接华北、华东腹地，沟通沿环渤海城市群，辐射日本、韩国的东北亚区域性综合交通枢纽城市。交通基础设施和运输装备服务供给能力进一步增强，管理水平和综合效率明显提升，新能源、清洁能源利用水平明显提高。建立与国际、国内、区域内不同层次物流网络、布局相适应，能够独立完成跨国、跨区域组织作业的物流基础设施和物流信息网络系统，形成“网络发达、信息畅通、立体集约、成本低廉”的大交通物流体系，低碳交通能力建设成效显著，低碳交通运输特征初步显现。

3. 低碳交通运输体系建设重点领域及主要任务

按照烟台市低碳交通运输体系建设的总体要求，结合市交通运输发展现状、特点和目标，依据现有客观基础和经济技术条件，确定烟台市低碳交通发展重点领域，以低碳交通基础设施为基础，以低碳运输装备、绿色港航体系、低碳物流体系为重点，以智能交通与信息化、低碳交通能力建设为支撑，打造“一个基础、三个重点、两个支撑”的低碳交通运输体系。

一是加强低碳交通基础设施建设。加快区域大通道建设，完善海港疏港体系。对现有场站进行整合及改扩建,提高软硬件水平,使其充分发挥中心城市枢纽场站的作用。加大城市交通干线和镇村公路建设力度,促进以快线为骨架、普线为基础、支线为补充的公路网络全面形成。积极优化自行车出行环境,与社区支路、旅游景点支路、旅游步道等道路相结合,构建更多的自行车专用道,保障烟台市自行车出行道路专用路权,为自行车使用者创造良好的出行环境。

二是加强低碳运输装备推广应用。在全市交通运输领域大力推广新能源车辆。引导和鼓励营运车辆向专业化、标准化、清洁化方向发展,加快企业集约化经营,鼓励和发展集装箱、厢式、冷藏、城市配送、甩挂运输等专用运输车辆。加快更新老旧车辆,建立健全推荐车型制度,促进车型标准化。加强在交通运输节能减排新设备、新材料、新工艺等方面开展科技攻关,加快绿色驾驶技术、先进车用设备、低碳驾培仪器、绿色维修与检测设备和技术等低碳设备的推广应用。

三是加强绿色港航体系建设。全面开展资源节约型和环境友好型港口创建活动,实施绿色港口行动计划。利用好烟台水路客滚运输的优势,大力发展轮渡,完善海铁联运、海路联运、多式联运等运输方式的设施建设,发展铁路与甩挂专用轮渡码头,进一步加大海铁联运、多式联运的发展步伐。加快建造新的节能型渡船并对老旧滚装船进行改造加工。

四是发展低碳物流体系。加快烟台交通物流枢纽城市建设,从拓展物流服务网络、建设物流园区、优化货物运输组织和调整运输车辆结构等3个方面入手,大力推动低碳物流体系建设。

五是加强智能交通与信息化发展。加快全市车辆智能化运营管理系统建设,加快烟台市物流信息化共享平台建设,加快低碳交通公众信息服务平台建设,加快港口信息化、智能化建设。完善交通安全监管体系建设,完善应急体系建设。

六是加强低碳交通能力建设。完善交通运输能耗统计、监测与考核体系。加强碳减排市场机制建设。

4. 低碳交通运输体系建设重点项目

烟台市在试点期间将实施"6大领域,29类综合性试点项目,69个具体项目"。

(十)海口市

海口市是中国最大经济特区海南省省会,位于泛珠三角经济圈和东盟自由贸易区的结合部,毗邻港澳台及东南亚,是连接大陆与东南亚的枢纽,也是海南岛连接大陆的主要门户。海口市下辖四区,全市土地面积2304.84平方公里,海域面积830平方公里,海岸线长136.23公里。2011年海口市完成地区生产总值712.75亿元,人均地区生产总值34404元,2011年年末常住人口209.73万人。海口市作为海南省海陆空交通枢纽及全国45个公路主枢纽之一,已初步形成公路、水路、铁路、航空、城市客运等多方式协调发展的综合交通运输体系。公路方面,东线高速、西线高速、海文高速等多条高速公路穿越海口境内,初步形成以高速公路为骨干、干线公路为支撑、县乡道路为脉络的高效网络。水路方面,海口市充分利用本地资源,加速实施"以港兴市"发展战略,建设有秀英港区、新港港区、新海港区、马村港区4个港区,水路运输货物周转量约占全市货物周转量的95%。铁路方面,2010年东环铁路建成投入运营,在海口境内设站6座,通过粤海铁路轮渡与内地铁路网络衔接。航空方面,海口美兰国际机场是中国国内干线机场,2011年旅客吞吐量突破1000万人次大关。城市客运方面,至2011年年末,海口市拥有公交1464辆,年客运量26352万人次;拥有出租车2465辆,年客运量4073万人次。

1. 交通运输节能减排工作现状

一是加强节能减排组织管理工作。由海口市交通运输和港航管理局成立的交通运输行业节能工作领导小组，负责海口市交通运输行业节能减排工作，贯彻执行国家、省、市有关方针政策，组织研究制定相关规划、措施和标准，对交通运输行业节能减排工作进行组织、协调和指导，建立统计、监测体系和相关工作制度，组织对各单位落实情况进行考核。

二是建立健全节能减排政策法规。"十一五"期及"十二五"初期，海口市积极贯彻落实交通运输部、海南省省委省政府、海南省交通运输厅等的相关政策法规文件，并注重结合地方实际，制定发布相关节能减排政策文件，为推动交通运输节能减排与低碳发展提供了良好的制度保障。

三是推进节能减排规划编制及实施。"十一五"期及"十二五"初期，海口市编制并实施《海口市低碳发展规划(2011—2020)》、《海南国际旅游岛海口市建设发展规划纲要》、《海口市城市公共交通专项规划(2011—2020)》、《海口绿色慢行休闲系统规划》等各项规划，各规划相互协调，共同保障海口市节能减排工作目标的实现。

四是节能减排工作取得了显著成效。"十一五"期及"十二五"初期，海口市不断加强交通基础设施建设，综合交通运输体系更加完善；充分落实公交优先发展战略，公交出行比例不断提升；加快运力结构优化，节能环保型交通工具应用进一步推广；大力提倡各种智能化技术应用，交通运行效率和服务水平逐步提高。

2. 低碳交通运输体系建设指导思想和主要目标

深入贯彻落实科学发展观，牢牢抓住国际旅游岛建设上升为国家战略的重大机遇，紧紧围绕海口市建设"三市、两中心、两地"的战略目标，全面遵循"转变发展方式、实现绿色崛起"的核心要求，多方实施"绿色、循环、低碳"的发展策略，以"交通设施、运输装备、组织模式、智能交通、出行方式、监测考核"为低碳重点领域，构建以"绿色、畅达、智慧、慢游"为特征的低碳交通运输体系。

到 2014 年，海口市交通运输行业能源利用效率明显提高，CO_2 排放强度明显降低，交通运输可持续发展能力明显增强，基本形成以低能耗、低污染、低排放、高效率、高效益、高科技为特征的低碳交通运输体系。

3. 低碳交通运输体系建设重点领域及主要任务

建设低碳交通运输基础设施。改造提升 19 条县道技术等级，对 1357 条乡村道进行路面硬化改建，加快主城区内骨干道路建设，完成纵向骨干道路 10 条，横向骨干道路 3 条，加快老城区交通拥堵较为严重区域的次干道、支路建设。新建 4 个综合客运枢纽，即新海港综合客运枢纽、海口火车站综合客运枢纽、海口客运总站综合客运枢纽、海口美兰机场综合客运枢纽，建设 4 个对外货运枢纽站场，即马村港货运站、新海物流园货运站、火车南站货运站、美兰机场货运中心，在 10 个中心镇建设 10 个农村客运站。重点发展集装箱运输和海峡两岸陆岛运输，将海口港打造成环北部湾港口群中的内贸集装箱中心港和陆岛运输的中心港。

推广低碳交通运输装备系统。继续在公交、公务、出租、租赁、景区、公用服务等六大领域推行节能与新能源汽车的使用，落实新型低碳运输装备系统的推广和应用工作。提高交通工具能耗标准，加快淘汰小型船舶等老旧高能耗水运交通工具，逐步开展货运船舶"油改气"，新增电动、液化气船舶。开展靠港船舶使用岸电技术应用，进行岸电箱扩容改造工程，有效减少靠港船舶停靠期间辅机燃油消耗和碳排放。

优化低碳交通运输组织模式。建设集道路客运、水路运输、铁路、航空等多种运输方式为一体的客运联网售票系统。加快发展第三方物流及第四方物流,逐步培育起一批网络辐射广、企业实力强、质量信誉优的运输组织主体。建立物流公共信息服务平台,实现道路货运信息共享,提高货物运输效率。积极推进拖挂和甩挂运输发展,提高运输生产效率和行业竞争能力。在各驾培机构试点推广应用驾驶员培训模拟器和多媒体教学,降低能源消耗和训练成本。

建设完善智能交通运输系统。建设公交和出租行业信息管理与服务系统,全面收集汇总、分析处理交通运输行业信息,对城市交通实现联动监管。建设公路网管理平台、道路运输综合管理平台等,增强道路交通运输综合管理和处置能力。建设客滚配载管理信息系统、港口安全生产调度及监控中心、散(件)杂货生产业务管理系统等信息化系统,加强对码头生产作业以及船舶安全航行的实时动态监控,科学化、规范化港口码头作业流程,提高生产效率。

推进公众低碳出行方式选择。建设以人为本的慢行交通系统,加强自行车专用道、人行横道、过街天桥的规划和建设。开展公共自行车租赁业务,引导人们选择自行车、步行等绿色低碳出行方式。进一步落实公交优先发展战略,开展现代有轨电车、BRT 等大容量快速公交系统建设,加快智能公交系统建设,提高公共交通出行分担率。制定相关政策措施,有序引导小汽车出行。构建海口公众出行信息服务系统,实现公路、水路、城市客运等各类信息资源整合和信息共享,优化公众出行线路,减少无效出行。

建立能源统计与节能减排监测考核体系。完善公路运输、水路运输、港口生产、城市客运的各项统计指标体系,组织实施交通行业能源统计与分析制度,强化各项指标的统计调查、分析、预测和发布工作。通过对各项能耗指标的数据质量实施全面监测,客观、公正、科学地评价节能降耗工作进展,全面、真实地反映重点耗能企业的节能降耗进展情况和取得的成效,为制定科学的节能减排政策,考核评价各部门、各重点企业的节能减排工作提供能源统计保障。

4. 低碳交通运输体系建设重点项目

海口市共选定 17 个具体实施项目纳入试点。其中:直接产生节能减排效果的项目 8 个;用于城市低碳交通运输体系能力建设的设施条件项目 9 个。

(十一)成都市

成都是四川省省会,位于四川盆地西北部,全市辖 9 区 4 市 6 县,面积 1.24 万平方公里,总人口 1103 万。先后被评为"国家环境保护模范城市"、"中国最佳旅游城市"、"国家园林城市"和"中国最具经济活力城市"。2007 年被国家确定为全国统筹城乡综合配套改革试验区。成都路网建设取得巨大成就,实现了"蜀道难"向"蜀道通"的转变,向东承接华南华中、东部中部。以成都为中心,多条呈现放射状的高速公路向四面八方延伸,对外国家干线铁路已达到 11 条,成为全国"第四大航空枢纽"。天府新区"三纵一横两轨"重大路网建设,将形成以轨道交通为骨架、快速路网为支撑、道路公交为主体、慢行交通为补充的天府新区综合交通体系。成都市围绕全国第四大航空枢纽、全国第五大铁路枢纽、西部高速公路枢纽"三大交通枢纽"的建设,已经全面构建了贯通南北、连接东西、通江达海的对外综合运输大通道,着力打通成都至南亚、西亚、中亚综合交通运输大通道。

1. 交通运输节能减排工作现状

一是建立领导机构,不断加强节能减排组织工作。成都市交通运输委员会积极组建节能减排工作领导小组,增加组织性保障,并负责领导全市交通运输行业节能减排工作;运管处、车管所和信息中心等部门结合本单位工作实际,也成立了工作领导小组。研究制定交通运输行业节能减排工作的相关规划、政策、措施,明确节能减排工作的指导思想、总体要求、工作目标、具体措施、工作机构和监督管理,协调解决行业节能减排工作中的重大问题,促进了节能减排工作的有序开展。

二是建设综合交通运输体系。"十一五"期间,成都加快综合运输体系建设,注重铁路这一低碳运输方式的发展,同时提升公路通达性,实现结构性节能减排。5年间,成灌、成绵乐、达成等铁道线路加速建设,成兰、成西、成渝等出川铁路大通道也相继开工,这些项目全部完成后,成都将形成内外两环、12条放射性出川铁路大通道,即放射性出川铁路大通路路网格局。

三是开展低碳基础设施建设。成都市在交通基础建设中充分应用节能技术,打造低碳工程。尤其在公路建设中,完善公路网络,提升通达性;提高公路技术等级,改善路面技术状况,优化车辆通行条件,降低车辆燃料消耗;推广废旧沥青再生利用,实施温拌沥青施工,实现资源再生利用;实施隧道照明技术改造专项行动,新建公路采用LED灯,节约照明能源;实施高速公路ETC收费系统,为驾乘人员提供快捷、优质的通行服务。

四是推广低碳运输装备应用。成都市通过淘汰老旧车辆、提高新车准入、推广节能环保型运输车辆应用,不断优化运力结构,节能减排成效明显。重点针对运输行业、严格执行报废制度,同时提高新车准入门槛,严格按照相关规定、标准审核新车排放情况,引导营运车辆向大型化、专业化、标准化、低碳化方向发展。全市集装箱车、冷藏车、槽罐车和厢式车等各类专用特种运输车辆逐年增加;CNG和LNG车辆也在客运、货运、城市公交和出租车行业逐步推广。

五是发展现代化交通大物流。成都市积极推进大物流建设,优化物流园区布局,显著提高运输效率。加大对物流龙头企业扶持,重点扶持信息化项目和物流基地的建设,提高运输组织化程度和运输效率;加大运力结构调整力度,鼓励企业通过重型化、厢式化、标准化和甩挂运输实现高效运输;通过信息化推广提升企业运营效率,对危险品运输、物流企业以及普通货运企业进行通用软件和物流信息平台应用培训,推动企业信息化管理,提高行业运作效率,减少空驶,促进节能减排。

2. 低碳交通运输体系建设指导思想和主要目标

以科学发展观为指导,以加快交通运输发展方式转变、推进成都市低碳城市建设为目标,贯彻落实国家、四川省及行业应对气候变化工作部署,以加快构建城市低碳交通运输体系为战略任务,落实"交通先行"等的5大兴市战略,推广清洁能源和节能装备,改善城市交通出行结构,逐步建设慢行交通系统,提升交通信息化智能化水平,打造以"绿畅并举,快慢相宜"为愿景的成都低碳交通运输体系。

到2015年,构建城际、城乡、城市交通统筹发展,与外向型城市发展要求相适应,"安全、便捷、畅通、绿色"的综合运输体系。全市综合运输效率明显提升,运输装备更加节能,智能交通系统建设更为完善,低碳出行系统更为发达,交通运输能耗和碳排放强度明显下降,低碳交通运输体系构建取得显著成效。

3. 低碳交通运输体系建设重点领域及主要任务

加强交通信息化智能化建设。以交通感知体系为依托,在交通信息全面、实时采集的基础上,整合全市民航、铁路、公路、水运、城市交通各领域,以及规划、城建、交通、交管、城管等部门的交通信息资源,初步建立起由综合交通数据枢纽、智能交通综合管理平台、公安交管指挥调度平台、交通公用地理信息基础平台，以及交通出行监控、综合出行信息服务、交通运营监管等多个应用系统组成的智能交通框架体系，实现全市交通“管理智能化、指挥救援一体化、出行服务信息化”。此外，还将推广高速公路不停车收费(ETC)系统，促进能源的合理利用，提高行业运输效率，减少行业能源消耗。

推广低碳型运输装备。借助自身的资源优势，在天然气已覆盖各种交通运输方式的基础上，积极推广混合动力汽车等新型燃料营运车辆，鼓励天然气及电动能源等环保节能型公共汽车及出租汽车的使用，降低单位运输量能源消耗强度。具体而言，将进一步推广 CNG 在城市公交和出租车中的应用，并展开 LNG 在城市公交的初步应用，同时还将展开纯电动出租车、公交车及插电式增程混合动力电动车的推广应用。此外，车辆天然气加气站，电动车充、换电站也将展开建设。

创新运输组织与操作技术。大力推广交通运输行业节能、环保新型材料及新技术，同时加强新型节能减排技术的研究和试验工作。具体工作包括以下几项：成都将大范围推广汽车绿色维修技术，鼓励汽车运输企业发展甩挂运输；鼓励采用奇色光谱车漆快速修复系统替代传统烤漆房对车辆进行喷漆作业；在汽车驾校推广使用电动驾驶仪；在公交车上推广使用真空胎、LED 灯具、散热器，使用电磁风扇离合器、整车二级踏步，以及低入口、尾气加热水暖装置，三元催化装置等新型节能减排设施设备。

建设低碳型交通基础设施。首先要加快建设完善市域高速公路网，建成 5 条高速公路，启动德阳—蒲江等高速公路建设工作，5 条公路以及市域主要放射性干道的改造工程，并完善高速公路服务区等配套设施建设。其次要力争完成成简快速路、成新蒲快速路、成仁快速路等“九路”建设项目，建成成环快速通道、成青快速路北延线等项目；根据天府新区规划，及时启动天府大道南延线、元华路南延线、红星路南延线等快速路建设项目；继续加强国省干线、国防重点公路以及区(市)县重点公路建设。在交通基础设施建设尤其是公路的建设与养护过程中，采用温拌沥青、冷再生、路面材料循环利用等低碳技术。

打造公众低碳出行系统。加快推进中心城区轨道交通线网建设，在现有运营地铁 1 号线一期工程基础上，新建地铁 1 号线南延线，2、3、4 号线，5 号线一期工程，7 号线及机场快线(10 号线)，力争实现运营轨道线网里程达到 160 公里，在建轨道线网里程 84 公里，轨道交通初步成网的目标。大力发展常规公交，积极扩大公交专用道及公交场站规模，结合道路新改建工作实施港湾式公交站建设。实现公交专用道规模达到 300 公里以上，三环路内双向六车道以上道路全覆盖，三环至绕城交通干道基本覆盖，公交专用道网络基本形成的目标。加快中心城区慢行交通系统和城市绿道建设，初步形成“世界现代田园城市九大主题线”健康绿道系统。积极推进“公共自行车”系统建设，逐步扩大公共自行车服务网点覆盖范围，增加自行车投放量，满足老百姓“通租通还、就近租还”的出行需求。

4. 低碳交通运输体系建设重点项目

成都市建设低碳交通运输体系试点项目共 34 个。按项目主题分为五类：替代能源利用项目 4 个；运营组织及操作技术创新项目 10 个；低碳型交通基础设施项目 6 个；公众低碳出行项目 3 个；智能交通项目 11 个。

(十二)青岛市

青岛是我国东部沿海重要的经济中心城市和港口城市，是国家历史文化名城和风景旅游胜地。青岛市市域土地面积为 11282 平方公里，常住人口约 871.5 万。2011 年生产总值达到 6615.6 亿元，人均GDP超过1.1万美元，是中国经济最发达的城市之一，自2005年起青岛市地区生产总值位列全国十强。青岛市在发展过程中注重绿色低碳发展，不断拓展、深化和提升“环湾保护、拥湾发展”战略，青岛市成功获得2014年世界园艺博览会承办权。进入本世纪第二个十年，建设山东半岛蓝色经济区上升为国家战略，青岛被定位为核心区域的龙头城市，迎来了难得的重大机遇。近年来，青岛交通运输事业不断实现新跨越，公、海、铁、空综合发展的交通运输体系基本形成，城市低碳交通运输体系建设具有坚实的基础和良好的载体，发展前景广阔。目前，青岛市已建成以高等级干线公路和铁路为骨架，港口、机场、铁路场站为主要节点的综合交通网络，华东区域性航空枢纽、市域“一小时经济圈”和半岛城市群“三小时经济圈”已基本形成，东北亚国际航运中心建设取得明显进展，青岛作为全国综合交通枢纽城市的地位进一步巩固。

1. 交通运输节能减排工作现状

“十一五”期间，青岛市加大了交通运输行业节能减排工作力度，顺利实现营运货车单位运输周转量能耗、海运船舶单位运输周转量能耗、港口生产单位吞吐量综合能耗下降目标。青岛港(集团)列入首批国家级环境友好单位，集装箱轮胎吊“油改电”和“学良节油工作法”被评为全国交通运输行业示范项目。青新(原即平公路)建设中探索了公路建设节约土地新模式。节油最佳航速显示器、清洁燃料公交车、车用空调冷媒回收利用、公路密封胶灌缝等节能新产品和新技术得到推广应用。市区90%公交车达到国Ⅲ及以上排放标准。

除中央交通运输节能减排专项资金外，青岛市财政资金投入了大量资金用于低碳交通运输体系建设和节能减排。主要有以下几项：①“十一五”期间，青岛市累计投入10.2亿元资金用于更新公交车辆；②市财政污染物减排资金。从2011年开始，每年投资5200万元用于对高污染黄标车淘汰奖励补助和加油站、油罐车进行油气污染防治。③市财政局企业处设置了企业节能减排补助资金。④环保专用资金、节能与循环经济配套资金、建筑节能资金等。

青岛市交通运输企业也投入了大量资金用于节能技术研发以及设备技术改造与更新。“十一五”以来，青岛港累计投入近15亿元进行各方面技术改造，购置、制造了600余台技术先进、环保节能的机械设备；为全港1400余台设备安装了燃油计量仪，为300多台大型电动机械设备、125座冷藏箱插座平台安装了高精度的电度表等。

2. 低碳交通运输体系建设指导思想和主要目标

全面贯彻落实科学发展观，树立“蓝色海洋、绿色交通”理念，围绕“绿色港航、高效运输、低碳公交、智慧交通”4大主题，以构建低碳交通运输体系为目标，以优化交通用能结构、强化节能科技创新、倡导低碳交通运输方式、加快智能交通工程建设、加强交通碳排放管理为重点，努力形成政府大力引导、市场有效驱动、企业和公众积极参与的工作格局，实现交通持续发展、资源高效利用和环境不断改善的协调统一，为青岛市率先科学发展、实现蓝色跨越、加快建设宜居幸福的现代化国际城市提供便捷、高效、绿色的交通运输服务保障。

到2015年，与交通结构调整、行业管理、科技创新、交通政策有机结合，形成较完善的交通运输行业节能减排战略规划体系、法规标准体系、统计监测考核体系和技术支撑体系。

3. 低碳交通运输体系建设重点领域及主要任务

(1)完善基础设施网络，构建综合运输体系

改善综合运输结构。进一步加大水运和铁路、城市轨道交通的比重。根据《青岛市城市轨道交

通近期建设规划(2013—2018年)》,青岛将在已批地铁3号线、2号线一期工程的基础上,新建地铁1、4、6号线,全长约90余公里。至2018年年底,将形成约150公里的地铁骨干网络,基本覆盖市内7区和主要对外交通枢纽。进一步优化港口布局规划,提高港口码头大型化和专业化水平。

完善城市客运网线。到2015年,地铁3号线全线建成通车,公交专用道达200公里,公交车达5500辆(新增1157辆)。建成区线网密度达4.0公里/平方公里,公交站点300米半径覆盖率达65%,公交出行比例达25%。市区出租车万人拥有量达30辆。2015年公共交通客运量(含轨道交通)达12.0亿人次。

大力打造城市绿道系统。构建涵盖市域绿道、城区绿道和区内绿道"3"个级别,"5"个系统、"4"种类型、"17"个要素组成的,具有青岛特色的"3-5-4-17"城市绿道体系。

(2)调整能源消费结构

加快电力和天然气车辆在青岛市客货运输车辆、公共交通车辆和港区集装箱卡车中的应用。提高天然气等清洁能源在港区的消费比重。提高电能消费比重,加快实施RTG等港口大型设备"油改电",推广靠港船舶使用岸电等技术。

(3)加强节能技改创新

推进低碳节能新技术应用,倡导公路绿色养护。加快推广路面材料再生技术和温拌沥青、改性沥青技术等在该领域的应用。实施公路照明系统节能技术改造,推广高速公路服务区低碳改造工程。

推广港航装备节能技改,提高设备运行能效。加快港口装卸机械技术升级改造,加快发展轨道式龙门吊等高能效港口装卸设备和工具。推广应用优化电子喷油控制装置、CRP吊舱柴电混合推进系统、节能环保涂层材料技术、主机轴带稳频发电机项目等先进适用的节能减排技术和产品。

(4)优化运输与作业组织

推广运用节能驾驶及节能操作。通过现代化、智能化的车载终端装置记录反馈车辆行驶状况与燃油消耗量,及时掌控车辆运行状况,监督指导驾驶员的驾驶操作行为,引导节能驾驶。在港区推广"学良工作法"等优秀操作技术。

推广现代运输组织方式。积极开展甩挂运输,开展青岛—上海、青岛—威海等专线甩挂运输业务并进行全面推广。发展大宗散货专业化运输、多式联运等现代运输组织方式。

优化生产工艺,提高作业能效。从整个港口生产"大节能"的角度出发,充分挖掘原有流程化作业线设备和场地的潜力,实现各系统之间的互通连接,实现多种运输方式的高效衔接与组合。合理利用堆场,科学组织生产,提高设备的有效利用率,降低生产成本和能源单耗。

(5)建设智能交通体系

推进交通运输信息化智能化。建立由客运公共信息服务平台、货运信息服务网和物流管理信息系统组成的交通综合信息平台。推广高速公路不停车收费系统。推进实施大宗货物多式联运信息系统和集装箱海铁联运信息系统。

提升节能管理信息化水平。建立集装箱码头集卡智能调度系统、港口生产作业智能化协同调度和港口能源综合管理系统。

(6)完善能耗与碳排放管理体系

加强节能统计的基础工作。完善节能管理体系,强化监管。建立低碳交通统计、监测与考核体系。建立用能动态监测信息平台，充分发挥重点企业节能的示范效应。

创新能耗与碳排放监管方式。开展能源审计和合同能源管理，加大能源合同管理应用范围，建立行业能耗与碳排放管理体制，建立相关技术实施标准。

4. 低碳交通运输体系建设重点项目

青岛市建设低碳交通运输体系试点项目共34个。其中："绿色港航"4个；"高效运输"9个；"低碳公交"5个；"智慧交通"10个；低碳交通特色园区类项目2个；以及其他项目。

（十三）株洲市

株洲位于湖南省东部偏北，湘江下游，是湖南省第二大城市；素有"被火车拖来的城市"之称，是中国华中南部、华东、华南、西南地区之间最大的铁路枢纽，与郑州并称为"南株北郑"；是全国8个重点建设的工业城市之一，是全国两型社会综合配套改革试验区之一；现辖天元、芦淞、荷塘、石峰4个区，云龙"两型社会"建设示范区和醴陵、株洲、攸县、茶陵、炎陵5个县市，总面积为11247.6平方公里，常住人口385.71万人。其中，市区面积535.4平方公里，市区人口116.77万人，人均生产总值33604元，居中部6省非省会城市第一位、湖南省第二位，城市化率55.5%。株洲市地处湘江湾怀抱，武广高铁穿城而过，是3条高速铁路的交会处；京港澳高速公路、沪昆高速公路和长株高速公路途经于此，穿城而过的湘江四季通航，距长沙黄花国际机场45公里，交通十分便捷。

1. 交通运输节能减排工作现状

一是建立领导机构，不断加强节能减排组织工作。株洲市高度重视交通运输节能减排工作，逐级成立节能减排工作领导机构及其办事机构，形成了市长任组长，市委宣传部、市监察、财政、发展改革、经信、交通、规划、国土、住建、科技、环保、统计、教育、公路、两型办、公安交警、质监等相关职能部门主要负责人为成员的工作领导小组。领导小组办公室设在市交通运输局，办公室主任由市交通运输局局长兼任，促进建设全国低碳交通试点城市工作的有序开展。

二是提升低碳交通运输理念。株洲市交通运输局和下属部门成立了行政一把手负责的交通节能减排工作机构，明确了低碳交通运输试点建设的工作责任，提出了节能减排工作的指标，确立了建设"快速交通、便捷交通、绿色交通、智慧交通"的发展思路，确保了责任、措施、任务"三到位"。

三是建设综合运输体系。"十一五"期间株洲市加快了综合运输体系的建设，注重水运、铁路等低碳运输方式的发展。在城市交通方面，株洲市也鼓励多种运输方式出行，提高公共交通、非机动车出行等的出行比例，尤其是加快了公共自行车等低碳出行方式的城市公共交通体系的建设。

四是建设低碳交通基础设施。株洲市推行环保型公路建设、推广节能再生利用技术、开展轮胎吊电动化及岸电改造等。时代大道和黄河北路节能建设，全部采用风光互补绿色可再生能源；对已建成的公交车站、客运站等公共交通候车场所，积极进行节能环保改造；开通ETC车道，为驾驶员提供快捷、优质的通行服务。

五是推进低碳运输装备改造。株洲市严抓交通运输装备的更新改造，建立了营运车船市场退出、准入机制。鼓励支持运输企业使用新能源车辆，提高替代燃料和新能源在运输装备中的使用比例。2009年，株洲公交率先在全国启动了"公交电动化三年行动计划"，城区公交车全面置换为油电混合电动公交车，成为全国首个电动公交城。

六是促进运力结构优化。株洲市不断完善机务管理制度，规范车辆采购，优化运力结构。同时整合小型旅客运输企业，实现了主要经济干线上客运班线的专线经营，减少了企业内耗，有效提高客运车辆实载率。

七是运用信息技术构建公共出行服务系统。株洲市初步完成了低碳交通出行系统一期工程的建设，覆盖了道路客运、城市公交、出租车、公众出行服务等多个方面。

八是重视能力建设。株洲市成立了"市节能与新能源汽车示范推广领导小组"、"市公共自行车租赁系统建设和管理领导小组"，出台了《节能与新能源汽车政府采购办法》，印发了《株洲市公交车电动化三年行动计划纲要(2009—2011)》和《关于加强公共自行车租赁建设和管理实施意见》。经费上，出台电动汽车车辆购置费减免、挂牌、规费减免等优惠措施，完善了《株洲市建设低碳交通运输试点城市政策经费支持办法》；出台了长江干线船型标准化补贴资金管理办法。

2. 低碳交通运输体系建设指导思想和主要目标

以科学发展观为指导，以株洲市建设资源节约型和环境友好型社会为发展方向，以加快交通运输发展方式转变、促进行业可持续发展、减少 CO_2 排放为目标，涵盖城市辖域内公路、水路交通运输以及城市客运等方面，体现"调整交通运输结构、优化能源消耗结构、改善交通运输组织与装备、发展低碳交通基础设施、发展智能信息交通、引导改变出行方式"等6大重点领域，通过政府主导、企业示范、社会参与，开展基础设施建设、能源利用、运输组织、智能交通、出行引导等领域的试点，解决一批重点项目和关键技术等难点，推进株洲低碳交通体系建设，突出体现株洲"两型"交通发展的亮点。

到2014年，株洲市综合运输体系更加完善，运输效率明显提高，运输装备更加节能，新能源、清洁能源车辆比重明显提高，交通基础设施建、管、养更加低碳，交通物流业发展成熟，交通信息化应用力度不断加大，低碳交通能力建设成效显著，交通运输低碳排放的特征初步显现，为株洲市完成"十二五"时期单位GDP能耗目标和建设"两型"社会做贡献。

3. 低碳交通运输体系建设重点领域及主要任务

调整交通运输结构。根据《长株潭综合交通一体化实施方案》，构建节能环保的运输结构，充分发挥各种运输方式的比较优势。通过疏浚高等级航道、建设绿色低耗的港口设施等措施，建设完善水运条件，促进水路运输发展、水运比重提升。继续在株洲市辖区县推广公共自行车系统二期工程，积极推进株洲公共自行车系统和公交优先政策，打造便捷、安全和绿色的捷行系统和清洁的公共交通系统。

优化能源消耗结构。积极推进车船新能源、替代能源的应用，实现燃料低碳化。推广新能源、替代能源车发展，大力发展混合动力车、天然气车、天然气船等运输装备，推动纯电动汽车的发展应用。积极推进新能源在公路、水路基础设施的建设、运营领域的应用，继续推进具有株洲特色的风光互补照明在公路照明和港口照明中的应用；减少和改造港口装卸机械使用燃油的设施，推进港口油改电工作。

改善运输组织与装备。推进各种运输方式的有效衔接，提升长株潭三市的综合运输效率。推动长株潭公交一体化试点改造工作；推进农村客运公交化改造试点工作；积极推进甩挂运输试点工作；重点支持对区域和株洲市经济发展有重要作用的站场、物流园区建设；建立站场节能监测和考核标准，完善低碳运输站场体系建设；提高航道技术等级，保证航道畅通，提高航道资源利用效率。

大力发展公共交通环保车辆；扎实推进公共自行车系统的建设，建设国内外领先的城市公共自行车租赁系统。逐步完善公路运输装备的准入、年检、经营资质等审批制度，鼓励低碳运输车辆的发展。加强车辆定期检测与维修保养,改善营运车辆技术状况。推广老旧运输船舶提前报废更新项目,着力促使船型不断向标准化、大型化、专业化方向发展。应用绿色驾培装备,推广使用清洁能源,并同时推广节油驾驶操控技术。

建设低碳交通设施。在城市公交、公路、水路基础设施建设过程中,加大循环材料和清洁能源的使用比重,推进绿色照明设施的使用。鼓励可再生能源应用技术,温拌、泡沫沥青冷再生技术,以及废旧路面材料利用、LED 节能照明等为代表的新技术应用。选用低耗高效设备,推进港口设施节能改造。加快综合交通运输枢纽的规划建设,并在设计和建设过程中采用新技术、新材料,构建绿色运输站场。推进 ETC 车道高收费站建设,提高通行效率。

发展智能信息交通。完善城市公交、公路客运、水路运输和港口生产节能减排统计监测体系及考核评价指标体系;建设共享、开放的综合交通基础数据库;初步建立交通数据分析和决策管理系统;发展低碳交通科学技术并加强成果转化,深入推进公路、水路公共信息系统的应用。

引导公众低碳出行方式。倡导低碳出行理念,鼓励共乘交通,扶持和鼓励提供班车、校车服务。发展慢行交通,完善公共自行车低价或免费租赁等相关制度,布局规划和建设公共自行车停放设施。鼓励公众购买小排量汽车和新能源车辆,倡导"少开一天车"、"绿色出行"等形式的低碳出行推广活动。同时,制定《株洲市低碳交通试点城市建设工作宣传教育工作方案》,印制《株洲市低碳交通知识宣传手册》,举办株洲市低碳交通知识竞赛、低碳交通知识抢答赛和机动车驾驶节能大赛。

4. 低碳交通运输体系建设重点项目

株洲市建设低碳交通运输体系试点项目共 10 个。按项目主题分为 6 大领域:调整交通运输结构、优化能源消耗结构、改善交通运输组织与装备、建设低碳交通基础设施、发展智能信息交通和引导改变出行方式。推出了公共自行车、绿色公交、天然气汽车推广工程、道路客运组织优化工程、绿色水运工程、低碳港口建设工程、温拌沥青技术应用、节能照明灯具推广、节能驾驶推广工程和低碳交通能力建设等 10 个试点工程。

(十四)蚌埠市

蚌埠市跨中国南北分界线,地处皖北、淮河中游;现辖 4 区 3 县;总面积 5952 平方公里,市区面积 601 平方公里;总人口 362 万人,市区人口 93 万人。蚌埠市是安徽省重要的综合性工业基地,皖北地区商贸中心与加工制造业中心,也是国务院批准的促进中部崛起、享受比照东北老工业基地政策的城市之一。2011 年,蚌埠市完成地区生产总值 780.24 亿元,同比上年增长 14.0%,按户籍人口计算,全市人均生产总值达 21443 元。蚌埠市地处东部沿海省市经济向中部、西部地区发展的过渡地带,具有连接南北、承接东西的区位优势;位于全国综合交通"五纵五横"之一的京沪运输大通道上,是华东地区重要的综合交通枢纽。蚌埠是国家公路运输枢纽和"西气东输"主站点,京台高速公路、宁洛高速公路等多条重要高速公路经过境内,京沪铁路和淮南铁路交会于本市,京沪高速铁路一等客运站坐落于城南。蚌埠水运资源得天独厚,境内有淮河等重要干流,具备"通江达海"的水运优势,蚌埠港为全国 28 个主要内河港口之一。蚌埠民用机场正在筹建之中。

1. 交通运输节能减排工作现状

一是建立领导机构,不断加强节能减排组织工作。蚌埠市高度重视交通运输节能减排工作,逐级成立节能减排工作领导机构及其办事机构,基本形成了市政府统一领导、各级交通运输管理部门具体负责、交通企业为主体、全行业齐抓共管的交通运输节能减排工作格局。

二是完善政策法规，不断改善节能减排制度环境。"十一五"以来，蚌埠市积极贯彻落实交通运输部、安徽省省委省政府、安徽省交通运输厅等的相关政策法规文件，并注重结合地方实际，制定发布了一些政策文件，为推动交通运输节能减排与低碳发展提供了良好的制度保障。

三是优化交通结构，不断强化节能减排集约效应。"十一五"以来，蚌埠市交通运输行业十分注重完善战略规划体系，加强调控与引导，加快推进交通运输结构调整，充分发挥其对交通运输节能减排的网络效应、规模效应和集约效应，大大提升了交通运输系统的整体节能减排水平。

四是推进技术应用，不断提高节能减排科技含量。"十一五"以来，蚌埠市交通运输行业大力推进低碳建养技术、节能技术、信息技术应用，以及节能产品、替代能源使用，为节能减排和低碳发展提供了有力的技术支撑。

五是强化监督管理，不断提升节能减排基础能力。"十一五"以来，蚌埠市交通运输行业紧紧围绕低碳能力建设，不断提升理念意识，加强宣传引导，强化培训交流，组织开展试点示范，探索能耗监测调查，行业节能减排监管能力和水平有所提升。

2. 低碳交通运输体系建设指导思想和主要目标

深入贯彻落实科学发展观，以国家加快实施中部崛起战略、中原经济区战略、安徽省参与泛长三角区域分工合作、建设合芜蚌自主创新综合配套改革试验区和淮河生态文化经济走廊为重要契机，以加快转变交通运输发展方式为主线；实施"公交优秀"战略和"水运振兴"战略，认真落实《蚌埠市优先发展城市公共交通实施意见（2011—2015）》（蚌办发〔2011〕88 号）和《关于加快水运发展的意见》（蚌发〔2011〕16 号），加快推进交通运输结构的战略性调整；实施"气化交通"战略，充分发挥蚌埠市作为"西气东输"主站点，与中海油公司合作大范围建设 LNG 加气站点，以及安徽省作为国家能源局和交通运输部海事局确定的柴油—LNG 双燃料船舶全国唯一试点地区的优势，构建绿色装备体系，加快推进交通运输用能结构的低碳化、清洁化；实施"智能交通"战略，切实履行交通运输行业信息化省市共建战略合作框架协议，保持综合交通体系信息化、智能化全省领先；以交通运输节能减排战略规划体系、统计监测考核体系、政策保障体系建设为重点，着力提升低碳交通监管能力；以试点项目为主要载体，开展"四个行动"，加快建设低碳交通运输体系，推动交通运输科学发展，努力打造全国中部地区中型城市中的低碳交通示范城市。

——政府推动：政府主导、政策引领，打造低碳交通城市。

——市县联动：全面推进市县低碳试点，打造低碳示范区县。

——企业主动：组织百家企业专项行动，打造低碳示范企业。

——社会行动：积极引导公众参与，打造低碳交通消费模式。

到 2014 年，全市低碳交通运输体系建设取得明显进展，交通运输行业能源利用效率明显提高，CO_2 排放强度明显降低，基本形成低碳交通运输发展的良性机制，交通运输可持续发展能力明显增强，使蚌埠市低碳交通发展水平在全国中部地区中型城市中居于领先地位。

3. 低碳交通运输体系建设重点领域及主要任务

加强综合交通运输体系建设。加快构建"五射一纵"综合交通通道，重点推进京沪高铁蚌埠站综合客运枢纽、蚌埠西部物流中心、蚌埠东部综合物流园和蚌埠南部三星仓储物流园等建设工程，将蚌埠建成皖中北地区乃至华东地区区域性物流枢纽，促进客运"零距离换乘"和货运"无缝衔接"。

加强低碳交通基础设施建设。加快高速公路“三纵两横一环”、普通干线公路“四纵五横四射四支”、农村公路网“八纵六横七射”建设，提高路网通行能力。在路桥、隧道、场站、服务区、港口等实施绿色设计，推广温拌沥青、就地冷再生、胶粉改性沥青、LED照明等节能技术。优化内河航道网布局，加快构建“一干四支”的骨架体系。加大港口建设投资，提升港口吞吐能力，为大宗货物运输向水路运输转移创造良好的基础设施条件。完善港口集疏运设施，提高集疏运效率。积极推进老码头改造，将新建码头全面打造成低碳码头，推行靠港船舶使用岸电。加快城市道路“三环”、“七辐射”建设，提升城市交通通行能力和效率。优化公交场站布局，加大公交站点覆盖密度。加强公交专用道建设，在城市主干道逐步设置“四横两纵”公交专用道。加强自行车设施建设，加快推广公共自行车。

加快低碳交通运输装备推广。加快加气站合理布局，加强天然气等清洁能源和新能源车船推广应用。严格实行营运车辆燃料消耗量准入制度，加快淘汰老旧营运车船，不断优化车船运力结构。加快提升公交运力，大力发展大容量的城市公共交通工具。

加强低碳交通运输组织体系建设。加强道路客运运力调控，提高道路客货运企业规模化、集约化水平，推广滚动发班、甩挂运输等先进组织模式，提高客货运实载率。扩大车船节能驾驶方法应用，推广车船模拟驾驶，在部分驾校开展CNG教练车辆应用试点。按照先试点后推广的方式，在全市汽车维修行业全面推广绿色维修。推进干支直达和河海直达运输，开辟与上海、连云港、太仓等沿海沿江港口的集装箱和散货支线航班。优化港口生产组织管理，制定并实施严格的港口生产节能操作标准。推进大宗货物运输向水运转移，提高水路货运在综合运输中的比重。引导航运企业向规模化、集约化方向发展，鼓励通过重组、合资、股份制等方式进行集团化经营。建立以公共交通为主体的多种交通出行方式相互补充、协调运转的城市客运体系。调整优化市区、郊区和县城公交线网，提高公交线网覆盖密度。推广“苗苗服务规范体系”，提升城市公交服务品质，增强城市公交吸引力，提高公交出行分担率。

加强交通信息化和智能交通建设。做好全市交通运输信息化和智能化顶层设计，加大交通运输信息资源整合力度，打造全市综合交通运输信息平台。积极推进高速公路不停车收费系统、公共物流信息平台、内河智能导航系统、船闸智能调度系统、城市客运智能管理系统、公众交通出行服务系统等的应用，提高运输效率。

加强低碳交通运输基础能力建设。组织编写蚌埠市低碳交通运输体系建设中长期专项规划，做好与相关规划的衔接协调。研发蚌埠市交通运输能耗统计监测平台，组织实施百家企业统计监测考核试点，加快建立蚌埠市交通运输节能减排统计监测考核体系。建立健全蚌埠市交通运输行业节能减排监督管理体制，设置节能减排专职监管机构与岗位，加强节能减排监管队伍建设。鼓励重点企业建立节能减排专职机构，配备节能减排专职人员。加快制订低碳交通技术人才培养计划，加大人才培养力度。加大财政资金对交通运输节能减排项目的投入力度，引导社会资金向交通运输节能减排项目聚集。利用合同能源管理等市场手段推动节能减排潜力的挖掘。培育有蚌埠特色的节能减排文化，优化节能减排软环境。以优势领域为突破口，探索建立公交节能驾驶、公交智能调度、船舶“油改气”等节能减排地方标准。

4. 低碳交通运输体系建设重点项目

蚌埠市建设低碳交通运输体系试点项目共47个。按项目主题分为九类：低碳公路建养和运营项目10个,低碳运输车辆应用项目9个,低碳驾培和绿色维修项目5个,低碳港口建设项目6个,低碳船舶应用项目2个,河海联运项目1个,低碳城市公交项目4个,智能交通项目9个,节能减排统计监测考核体系建设项目1个。

(十五)十堰市

十堰市位于湖北省西北部,地处秦巴山区腹地,汉江中游,是鄂、渝、川、陕、豫五省(市)毗邻地区的中心城市。下辖郧西县、郧县、房县、竹山县、竹溪县、丹江口市和茅箭区、张湾区5县1市2区。市域面积2.368万平方公里,2011年全市常住人口334.8万人,地区生产总值达851.3亿元。十堰市水系发达,旅游资源丰富,是国家南水北调中线的水源区,湖北省建设鄂西生态旅游圈战略的核心板块,也是中国规模最大的汽车工业基地之一,拥有武当仙山、丹江秀水、汽车城三张城市名片。十堰市地处华中、西南、西北3大经济板块的结合部,交通战略地位重要。目前,十堰市交通网络由公路、铁路、水运3种交通方式组成,其干线网络包括福银高速公路十堰段和“三纵三横”国省干线公路网、襄渝铁路和汉丹铁路十堰段、汉江和堵河水上航道。

1. 交通运输节能减排工作现状

一是建立领导机构,不断加强节能减排组织工作。十堰市交通运输局高度重视交通运输节能减排工作,在省交通运输厅及十堰市政府指导下全面贯彻落实省市节能减排要求,逐级成立节能减排工作领导机构及其办事机构,基本形成了各级交通运输管理部门具体负责、交通企业为主体、全行业齐抓共管的交通运输节能减排工作格局。

二是完善政策法规,不断改善节能减排制度环境。“十一五”以来,十堰市积极贯彻落实交通运输部、湖北省省委省政府、湖北省交通运输厅等的相关政策法规文件,并注重结合地方实际,制定发布了一些政策文件,为推动交通运输节能减排与低碳发展提供了良好的制度保障。

三是完善综合运输体系,不断推进结构节能。“十一五”以来,十堰市大力实施“丹江口库区绿色航运示范区”、“太极湖生态文化旅游区”建设项目,提升水路通航条件,完善配套港口设施。加快推进铁路建设,襄渝铁路二线建成通车。通过推进交通运输结构调整,大大提升了交通运输系统的整体节能减排水平。

四是实施公交优先发展战略,不断完善公共交通体系。“十一五”以来,市财政每年进行公交公益性补贴,加快公交车辆节能减排升级改造,优化公交线网,促使公交出行分担率逐步提高。

五是推进技术应用,不断提高节能减排科技含量。“十一五”以来,十堰市交通运输行业大力推进低碳建养技术、节能技术、信息技术应用,以及节能产品、替代能源使用,为节能减排和低碳发展提供了有力的技术支撑。

六是调整运力结构、优化运输组织,不断提升运输效能。“十一五”以来,提高车船的技术等级和新度系数,大力发展专业化运输,推广使用清洁能源和节能运输工具,加速淘汰能耗高、排放超标的老旧运输工具。同时,推进粗放型客货运输模式向规模化、集约化方向发展,取得一定的经济社会效益和良好的节能减排效果。

七是开展专项行动,不断增强节能减排意识。“十一五”以来,积极开展“无车日”、“节能宣传周”、“绿色汽车维修”、“王静工作法推广”等低碳交通专项行动,开展形式多样的节能减排宣传教育与交流培训、示范试点与实践活动,使全行业节能减排意识明显增强。

2. 低碳交通运输体系建设指导思想和主要目标

以科学发展观为指导，以加快构建低碳交通运输体系为战略任务，将应对气候变化的新任务、新要求纳入到交通运输行业节能减排工作的整体部署中统筹推进，凸显十堰市“武当仙山、丹江秀水、汽车城”三张世界级城市名片，加快交通运输发展方式转变，优化交通运输用能结构，强化技术创新和管理创新，通过政府引导、企业主导、社会参与，重点在加强综合交通体系建设、调整交通运输装备结构、提高客货运输效率、推广交通运输低碳科技、扩大信息技术服务领域、加强低碳交通能力建设等六个方面强化低碳交通运输体系建设并开展试点工作，通过试点带动一批重点项目和关键技术的应用，推进十堰低碳交通运输体系建设，为十堰建设成为国际商用车之都、国际旅游目的地、国家生态文明示范区、鄂豫陕渝毗邻地区中心城市做出重要贡献。

到试点期末，低碳交通运输理念深入人心，交通运输行业节能减排意识不断增强，交通运输生产、运营、消费的各个环节碳排放强度逐步降低，综合交通体系更加完善，交通运输装备更加节能，客货运输效率明显提高，交通运输低碳科技含量持续提升，交通公众信息服务应用不断加大，低碳交通能力建设成效显著，交通运输低碳排放的特征初步显现，为十堰市完成“十二五”时期内单位 GDP 能耗目标做出重要贡献。到 2020 年，基本建立起符合国家节能减排战略要求、以低碳排放为特征的交通运输体系。

3. 低碳交通运输体系建设重点领域及主要任务

构建综合交通体系。建设两纵两横“井”字形主骨架的四大综合交通运输通道体系，充分发挥综合运输的整体优势和组合效率。重点建设十堰高速客运站、十堰客运换乘中心、客运北站、客运西站、三堰中心站等综合客运换乘中心，实现各种交通运输方式无缝对接。推进 3 个物流园区和 12 个物流中心配套运输站场建设，将十堰建成地区性物流中心。着力打造丹江口绿色航运示范区，航道重点建设“两江两河”（汉江、丹江、堵河、曾河），兼顾库区支流小河，加快丹江口港等港口建设。建设 3 条快速公交专线，并配套建设公交综合停车场、公交枢纽站、公交站廊等设施，改善公共交通环境。

调整交通运输装备结构。加快淘汰老旧、高耗能客货车辆，强化营运客货车辆燃料消耗量限值准入工作，全面实施燃料消耗量达标车型核查制度。推进车用新能源、清洁能源的应用，推广 CNG 车辆，推进公交车、客运车和旅游车的 LNG 项目。引导丹江口库区老旧船舶改造，推进内河船型标准化。淘汰高污染、高耗能的船舶，推行库区船舶零排放，建设专用油污水和垃圾接收码头和船舶。组织节能操作技能培训和竞赛专项活动，提升低碳驾驶（操作）的意识和技能。推广“模拟 + 实车”的驾驶训练模式，引导驾校开展教练车“油改电”、“油改气”试点工作。

提高客货运输效率。完善公共客运服务体系，加快构建由快速客运、干线客运、农村客运、旅游客运组成的多层次客运网络服务体系。建设“五纵五横、联结两翼、辐射全市”的公交线网，基本达到全市城市条条道路通公交的目标。加快城市公交一体化建设，实现与铁、水、陆、空等交通方式的联运协调和无缝对接。创新多样性的营运服务方式，探索开行加班车、大站快车、夜间班车、通勤车等，满足市民日益增长的多元化乘车需求。推进现代物流发展，加快发展甩挂运输，培育大型第三方物流企业。建设集汽配配送、展示、货运为一体的现代物流中心，建设辐射鄂、豫、陕、渝地区的农产品物流中心。引导航运企业优化结构，促进水运企业向规模化、集约化方向发展。发展船舶大宗散货专业化运输、多式联运，全面提升船舶营运组织效率。

推广交通运输低碳科技。推广应用温拌沥青、沥青冷再生等道路新技术、新工艺。积极采用各种建筑新技术，有效利用光能、地热、风能等各种再生能源替代电能，构建绿色生态型运输站场。推广汽油发动机直接喷射、多气阀电喷、稀薄燃烧等先进车辆节油技术。推广船舶机桨匹配节能技术改造、优化电子喷油控制装置、节油减烟器等先进适用船舶节能技术（产品）。推广太阳能光伏光电供电、LED节能照明等绿色照明技术。推广标准化钣喷车间、喷漆烤漆房技术改造、废气收集处理系统等“绿色维修”技术。

扩大信息技术服务领域。建立十堰地区交通信息网，包括交通数据信息管理系统、交通电子政务系统、交通信息服务平台等。构建车辆运营节能管理综合系统，实现对车辆车速、行驶里程、油耗、驾驶时间等的实时数据采集。推广公交智能化调度管理系统，建设ERP公交综合智能管理系统，推动城市公用事业“一卡通”工程。推进十堰市物流公共信息平台的建设，为货源和运力的优化组织提供技术支撑。建设公路管理与应急指挥中心，建立涵盖公路路况、气象及公路知识等相关法规和管理规定咨询的出行服务信息系统。

加强低碳交通能力建设。完善多部门协同推进机制，强化与其他政府部门间的信息共享与协同合作。逐级分解落实低碳交通的各项指标和重点任务，健全低碳交通发展目标责任制和问责制。建立交通节能与碳排放统计考核体系，依法加强节能减排的监督检查。增强宣传引导，组织开展低碳交通专项行动，增强全行业员工特别是各级领导干部的低碳发展意识。深化对外交流合作，吸收借鉴国内外低碳交通发展先进经验。

4.低碳交通运输体系建设重点项目

十堰市建设低碳交通运输体系试点项目共28个。按项目主题分为九类：武当山—太极湖绿色旅游交通项目9个；丹江口绿色水运项目6个；公路建设节能技术应用项目3个；十堰绿色公交项目3个；天然气出租车普及项目1个；公路客货运输组织优化项目2个；商用车背车带货运输项目1个；环丹江口库区公路碳汇林项目1个；智能交通项目2个。

（十六）济源市

济源位于河南省西北部，是河南省18个省辖市中唯一不设区县省辖市。市域总面积1931平方公里，截至2011年年底，总人口68万人，城市人口28万人，城市建成区面积32平方公里，城镇化率51.4%，是全省仅次于郑州的第二个突破50%的城市，是城镇化率先达到全国平均水平之上的有代表性的中小城市。济源市2003年被列为河南省中原城市群9个城市之一，2005年被列为河南省首批城乡一体化试点市，2010年，济源市在全省第一个以城乡布局名义编制城乡总体规划，2011年被国家科技部确定为全省首个国家可持续发展实验区［全国有12个市（县、区）］。济源是全国重要的铅锌深加工基地和电力能源基地、中西部地区重要的矿用电器生产基地和煤化工基地。济源地处豫西北、晋东南交会处，自古有“豫西北门户”之称，是沟通晋豫两省、连接华北平原和中西部地区的枢纽。焦枝铁路与侯月铁路在境内呈“T”字相交，二广高速济洛、济晋段，济焦高速、济运高速和G207国道等在济源形成十字形交通网络。借助交通优势，济源是南货北运的咽喉，是山西省向华东、华南输送煤炭的主要通道之一，也是重要的煤炭中转地。2012年，济源市提出建设“智慧济源”，积极创建国家级信息化与工业化融合试验区和农村农业信息化示范市，规划将“智慧济源”建设成为全省乃至全国的标杆，力争走在智慧城市发展前沿。2012年3月，济源市城市智能交通管理信息化平台被列为河南交通运输“科技示范工程”。

1. 交通运输节能减排工作现状

一是注重健全领导机构，不断加强节能减排组织工作。济源市高度重视交通运输节能减排工作，逐级成立节能减排工作领导机构及其办事机构，形成市政府统一领导、交通运输管理部门具体负责、交通企业为主体、全行业齐抓共管的交通运输节能减排工作格局。

二是注重创新工作机制，不断推动节能减排机制保障。济源市从战略和全局的高度重视交通节能减排工作，以经济激励政策为引导，以科技创新为支撑，以强化考核评价为手段，明确分工、落实责任、创新机制，认真做好交通运输节能减排各项工作。

三是注重完善政策法规，不断改善节能减排制度环境。“十一五”以来，济源市积极贯彻落实交通运输部、河南省省委省政府、河南省交通运输厅等相关政策法规文件，并结合地方实际，制定发布了一些政策文件，为推动交通运输节能减排提供了良好的制度保障。

四是注重加强技术应用，不断提高节能减排科技含量。“十一五”以来，济源市交通运输行业大力推进信息技术应用、低碳建养技术、节能技术和节能产品、替代能源使用，为节能减排和低碳发展提供了有力的技术支撑。

五是注重强化宣传监督，不断提升节能减排理念意识。“十一五”以来，济源市交通运输行业紧紧围绕低碳能力建设，加强宣传引导，强化培训交流，组织开展试点示范，加强节能减排新技术和实用技能的引进和教育培训，不断提升节能减排理念意识。

2. 低碳交通运输体系建设指导思想

深入贯彻科学发展观，牢固树立绿色低碳发展理念，按照交通运输部和河南省交通运输厅关于交通运输行业节能减排“十二五”发展规划要求，以建设国家可持续发展实验区、建设中原经济区新兴中心城市和城乡一体化示范市、实施生态低碳城市试点、建设“智慧济源”为契机，以建设“资源节约、环境友好”低碳绿色交通运输体系为目标，以提高能源利用效率和降低 CO_2 排放强度为核心，以交通运输结构调整、技术创新和管理创新为抓手，从低碳综合运输体系、低碳交通基础设施、低碳交通运输装备、低碳交通运输组织模式、低碳智能交通系统、低碳交通方式选择、低碳交通管理能力建设等领域强化低碳交通运输体系并开展试点工作，探索适宜的中小城市低碳交通发展模式。

3. 低碳交通运输体系建设战略框架

以建设国家可持续发展实验区、建设中原经济区新兴中心城市、发展城乡一体化示范市、实施低碳城市试点、建设“智慧济源”为契机，以建设低碳城市为总宗旨，以建设“资源节约、环境友好”的低碳绿色交通运输体系为目标，以提高能源利用效率和降低 CO_2 排放强度为核心，统筹人、车、路管理，协调供给、需求、管理与服务，以交通运输结构调整、技术创新和管理创新为抓手，以低碳综合运输体系、低碳交通基础设施、低碳交通运输装备、低碳交通运输组织模式、低碳智能交通系统、低碳交通方式选择、低碳交通管理能力建设等领域为重点，以“城乡交通低碳一体化建设和综合执法监管系统为代表的智能交通引领低碳交通运输体系发展”为主题，实施“供需管服一体，体系能力共建；区位产业为纲，通道资源盘算；城乡交通一体，客运物流低碳；智能交通引领，综合执法监管”的低碳交通运输发展主线，着力构建通畅高效、安全绿色的低碳交通运输系统，探索适宜的中小城市低碳交通运输发展模式。

4. 低碳交通运输体系建设重点领域及主要任务

发展低碳综合运输体系。发挥铁路水路运输优势，引导大宗货物运输向水运、铁路等低碳运输方式转移，提高铁路和水运运输比重。建设“一主两辅、两副三补充”的综合客运枢纽场站体系和

"一区四站"的货运物流场站体系,保进不同交通运输方式之间的有机衔接和转换。

建设低碳交通基础设施。以温拌、厂拌沥青路面冷再生技术和废旧路面材料利用等为代表的新技术作为重点发展领域,不断规范化、规模化实施各项环保建设技术,提高温拌、厂拌沥青混凝土使用比例。同时,对沥青混凝土拌和站进行"煤改气"改造,广泛推广工业废料电石渣在公路工程中的再利用。在路桥、隧道、场站、服务区、港口等实施绿色设计,推广太阳能照明等节能技术。因地制宜地扩大碳汇林实施范围,打造生态、绿色公路走廊,增强碳汇功能。

推广低碳交通运输装备。严格实行营运车辆燃料消耗量准入制度,加快淘汰老旧营运车船,严格执行营运车辆燃料消耗量限值标准,不符合要求或达不到限值指标的车辆,不得从事营运。结合国家关于淘汰老旧车辆的补贴政策,适时加大地方补贴力度,强制淘汰一批高耗能老旧车船。加快加气站合理布局,大力推行营运车辆"油改气",加强天然气等清洁能源和新能源车船推广应用,推广双燃料、低能耗车辆的应用,优化运力结构和能源消耗结构。

优化交通运输组织模式。推进构建城乡客运一体化,优化城乡客运服务线网布局和场站布局,城际间、县乡间、新型农村社区间客运实现公交化、网络化发展,提高客运车辆的实载率和里程利用率。同时,大力发展中原城市群"九市同城" 城际公共交通。结合主要城乡物流配送节点,提高公路货运服务企业的集约化水平,建设城乡低碳物流共同配送网络,发挥规模效益和网络服务效益,提高货运车辆的实载率和里程利用率。打造公铁联运、公水联运的低碳运输服务体系,促进货物运输的"无缝衔接"和旅客运输的"零距离换乘"。

引导低碳交通方式选择。制订低碳交通宣传教育方案,通过媒体、网站、公益活动、培训班等方式对广大民众进行宣传教育与培训,加强建设低碳交通运输体系的全社会参与意识,倡导"低碳出行"理念。加强节能低碳驾驶技术的培训、宣传,特别是加强运输经营企业驾驶人员的节能驾驶技术训练。

推动智能交通系统建设。完善智能化公共交通系统建设,推广营运客货车、城市公交车、出租车等车辆上车载 GPS 终端的安装,建立综合监控平台,实现公交智能调度,出租车智能调度,运输车辆与运输船舶的监管。在重点路段、桥梁、隧道、库区部署视频监控设备、RFID 设备、各种传感器设备,实现路网、水上监控与信息发布服务。搭建智能交通调度与指挥中心,实现对全市城市公共交通状况的全面监测,实现统一调度、统一指挥。通过路上不停车自动称重预检设备、源头治超自动称重设备、移动稽查设备及综合执法系统,实现对辖区违规运营、超限超载车辆的治理,打造高效低碳道路运输体系。

5. 低碳交通运输体系建设重点项目

济源市实施 8 大试点工程,共 12 个具体工程项目。试点项目共分为两个类别:第一类是直接产生节能减排效果的项目;第二类是用于提升低碳交通运输体系能力的智能交通项目。

二、交通运输行业第五批节能减排示范项目

(一)隧道照明综合节能技术应用(云南省公路开发投资有限责任公司)

1. 项目概述

云南省高速公路具有隧道多、相对发达地区通行量较小的特点,同时存在使用农电、架设困难、

电能质量差等问题。隧道照明在使用中消耗了大量的电能，加之维护更新频繁，给高速公路运营单位带来了较大的经济负担。马道子隧道是云南省公路开发投资有限责任公司运营管理的一处重要交通设施，位于国高网G56杭州至瑞丽高速公路大理至保山段，其中下行隧道全长930.7米，上行隧道全长923米。

实施单位经过技术论证和审查，至2011年11月，共投入343.77万元，对该隧道实施了LED照明技术、供配电系统有源滤波技术和夜间车辆感应照明控制系统等3项节能技术改造。项目采用858套共51.64千瓦的LED照明替代原770套共146.19千瓦的高压钠灯照明，有效减少电能消耗；有源滤波装置降低了因供电质量不稳产生的用电设备损坏；在夜间启用车辆感应照明控制系统，既保证了车辆通行的照明要求，又减少了无车辆通过时的无效照明。

2. 项目评价

(1)项目先进性和技术成熟度评价

该项目是依托相关科技项目支持，综合多项先进技术，组织实施的公路隧道照明节能减排技术综合应用工程。依据《公路隧道通风照明设计规范》等要求，设计的LED照明系统降低了照明功率；其采用的有源滤波技术，技术成熟，可有效抵消供电系统中产生的谐波干扰等问题，提高供电质量，保障系统安全；采用的车辆感应照明控制技术，减少了通行量较小时段的隧道照明电能消耗。

(2)项目节能环保潜力评价

项目的综合节电率可达66%，有较好的节能潜力。

(3)项目经济效益评价

项目每年可节约运营费60余万元，投资回收期4～5年，具有较好的经济效益。

(4)项目的推广应用条件

在确保交通运行安全的条件下，结合实际交通情况，依托科技进步推动；与传统照明光源相比初期建设资金较大。

(5)项目推广价值评价

项目适合在公路隧道照明工程上推广应用，尤其对于电能质量差、通行量小的公路隧道。

3. 问题及建议

项目初期投资较高；隧道LED光源照明设计指标尚未标准化；隧道LED照明灯具无产品标准。相关部门加大对该类项目推广应用的补贴力度；鉴于隧道LED照明灯具尚无产品标准，应选择高性能、高质量的LED照明灯具；在加快建立相关隧道照明地方技术标准和规范的基础上，适时出台相关行业标准与规范，为交通行业广泛推广应用奠定基础。

(二)泡沫沥青厂拌冷再生技术在陕西的应用(中交第二公路工程局有限公司、中交第四公路工程局有限公司)

1. 项目概述

道路在维修养护过程中，将产生大量的旧沥青路面材料。通过对回收的旧沥青路面材料进行破碎、筛分，再与泡沫沥青、水泥、新集料和水按适当配比拌和，可成为具有良好路用性能的泡沫沥青再生混合料，用于各等级公路的维修、改扩建及新建工程的下面层和基层，实现资源循环利用、节能减排等目的，经济社会效益显著，推广应用前景广阔。

项目结合陕西西潼、西宝等高速公路的维修和改扩建工程，对泡沫沥青再生混合料的配合比进行了优化；对再生混合料的路用性能和施工技术进行了研究；对泡沫冷再生混合料技术的节能减排效果进行了评价；并编制了《施工指南》和《施工工法》。至2011年年底，实施单位在陕西西安—阎良、西安—宝鸡、西安—潼关等10多项高速公路的维修和改扩建工程中施工泡沫沥青冷再生混合料总量近300万平方米，应用效果良好。

2. 项目评价

(1)项目先进性和技术成熟度评价

泡沫沥青冷再生技术具有明显的技术优势，已在西潼、西宝、西阎等高速公路的大修及改扩建工程上实施，实践证明，该技术先进、成熟。

(2)项目节能环保潜力评价

项目生产泡沫沥青厂拌冷再生料近100万吨，与施工ATB相比，直接节约燃油消耗约7000吨。随着我国经济的快速发展，公路交通量大幅增加，公路的维修及改扩建工程日益增加。泡沫沥青冷再生技术作为一种环保节能型路面维修技术，具有巨大的发展前景和节能减排潜力。

(3)项目经济效益评价

采用该技术可大量减少新石料的开采和旧沥青路面材料的废弃，大量节约运输费用和土地占用，有明显的资源节约和环境保护效果，经济社会效益巨大。

(4)项目的推广应用条件

施工单位需增加泡沫沥青冷再生设备，并对技术人员进行培训。

(5)项目推广价值评价

泡沫沥青厂拌冷再生技术具有节能减排、资源节约、环境保护等优势，在公路与城市道路大中修及改扩建工程中具有巨大的推广价值。

3. 问题及建议

目前行业对泡沫沥青冷再生技术的认识和了解普遍不足，有待加强宣传和培训，提高有关单位对泡沫沥青冷再生技术的认同度，扩大实施规模；泡沫沥青冷再生设备主要依赖进口，价格较为昂贵，要加强政府在税收、资金补助等政策方面的支持力度；要跟踪观测泡沫沥青冷再生混合料的长期使用性能，进一步总结经验。

(三)收费亭红外辐射智能加热节能技术应用(辽宁省高速公路管理局)

1. 项目概述

辽宁省地处东北地区南部，属大陆性季风气候，冬季漫长，平均气温在零下10摄氏度左右。辽宁省高速公路管理局所辖收费站225个，设置收费亭近1600个，现有收费工作人员约7000名，平均每人每天工作时间约8小时。在冬季，防寒取暖是保证收费人员正常工作必不可少的措施，传统的采暖方式为普通电暖器和分体空调，能耗大，且供暖效果不理想。

为此，实施单位按先试点后推广的模式，2007年10月，在沈阳—四平高速公路6个收费站的收费亭内安装了43套红外辐射加热供暖装置进行试点，共投入18.33万元。试运行期间，收费亭内温度可达到20~25摄氏度，在相同供暖温度条件下相比普通电暖气节电约30%，取得了较好的防寒取暖和节能效果。基于此，辽宁省高速公路管理局于2008年至2011年，共投入625.17万元，在沈阳绕城、沈阳—吉林、沈阳—海口等17条高速公路沿线202个收费站的1407个收费亭内安装了红外辐射加热供暖装置，不仅改善了工作环境，而且减少了电能消耗。

2. 项目评价

(1)项目先进性和技术成熟度评价

红外辐射加热供暖技术在采暖通风领域处于国内领先水平，在民用建筑领域已有应用。本项目较好地解决了我国北方地区高速公路收费亭冬季采暖问题，技术先进成熟。

(2)项目节能环保潜力评价

项目节电率约为27%，具有较好的节能效果。

(3)项目经济效益评价

项目每年可节约电费约250万元，投资回收期约2年，具有较好的经济效益。

(4)项目的推广应用条件

项目宜结合新建或改建收费亭冬季采暖需求和电力供应情况进行推广应用。

(5)项目推广价值评价

项目适合在我国北方地区高速公路收费站的收费亭内推广应用，尤其是冬季平均气温在5摄氏度以下、采暖期在90天以上地区的高速公路收费站。

3. 问题及建议

项目使用时需考虑必要的安全防护措施和保温措施；推广应用单位采用该项技术时宜与其他电采暖方式进行比较；相关主管部门应适时出台行业或地方标准，为下一步推广应用奠定基础。

(四)综合运用节能减排技术，打造低碳高效道路客运（常州公路运输集团有限公司）

1. 项目概述

常州公路运输集团有限公司以“打造低碳高效道路客运”为目标，结合节能减排新形势，从“人—车—管理”等影响道路客运能耗的3个重要因素入手，推行了“完善机务管理办法、调整车辆技术结构、引进清洁能源、采用先进信息技术手段、积极推广驾驶节能操作方法”等系列措施，形成了一套行之有效的道路客运节能管理方法，提高了全体职工节能减排的积极性和责任意识，营造了“打造低碳高效道路客运企业”的良好氛围，使集团公司的综合能耗逐年下降，取得了显著的经济和社会效益。

2. 项目评价

(1)项目先进性和技术成熟度评价

项目通过制定并落实机务技术管理制度，强化节能减排目标及定额考核；通过运力结构调整、车线合理匹配、清洁能源汽车运用、驾驶节能技术推广以及信息化管理等技术手段，实现了企业精细化管理，达到了道路旅客运输节能减排的目标。项目技术成熟，处于国内领先水平。

(2)项目节能环保潜力评价

2009年至2011年项目实施的三年中，企业公营车辆综合能耗同比分别下降了0.3%、4.7%、5.5%，与项目实施前的2008年相比，三年累计节约柴油267.67万升，折合3354.18吨标准煤，减少CO_2排放7334.72吨。具有较大的节能环保潜力。

(3)项目经济效益评价

该项目设备投资额为1150万元。其中，信息化管理平台投资850万元；因更新40辆LNG汽车比同型号柴油汽车新增投资额约300万元,投资回收期约9个月,经济效益良好。

(4)项目的推广应用条件

项目的推广应用需企业领导高度重视、全员积极参与及制度、资金保障。

(5)项目推广价值评价

项目适合在道路运输行业广泛推广应用。

3. 问题及建议

项目中的LNG清洁能源车辆及加气站建设先期投资较大;能耗的监测技术手段有待完善,数据统计分析能力有待提高,政府应加大项目推广应用的政策与资金支持力度;运输企业应结合自身的管理和技术现状,消化吸收该项目的有关节能管理技术。

(五)汽车维修节能产业链(福建省汽车运输有限公司)

1. 项目概述

福建省汽车运输有限公司以"绿色、环保、快捷、规范化"为核心发展理念,积极探索汽车维修产业运行机制、制度建设、管理方法、技术工艺,将节能减排、节约增效融入到机动车维修的各个环节之中,通过对维修工艺的监控和节能设备的应用,建立了维修配件供应—维修人员培训—维修作业实施—维修质量保障的"汽车维修节能产业链",倾力打造节能、环保、高效的汽车维修服务产业。

第一,项目根据客户群体对所属汽车修理厂功能进行划分定位,保证了汽车进场维修行驶里程最短。第二,建立配件中心库和信息化网络,对维修配件进行集约化管理,统一采购配送,减少了配件仓储空间,缩短了车辆待修时间。第三,利用闽运技工学校师资力量对维修人员进行再教育,推广绿色维修技术。第四,实施规范化维修工艺,采用信息化手段规范了车辆日趟检、进厂报修、故障诊断、维修过程监控、出厂检验的整套作业流程,提高了维修质量,降低了返修率。第五,采用优化配置等技术措施,降低了LNG车辆运行的燃气消耗。第六,采用环保型烤漆房、超声波零件清洗机、全自动循环水洗车设备、CO_2保护焊、LED地沟照明等绿色节能环保型设备,减少了汽柴油消耗和用水、用电量;设置油水分离设施、隔音墙、打气泵消声装置等,减少废油、废水和噪声等环境污染。第七,利用不解体探伤仪、车身整形机、喷油嘴检测仪等维修设备开展旧件修复、车身翻新。第八,依托闽运自有安检站和综检站对维修车辆进行竣工检测,并利用信息化管理手段加强车辆维修监控,保障了维修质量。

2. 项目评价

(1)项目先进性和技术成熟度评价

项目将汽车维修活动按照完整的节能产业链进行规划、建设、管理及实施,采用高效运行机制、信息化管理手段、成熟维修工艺、节能设备设施等,提高了汽车维修企业的节能减排效果,技术成熟,处于国内领先水平。

(2)项目节能环保潜力评价

采用环保烤漆房年替代柴油5760升,折合7.2吨标准煤;采用超声波零部件清洗机年节约汽油7.2万升,折合90.2吨标准煤;通过控制维修质量,返修率下降20%;通过旧件修复和车身翻新年减少采购成本560万元;采用全自动洗车机年节水18900吨;通过对LNG汽车优化配置和技术改进,年节约燃气1372吨(按686辆车计),折合2391吨标准煤。项目在有效保障车辆技术性能基础上,对汽车修理业的节油、节材、节水、节电和减少污染有明显作用。

(3)项目经济效益评价

项目从2010年年初立项以来,截至2011年年底,总投资1371万元,其中:绿色设备购置费用205.81万元,节能设施建设投资553万元,厂房基建投资612万元。年节省成本356.4万元。项目投资回收期约为4年,经济效益显著。

(4)项目的推广应用条件

拥有维修厂的运输企业或机动车维修企业,有集中的配件材料供应系统、布点广泛的维修网络和技术过硬的维修队伍,形成一定规模,并采用绿色维修设备,建立规范统一的管理制度。

(5)项目推广价值评价

项目适合在汽车维修行业广泛推广应用,特别适用于汽车运输、维修集团企业。

3. 问题及建议

绿色维修设备种类有待进一步扩大。针对推广绿色维修设备的维修企业,政府应给予一定政策倾斜和鼓励。维修企业应结合自身情况,制定完善统一的管理制度。

(六)化学品网络化运输模式试点(中外运化工国际物流有限公司)

1. 项目概述

网络化运输是现代道路货运的先进模式,节能减排效果明显。为提升运输效率,促进节能减排,中外运化工国际物流有限公司改变原有点对点传统运输模式,开展网络化运输试点工作。即以两个或多个固定RDC(区域分拨中心)为节点,集中收集、分拨、配送化学品货物,通过干线网络化组织形式,在先进的货物运输信息化管理系统强力支撑下,对货物进行科学分类、合理配载,实现干线重型载重车辆运输的高实载率,使干线相向货流趋于均衡。

该项目自2011年年初开始试点,公司充分利用高端客户资源,依靠自有的强大仓储资源,先期开通了上海—广东、上海—东北两条线路。经过一年多的运行,经济效益和节能减排效果俱佳。

2. 项目评价

(1)项目先进性和技术成熟度评价

网络化运输理论成熟、模式先进。

(2)项目节能环保潜力评价

项目实施后,货运车辆实载率提高约60%,能源利用效率大幅提升。节能减排效果明显。

(3)项目经济效益评价

该项目的实施减少了装卸等待时间,加速了牵引车周转,提高了装卸效率,企业运营成本降低约20%,经济效益显著。

(4)项目的推广应用条件

网络节点上需具有相对稳定的货源;较为丰富的可用仓储网络资源;先进的货运智能化信息管理系统。

(5)项目推广价值评价

该项目适合在大中型化学品物流企业中推广应用。

3. 问题及建议

能耗统计基础工作有待完善；化学品仓储及运输专业性强，所需基础设施及装备初期投入较大。项目应用单位应重视和强化能源统计和管理工作；各地行业管理部门可结合地方实际，给予一定资金支持，促进化学品道路运输的网络化发展。

（七）延长车用润滑油使用周期（杭州长运运输集团有限公司）

1. 项目概述

杭州长运运输集团有限公司始终把节能减排作为提高核心竞争力、创建节约型企业的战略任务，不断实施科技、组织、管理等方面的节能措施，积极营造“人人节约、事事节约、处处节约、环环节约”的节能氛围。公司从2009年8月开始结合“定期检测、强制维护、视情修理”的行业车辆技术管理要求，大胆创新、积极实践，开展了营运车辆润滑油油品和最佳换油周期的试验、研究、推广应用，科学合理地制定了最佳换油周期。

项目依据车辆使用条件、运行强度和润滑油的品质差异，选取不同品牌、车型、使用工况的营运客车，进行润滑油不同使用里程的运动黏度变化率、闪点、水分、总碱值、不溶物（铁、铜、铝金属磨损和硅含量）等质量指标的检测分析，在保障车辆正常技术状况的前提下，将发动机换油周期从原先的20000公里（CG级）延长到30000公里（CI级）；变速器、主减速器齿轮油（GL－5）换油周期（以先到为准）从原先的90000公里（或6个月）提升到150000公里（或9个月）。公司通过延长车用润滑油使用周期，减少润滑油消耗，降低换油频率，节约了车辆维护成本。

2. 项目评价

（1）项目先进性和技术成熟度评价

项目采用按质换油技术，延长了换油周期，节约了润滑油消耗及维护成本，项目技术成熟，处于国内领先水平。

（2）项目节能环保潜力评价

本项目应用两年间，共减少发动机机油换油作业20160次，延长使用周期50%，节约机油消耗483840升；减少变速器、主减速器齿轮油换油作业5376次，延长使用周期67%，节约齿轮油消耗150528升；减少润滑油消耗50%以上，具有较大的节能、环保潜力。

（3）项目经济效益评价

大型客车年节约润滑油消耗和维护成本3433元/车，累积节约维修总成本1922.59万元，经济效益显著。

（4）项目的推广应用条件

车辆技术管理制度完善，在高等级公路上运行的大中型营运客车。

（5）项目推广价值评价

项目适合在道路客运企业广泛推广应用，具有较好的推广应用前景。

3. 问题及建议

非高等级公路运营的营运车辆润滑油使用周期有待完善。在延长换油周期后，应进行车辆技术状况跟踪；探索其他质量级别润滑油的换油周期。

（八）多种节能减排技术（措施）的综合应用（江苏省扬州汽车运输集团公司）

1. 项目概述

2009年以来，江苏省扬州汽车运输集团公司把节能减排作为履行社会责任、转变企业经营方式、提高经济效益的重要举措，建立了“以管理为抓手、以技术为支撑、以全员参与为重点”的节能减排管理机制，通过集约化经营管理，提高运输组织化水平；调整运力结构，淘汰低效高耗车辆；制定《汽车驾驶节能操作规范》，开展培训教育，组织节能竞赛，全面推广驾驶节能技术；积极探索应用发动机智能恒温节能冷却系统等多种节能技术（产品），取得了良好的节能减排效果。

2. 项目评价

（1）项目先进性和技术成熟度评价

项目通过制定和落实企业节能管理制度，严格油耗定额管理；加强集约化经营管理、调整运力结构、全面推广驾驶节能技术、应用多种节能技术（产品）等手段，实现了企业的节能减排。项目技术成熟，处于国内先进水平。

（2）项目节能环保潜力评价

2009年至2011年，企业车辆综合能耗分别为15.51、14.06、13.50升/千人公里。2010年至2011年累计同比节油量181万升，折合2272吨标准煤，减少CO_2排放5455吨，节能减排潜力较大。

（3）项目经济效益评价

项目节能设备投资额为326.19万元，投资回收期约15个月。经济效益明显。

（4）项目的推广应用条件

项目的推广应用需企业领导高度重视、全员积极参与，以及制度、资金保障。

（5）项目推广价值评价

项目适合在道路运输行业广泛推广应用。

3. 问题及建议

要加强企业信息化管理水平，提高能耗统计、分析能力；项目采用的节能技术（产品）推广应用范围偏小。政府应加大项目推广应用的政策与资金支持力度；运输企业应结合自身特点，科学选用综合节能技术；运输企业在应用添加剂等节能产品时，应注重产品质量的一致性。

（九）汽车钣金喷涂流水线生产方式应用（润华集团山东汽车修理有限公司）

1. 项目概述

为建立资源节约型、环境友好型社会，实现汽车维修业的节能、清洁、绿色发展，面对汽车钣金喷涂工艺耗能高且浪费严重、粉尘污染大、有毒溶剂排放多、清洗废水毒性大等问题，2010年3月起，润华集团在原有4S店园区运营模式基础上，陆续在所辖五大园区建立“绿色钣金喷涂维修中心”，开始推广汽车钣金喷涂流水线生产方式，将汽车钣金喷漆生产集中统一进行，利用规模化优势，实现了集约化生产，有效提高了汽车钣金喷涂的生产效率与服务水平，切实降低了单车喷涂的能源消耗量；同时采用了中央集尘式系统、烤漆房废气集中排放净化处理系统、中水处理系统等集中降污系统，大幅减少了干磨过程中产生的原子灰等粉尘以及烤房的废气排放，废水净化后形成的中水还可重复利用，实现了汽车钣金喷漆工艺的绿色生产。此外，为了降低传统烤房的柴油消耗量，集团变废为宝，采用废机油燃烧器节能系统，将车辆维修过程中产生的废机油替代柴油作为燃料，还逐步批量利用电烤房替代燃油烤房，彻底改变了烤房的燃料结构，实现了柴油燃料的零使用，也杜绝了废机油的无序排放。

2. 项目评价

(1)项目先进性和技术成熟度评价

项目在改造、实施方面积累了丰富的经验。投入使用后，废机油燃烧良好，完全替代柴油，生产过程中产生的粉尘、燃烧的废气、排放的污水进行集中过滤净化处理达到国家规定的标准，做到了国家提倡的“节能减排”功效。项目技术较先进成熟，达到国内领先水平。

(2)项目节能环保潜力评价

项目采用废机油替代柴油燃料，变废为宝，有效节约了石油资源消耗，杜绝了废机油的无序排放，年节约柴油171吨标准油；利用干磨设备年节水1145吨；年中水处理量54000吨，水质通过省节水办与环保局验收，达到灌溉标准，节能与环保潜力显著。

(3)项目经济效益评价

项目总投资金额1801万元，计划投资回收期6年，项目经济效益显著。

(4)项目的推广应用条件

项目的推广应有各级政府的政策支持。

(5)项目推广价值评价

项目适合在全国汽车维修行业推广应用。

3. 问题及建议

规模建设用地审批和实施改造费用是能否大面积推广的关键；政府应给予政策、用地、资金支持，促进该项目的推广；汽车维修行业管理部门应制定清洁绿色维修规划。

(十)绿色汽车维修技术应用(无锡商业大厦集团东方汽车有限公司)

1. 项目概述

无锡东方汽车有限公司隶属无锡商业大厦集团，位居中国大型汽车经销商集团百强第35位。2010年1月以来，集团投资12亿元，将位于城市居住密集区的汽车城，搬迁到无锡“中国工业博览园”。新建成的汽车城，总规划用地面积40公顷，可容纳30家4S店，目前一期工程已入驻16个品牌4S店。项目后期将另外配套建设二手车市场、检测线、专业试车场、大型汽车用品超市等汽车后市场相关产业。

为建立资源节约型、环境友好型社会，实现汽车维修行业的绿色发展，江苏省交通运输厅于2011年发布了《关于开展“绿色汽修”创建工作的意见》，率先在机动车维修行业推行《绿色维修指导书》。为了践行绿色维修，落实无锡市低碳交通运输体系试点城市的建设目标，公司在汽车城搬迁之初，就以“加强节能减排，发展绿色汽修”为宗旨，按照《绿色维修指导书》的要求，整体规划了具有绿色环保汽车维修服务特征的现代化大型汽车城。项目积极推广应用绿色机电维修、绿色钣金修复、绿色涂漆、废弃物处理与回收、洗车水循环利用等先进技术，节约了能源与资源，减少了环境污染，提高了维修效率和服务质量。公司采用集约化管理，通过严格各项制度，规范维修作业行为，将5S管理落实到生产的各个环节，有效提高了员工节能环保意识，鼓励一线员工发明创新，使公司的执行力和后劲得到了极大提升，在实现经济效益的同时带来了节能减排的社会效益。

2. 项目评价

(1)项目先进性和技术成熟度评价

项目采用的绿色维修设备均为成熟定型产品，产品技术处于国内领先水平。

(2)项目节能环保潜力评价

项目年替代汽、柴油燃料消耗263吨标准油，减少 CO_2 排放约900吨，节约用水约1.5万吨，集中供气节电约20%，水溶性漆的应用可减少VOC排放50%。节能与环保潜力显著。

(3)项目经济效益评价

项目设备投资1800万元，投资回收期3～4年，经济效益显著。

(4)项目的推广应用条件

项目可在新建维修企业广泛推广应用，也可在现有维修企业通过技术改造推广应用。

(5)项目推广价值评价

项目具有很高的推广应用价值。

3. 问题及建议

水溶性漆使用范围较小；超声波清洗、汽车烤喷等设备有待更好地集中优化利用；项目的推广应用需得到政府的政策和资金支持；项目实施单位需完善稀料回收再利用方法；应科学选择节约量计算参比物。

(十一)轨道交通地下车站通风空调系统节能环保技术应用(上海申通地铁集团有限公司)

1. 项目概述

轨道交通地下车站内部空间广、发热量大，为维持其热环境，通风空调系统的风机、冷水机组、空调机组的装机容量较大。根据上海轨道交通运营线路的能耗统计数据分析，地下车站通风空调系统能耗占车站总用电量的50%～60%，占整个轨道交通能耗的25%～30%，系统用电成本占运营成本约30%，对轨道交通运营经济性影响较大。因此，降低通风空调系统能耗对轨道交通车站的节能具有十分重要的意义。

实施单位于2010年1月至2011年10月期间，先后在上海轨道交通的1、2、4、6号线及10号线部分地下车站的通风空调系统，开展了车站通风系统智能控制技术、车站空调水系统变流量智能控制技术和AOP高级氧化循环冷却水处理技术的应用，在满足地下车站新风量和环境调节需求的同时，取得了较好的节能效果，并具有良好的经济和社会效益。

2. 项目评价

(1)项目先进性和技术成熟度评价

地下车站空调通风系统智能控制技术先进成熟；地下车站空调水系统变流量智能控制技术与AOP高级氧化循环冷却水处理技术处于国内领先地位。

(2)项目节能环保潜力评价

项目应用通风系统智能控制技术、空调水系统变流量智能控制技术和AOP高级氧化循环冷却水处理技术的节电率分别约为60%、24%和4%。项目节电潜力明显，同时也可有效减少COD排放量。

(3)项目经济效益评价

通风系统智能控制系统,共37个试点站,总投资约1642万元,投资回收期约4年;空调水智能控制系统,共8个试点站,总投资约643万元,投资回收期约3.6年;AOP高级氧化循环冷却水处理系统,共5个试点站,总投资约148.1万元。项目综合投资回收期3~4年,经济效益显著。

(4)项目的推广应用条件

本项目可在轨道交通地下车站推广应用,其中既有地下车站技术改造应充分考虑系统现场条件,如设备安装空间、功能配置及与相关系统接口关系等。AOP高级氧化循环冷却水处理技术的应用应考虑气候、水质等地域差异。

(5)项目推广价值评价

项目广泛适用于国内轨道交通地下车站通风空调系统,有较好的推广前景。

3.问题及建议

进一步完善通风系统智能控制;空调水系统智能控制尚需进一步积累数据,继续优化控制方案;项目系统集成度有待提高;推广应用单位宜将项目智能控制系统纳入车站综合监控系统,并考虑其对相关既有系统的影响;建议尽快研究编制轨道交通地下车站空调系统节能控制相关技术规范;建议行业主管部门加大对轨道交通节能减排技术推广应用的政策与资金支持力度。

(十二)长江新型325TEU节能集装箱船推广应用(重庆长江轮船公司)

1.项目概述

加快发展内河航运是国家交通重要发展战略,也是发展综合交通运输体系的必然要求。长期以来,我国内河运输船队装备落后、单耗高、污染重,不适应交通运输行业节能减排要求。重庆长江轮船公司作为中外运长航集团下属,专门从事长江干线集装箱运输的骨干企业,为转变发展方式,打造绿色航运,在集团总部的关心支持下,经过反复试验和科技攻关,研制成功了一批标准集装箱船,改善了公司船队结构,降低了集装箱运输燃油单耗,取得了显著的经济效益和节能减排效益。

2.项目评价

(1)项目先进性和技术成熟度评价

新建325TEU集装箱船优化了船舶设计航速、主机功率配置、机桨匹配和船体设计,采用节能型主机、轴带发电机,优选低油耗发电机组等产品,船型尺度属于标准船型,船舶燃料消耗指数低于《营运船舶燃料消耗限值及验证方法》规定的第二阶段限值要求,项目技术先进成熟。

(2)项目节能与环保潜力评价

2010年9月至2011年8月,陆续投入运营的12艘新建325TEU集装箱船完成周转量16685780(100吨公里),年节能量折算标准煤4330吨,减少CO_2排放量10637.51吨,减少SO_x排放量71.45吨,减少NO_x排放量67.55吨,减少烟尘排放量41.57吨,节能与环保潜力较大。

(3)项目经济效益评价

该类船型单船投资1280万元,12艘船总投资15360万元,投资回收期约7年,项目经济效益显著。

(4)项目的推广应用条件

本项目通过设计航速的选择,机桨匹配的优化,主机和发电机组的优化选型等技术手段,普遍适用于内河新建运输船舶的节能降耗。

(5)项目推广价值评价

项目船型适航于长江干线全线,有较好的推广前景。

3. 问题及建议

应进一步总结该类船舶推广应用的航行条件、流速的限制条件等;新建325TEU集装箱船减少了功率储备,推广中要结合当地的航行条件,充分考虑船舶航行安全问题;应总结出针对该类船舶推广应用的航行条件、流速的限制条件等,以便于进一步推广;在推广技术节能的同时应配合管理节能,以进一步提高节能效果。

(十三)"富强中国"轮使用岸电项目(河北远洋运输集团股份有限公司)

1. 项目概况

推广靠港船舶使用岸电技术是交通运输部近期节能减排重点工作任务之一,该项目"利国、利民、利港、利航"。河北远洋运输集团作为推广靠港船舶使用岸电技术的先行者,具有高度社会责任感,积极建设绿色航运,与连云港港口集团共同研制了"高压变频数字化船用岸电系统"。2011年9月在所属"富强中国"大型散货船上安装、调试成功"岸电"设备,并得到中国船级社的认可。

2. 项目评价

(1)项目先进性和技术成熟度评价

"富强中国"轮采用的岸基电源高压上船供电方案,具有"全自动数字化控制、变压变频、高压上船、不间断供电、操作简便"等特点,能适应高温低寒、意外断电、过载冲击等各种恶劣工况,技术先进成熟,处于国内领先水平。

(2)项目节能环保潜力评价

项目每年替代燃油268吨、减排CO_2 850吨、$SO_2$21.4吨、NO_x24.1吨,节能环保效果显著。

(3)项目经济效益评价

该项目总投资约600万元,其中设备投资约300万元,投资回收期约10年,年可节约燃油成本57万元,且船舶使用岸电技术大范围推广,船舶岸电设备价格将有所降低,回收周期将缩短。

(4)项目推广应用条件

此项目的推广需要港口增加船舶供电容量以及投资,以扩大供电能力,同时供电企业也需要增加提高电网输送能力的投资。

(5)项目推广价值评价

适用于除液货船之外的大型船舶(船舶发电机装机功率在630千伏安以上),项目具有较高的推广价值。

3. 问题及建议

高压变频产品应不断完善,形成适用于不同容量、不同电压等级的系列产品;政府应出台相应的政策法规及统一技术规范;可首先在固定航线以及班轮公司推广,进而再扩展到散货船和油船等所有船型,按"先国内船舶、后国际船舶"的原则进行;国家出台鼓励政策和资金扶持措施,促进港口和船舶尽快配备岸电设备。

(十四)船舶能效管理(大连远洋运输公司)

1. 项目概况

发展绿色航运是我国实施应对气候变化国家战略的重要组成部分,同时也是航运企业提高国际竞争力的重要途径。2011 年 7 月,国际海事组织(IMO)通过了 MARPOL 公约附则六修正案,EEDI/SEEMP 将成为强制性措施,势必给我国海运业的国际竞争力提出严峻挑战。大连远洋运输公司作为中远集团(COSCO)旗下专门从事液体散货运输的骨干企业,为落实科学发展观,打造绿色航运,提高国际竞争力,基于长远发展及社会责任的双重使命感,在集团总部的关心支持下,根据中国船级社(CCS)发布的《船舶能效管理认证规范》,率先编制了《公司能效管理计划》(CEEMP)和《船舶能效管理计划》(SEEMP),并取得了中国船级社(CCS)颁发的能效管理证书,成为国内第一家取得 CCS 能效管理体系认证的航运公司。目前,该公司建立的能效管理体系已实施一年有余,改进了公司对整个船队的能效管理,突出了航运企业的节能特点,实施了一批节能技改项目,取得了显著的成果。

2. 项目评价

(1)项目先进性和技术成熟度评价

大连远洋运输公司编制的 CEEMP 是对船舶实施能效管理的纲领性文件,确定了公司年度节能减排目标和指标,明确了"计划、执行、监测、自我评估和改进"的方法。SEEMP 是船舶能效管理的指导性文件,包括船舶能效管理基本框架和船舶能效管理措施两部分内容。所编制的体系文件符合相关规范要求,能够同国际能源管理接轨,为日后加入国际碳交易市场做了技术准备,技术先进成熟。

(2)项目节能环保潜力评价

以 14 艘实施滑阀改造的项目为例,实施能效管理体系以来,共节约燃油 12668.90 吨,折合标准煤 18098.79 吨,节能减排效益显著。

(3)项目经济效益评价

14 艘船舶的滑阀改造设备投资 637.4 万元,据统计数据,共节约燃油 12668.90 吨,燃油均价按 6734 元/吨计算,则共节约资金约 8531 万元。

(4)项目的推广应用条件

在船舶能效管理体系建设及实施阶段需配备专门组织机构及能源管理人员。在节能技术应用及设备更新方面,各航运公司需根据自身情况提供相应的资金支持。

(5)项目推广价值评价

项目适用于国内所有航运公司,推广价值较高。

3. 问题及建议

企业实施此项目应从高管和整个管理团队的理念转变开始;CEEMP 和 SEEMP 的实施中涉及船舶设备、技术的改造,所需资金较大,政府应给予一定的资金支持。

(十五)轮胎式集装箱龙门起重机采用锂电池供电(上海国际港务(集团)股份有限公司)

1. 项目概述

因使用高架滑触线存在 ERTG 转场不便、不能几台同时近距离作业、滑触线受电杆"掉辫子”、仍有雷击隐患、初期投资大等问题,仍需保留一定数量以柴油发动机为动力的 RTG。如何在保持 RTG 原有机动性和使用特点的前提下,实现绿色、低碳运行成为一项迫在眉睫、亟待解决的课题。上海港与振华港机共同研发改造的锂电池供电 RTG,即采用大容量锂电池作为 RTG 转场时的主要供给电源,替代原有大柴油发电机组。由锂电池组直接给 ERTG 整机变频器上的直流母排提供工作电源,锂电池的充电电源为 50 千瓦柴油发电机组或外部电源,与此同时,势能也可回馈至锂电池组。2011 年上港集团明东公司投资 120 万元,改造了 1 台 RTG。以小功率柴油发电机组取代大功率柴油机组,既保持了原有 RTG 转场的机动性,又大大减少了 RTG 的维修工作量和维修费用,基本消除了大柴油机组的排放污染,对于码头的节能减排和降低运营成本具有重大意义。

2. 项目评价

(1)项目先进性和技术成熟度评价

项目技术成熟、国际领先。

(2)项目节能环保潜力评价

大功率锂电池节能 RTG 与常规 RTG 相比,其节油效果可达 65% 以上,按照每台常规 RTG 一年操作 12 万集装箱,每箱平均油耗 0.87 升计,一年每台节能轮胎吊能节省燃油约 6.8 万升。动力源为新能源锂电池,大大降低了 RTG 对燃油消耗和依赖,同时减少了大功率柴油机对环境的污染。

(3)项目经济效益评价

按每台改造费用 120 万元计,投资回收期为 2.4 年;按每升燃油 7.4 元计,一年每台节能轮胎吊能节省燃油费用约 50 万元,经济效益明显。

(4)项目的推广应用条件

适用于场地不规则、或场地较小的码头;适用于配电能力不够、电力缺乏的码头;适用于初期投资有限、时间紧迫的 RTG“油改电”工程。

(5)项目推广价值评价

可在专业集装箱码头进行推广应用,推广价值较高。

3. 问题及建议

进一步细化大容量锂电池和充电小柴油机的计算和选型;锂电池价格较高,初期投资略高;进一步加大锂电池投入和研发力度,降低成本、提高使用寿命;急需制定大功率锂电池供电 RTG 的国家标准和行业标准;不断扩展应用范围。

(十六)装卸机械驾驶培训模拟装置应用(天津港有限公司、交通运输部天津水运工程科学研究院)

1. 项目概述

港口大型装卸设备司机的培训与再教育是港口行业安全、高效、节能运行的基本保障,师傅带徒弟的传统培训模式已不能适应企业快速发展的需要,如何提高司机培训的质量和效率是一项迫在眉睫、亟待解决的课题。天津港根据自身发展需要,于 2004、2010 年先后引进了两套全景仿真港口装卸机械驾驶培训模拟装置,总投资 1157 万元。该装置具有模拟岸桥、场桥、门机等多种港口装卸机械操作功能,可真实模拟现场操作环境。以该装置为核心,编制了与之相适应的培训教材。2011 年 4 月至 2012 年 4 月,共计完成各项培训 2433 人,培训后专业素质过硬的学员,现场工作适应能力强,满足了实际培训的需要,保障了生产一线运营安全、高效、节能。

2. 项目评价

(1)项目先进性和技术成熟度评价

港口装卸机械驾驶培训模拟装置是国际上仿真模拟操作理想的培训教学设备,它可以满足多种起重机的培训要求,项目技术成熟、国际领先。

(2)项目节能环保潜力评价

模拟器装置改变了传统培训模式,降低了实操能耗。2011 年 4 月至 2012 年 4 月,共计完成各项培训 2433 人,实现节能 4157.4 吨标准煤,节能环保效果显著。

(3)项目经济效益评价

本项目总投资 1157 万元,相比传统培训模式,不计算间接节约能耗费用,投资回收期为 5 年,经济效益明显。

(4)项目的推广应用条件

应具备较为固定的培训场地;应具备相对固定的师资队伍;应有与企业工作需求相适应的教材。

(5)项目推广价值评价

可在专业港口培训驾驶机构和大型综合性港口推广应用。

3. 问题及建议

该模拟装置初期投入较高、设备国产化率低;目前该装置主要用于岸桥、场桥和门机驾驶模拟培训,应不断扩展完善模拟装置功能,扩大培训范围;政府对模拟器推广给予资金支持,并支持设备国产化研究;应制定相关行业培训标准。

(十七)集装箱码头牵引车“一拖双挂”运输模式应用(宁波港吉码头经营有限公司)

1. 项目概述

集装箱码头运输车辆的水平运输模式对集装箱船舶装载效率和在港停泊时间至关重要。“一拖双挂”的运输模式与国内目前的半挂车运输模式相比,在提高设备效率、减少操作人员、实现节能减排等方面具有明显优势。宁波港港吉码头结合自身的道路、堆场、码头面等通行情况,2010 年上半年在限定区域的集装箱水平运输中应用了“一拖双挂”运输模式。一年多来,已完成了样车研发、单台试验、技术与安全定型、作业线编组运行等工作,进入实施阶段。到目前为止,已经投入 12 辆牵引拖车,从技术及工艺上优化了车辆技术性能,配备了较为完善的安全保护装置,形成了系统的安全操作规范,完成了对节能减排与经济效益分析的各类数据统计等工作。

2. 项目评价

(1)项目先进性和技术成熟度评价

集装箱的“一拖双挂”是指在有效牵引力范围内,由一个牵引车拖挂两个挂车的运输组织模式,该模式理论成熟、技术先进。

(2)项目节能环保潜力评价

实践证明,该模式能有效提高作业效率、减少设备投入、节约运营成本。项目自2011年7月至2012年4月运行10个月,共完成作业量497477TEU,节约柴油193028.35升,折合标准煤242吨,减少CO_2排放523吨。与半挂车运输模式相比,"一拖双挂"模式可降低单位标箱能耗35%左右。

(3)项目经济效益评价

项目车辆改造总投资226万元,投资回收期约13个月,项目经济效益显著。

(4)项目的推广应用条件

"一拖双挂"运输模式的应用需得到政府相关部门的许可;集装箱码头道路条件和作业空间需满足"一拖双挂"车辆通行条件;具备完善的"一拖双挂"车辆安全操作规程;具备与"一拖双挂"运输模式相适应的信息管理系统。

(5)项目推广价值评价

项目具有较好的推广价值,适合在大型专业集装箱码头推广应用。

3. 问题及建议

集装箱码头港区内"一拖双挂"运输模式目前尚未出台相关引导政策;信息化管理系统应加快完善,以适应"一拖双挂"模式在港区内的应用;项目应用单位应结合自身情况,优化"一拖双挂"运输模式作业量的占比,以实现经济效益与节能减排效果的协同;行业主管部门对项目的推广应用应给予政策与资金支持。

(十八)矿石卸船机综合节能技术改造项目(日照港集团有限公司)

1. 项目概述

日照港矿石码头一期、二期工程共配置6台桥式抓斗卸船机,每年完成约5000万吨矿石装卸量,是散货码头生产电力消耗最大的设备。为降低生产成本,减少能源消耗,日照港于2011年成功完成了6台卸船机的综合节能技术改造,主要包括卸船机电气室换热系统,风、光发电照明系统及LED灯具应用改造三部分内容。项目实施后,卸船机辅助生产用电大幅降低,每年可节约电能约73.5万千瓦时。

2. 项目评价

(1)项目先进性和技术成熟度评价

卸船机电气室换热系统利用室内、外温差,通过换热装置的强制驱动进行热能置换,实现室内热空气与室外冷空气的热量交换,可部分替代空调制冷,降低电能消耗。风、光发电照明系统充分利用风能、太阳能等可再生能源节约电能。项目技术成熟可靠。其中,卸船机电气室换热系统已获得国家专利,达到国内先进水平。

(2)项目节能环保潜力评价

6台卸船机综合节能技术改造项目实施后,每年可节电约76.5万千瓦时,节约电费近80万元,实现节能量254.7吨标准煤,节能环保效益显著。

(3)项目经济效益评价

每台卸船机改造费用30.88万元,总投资为185.3万元。经过一年多实际运行,每年可节约用电成本约79.4万元。经测算,该项目静态投资回收期为1.8年,经济效益良好。

(4)项目的推广应用条件

卸船机电气室换热系统技术适宜在室内外温差较大的气候条件下应用,在北方地区应用效果较好;风、光发电照明系统适用于风力资源较好和阳光充足的地区,一般沿海港口均可使用。

(5)项目推广价值评价

在沿海港口具有较强的推广应用和示范价值。此项目不仅可以在卸船机上实施,且可推广至岸边集装箱起重机、装船机等类似的大型装卸机械。

3. 问题及建议

应根据卸船机辅助生产照明实际用电量需求,合理配置蓄电池;该项目的节能技术可延伸至大型港机的设计制造阶段,从源头实现节能减排;在实施此类节能技术改造时,应根据各自设备状况做好技术改造的前期论证工作,先试点后推广,确保改造项目的实际效果;进一步加强系统的集成化控制研究;政府对项目实施给予资金支持。

(十九)绞吸挖泥船施工仿真模拟系统(中交天津航道局有限公司)

1. 项目概述

交通运输行业中的施工船舶是柴油消耗大户,有责任通过技术革新和理念创新为完成行业节能减排目标贡献力量。绞吸挖泥船是疏浚企业的主要用能设备,施工船舶驾驶员和高级技术人员的操作水平及工艺优化能力对工程的质量效益影响十分显著。

为此,项目实施单位针对3种大型绞吸挖泥船、5类(0~15级)土质开发应用了一套绞吸挖泥船施工仿真模拟系统。该系统提供了船舶、土质、地形、输送参数等多种关键参数的设定端口,实现了仿真模拟平台与实船操作的无缝对接。项目于2008年实施开发,2011年3月完成验收,应用期间效果良好。

2. 项目评价

(1)项目先进性和技术成熟度评价

该系统采用多通道环幕投影与1:1实物驾控台通过虚拟现实与数模计算、数据采集、控制和传输技术有机结合,针对绞吸挖泥船的结构、原理、工作流程等特点,对绞吸挖泥船施工各重要环节建立数学模型,实现了施工环境、过程的真实再现,从感官和施工作业等物理行为上模拟绞吸挖泥船现场施工环境和设备操作等施工生产全过程。项目在第十九届世界疏浚大会上荣获特等奖,达到了国际领先水平。2009年至2010年已有263名驾驶员通过了培训考核,项目技术成熟可靠。

(2)项目节能环保潜力评价

该系统的应用,为绞吸挖泥船驾驶员的培训和施工操作水平的提高提供了平台,在大量节约柴油的同时,减少了机械设备的磨损和温室气体的排放。项目节能环保效果显著。

(3)项目经济效益评价

项目投资额576万元,投资回收期0.26年,效益良好。

(4)项目的推广应用条件

该系统须采集大量现场工程数据,培训单位应具备相关技术培训能力。

(5)项目推广价值评价

该系统适用于绞吸挖泥船驾驶员和高级工程技术人员岗位培训,并在施工工艺优化、施工船舶合理安排、工程产量预测、成本预算和定额考核等方面为企业决策提供支持。

3. 问题及建议

应组织专家为该系统编写相应培训教材，增强培训的系统性、计划性；应不断增强数据采集的科学性，逐步实现数据采集规范化、标准化、流程化管理，进一步提高企业的数据管理能力；行业应尽快建立相应操作规范及培训标准；政府应给予资金补助以支持项目推广；项目适合向行业内有相关需求的企业和人员提供培训服务。

（二十）PHC 管桩免高压蒸养节能技术应用（中交三航局第三工程有限公司）

1. 项目概述

近年来，随着国内水运工程建设的高速发展，PHC 管桩因具有较好的力学性能和性价比而得到广泛应用，PHC 管桩的需求量逐年增加，市场已经呈现供不应求的局面。在国家实施节能减排战略的大背景下，该领域亟须通过理念创新与技术革新，为 PHC 管桩制造企业降本增效，提高核心竞争力，为节能减排做出积极的贡献。

传统管桩生产采用常压蒸养 + 高压蒸养模式，在管桩离心成型后先进行常压蒸养，拆模后把管桩置于高压釜中进行高压蒸养（压力 1.8 兆帕，温度 180 摄氏度）。免高压蒸养技术的应用通过混凝土配合比优化、温度控制等技术手段，取消了高压蒸养步骤，变二次蒸养为一次蒸养，简化了工艺流程，大幅度降低了制桩过程中蒸气的消耗，减少了进出高压釜所需龙门吊等设备的使用，也相应减少了电力消耗。

2. 项目评价

（1）项目先进性和技术成熟度评价

中交三航局 1987 年从国外引进 PHC 管桩生产技术，通过免高压蒸养技术的创新应用，在管桩制造技术上已经达到了国内领先、国际先进水平。免高压蒸养应用项目通过技术手段优化 PHC 管桩制造工艺，在保证 PHC 管桩质量的同时，全面提高了管桩的综合性能，降低了能源消耗，并已经在太仓港三期工程码头、南京龙潭港码头和常熟华能电厂码头等工程成功应用，技术成熟可靠。

（2）项目节能环保潜力评价

与传统工艺相比，该技术的应用使 PHC 管桩制造过程中节约燃煤 0.04 吨/立方米，节约电力 1.7 千瓦时/立方米，合计 0.03 吨标准煤/立方米，减少 CO_2 排放 0.08 吨/立方米，2011 年生产 PHC 管桩混凝土 67304 立方米，年节能量 2059.56 吨标准煤，节能环保效果显著。

（3）项目经济效益评价

项目总投资 795 万元，PHC 管桩高压蒸养所用高压蒸气全部来源于燃煤锅炉，免高压蒸养项目年节约燃煤和电力费用合计 238 万元，投资回收期约 3.3 年，经济效益明显。

（4）项目的推广应用条件

具备先进的蒸养工艺制度和控制设备系统；应用高性能混凝土添加剂，并具备合理的混凝土配合比；具有能适应免高压蒸养工艺所需的堆场面积。

（5）项目推广价值评价

该项目适合在 PHC 管桩生产企业中推广应用。

3. 问题及建议

实施新工艺会在一定程度上改变原生产线的布局、设备配置、工序流转，管桩出厂前的存放时间略有延长，堆场面积要求较大；若水泥、砂石料和减水剂等产品质量及稳定性等方面存在不足，会对本工艺的实施效果造成一定的不利影响；要加大宣传力度和广度，让管桩企业了解新工艺的好处，从而接受和应用新工艺；行业主管部门应加强对原材料供应商的质量监管；尽快建立免高压蒸养工艺相关的规范标准，对项目推广给予政策与资金支持。

专项资金管理篇

一、管 理 综 述

2012年,中央财政投入专项资金5亿元,对公路水路交通运输节能减排291个项目给予“以奖代补”。其中,一般性项目280个,区域性主题性项目2个,能力建设项目9个。

交通运输节能减排项目管理中心在部政策法规司的领导下,通过深化中心定位、加强制度建设、完善评审程序、创新管理方式,不断增强专项资金的外部效应。在加强制度建设方面,出台了《交通运输节能减排第三方审核机构认定暂行办法》、《交通运输节能减排专项资金支持区域性、主题性项目实施细则(试行)》、《交通运输节能减排能力建设项目管理办法(试行)》等管理办法,编制了2012年度的《交通运输节能减排专项资金申请指南》,制定了20多项“交通运输节能减排专项资金支持项目节能减排量及投资额核算方法”,初步完成了项目管理制度体系的构建。在完善评审程序方面,形成了申请单位填报的材料必须经过省(区、市)交通运输和财政主管部门初审、第三方审核机构审核中心的形式审查、专家评审会评审、现场核查、部节能减排与应对气候变化工作办公室复核、部政府网站公示、部节能减排领导小组审定等审查程序,最大限度地保证了项目补助的公平、公正、公开。在创新管理方式方面,除以单个项目为单位进行“以奖代补”的一般项目补助方式外,建立了“立项评审、资金使用、过程跟踪、项目验收”的项目管理模式,陆续开展了以城市、港口为实施主体的区域性主题性项目。此外,还开展了以行业节能减排统计监测考核评价标准为主要研究内容的交通运输节能减排能力建设项目,丰富了专项资金支持领域,更好地发挥了专项资金的引导作用和对行业管理的支撑作用。

在专项资金的引导下,全行业绿色低碳发展意识不断增强,节能减排工作机构、人员、经费等工作机制和保障措施不断完善,交通运输产业结构和能源结构得到优化,行业节能减排管理和创新能力得到提升,有效推动了交通运输转型升级,专项资金引导作用初步显现。

二、一般性项目成果

一般项目的受理和评审分两批进行。第一批申请项目共收到253个,其中177个项目通过形式审查。2012年2月21日至23日,经过专家评审,89个项目通过评审并进行了公示。第二批申请项目共收到407个,其中308个项目通过形式审查。2012年7月1日至4日,组织召开了第二批申请项目专家评审会。经过专家评审,191个项目通过评审并进行了公示。2012年度共有280个一般项目通过评审获得补助,补助金额为42965万元。这些项目中可以直接核算节能量的项目为134个项目,所形成的年度节能量达到15.8万吨标准煤和替代燃料26.2万吨标准油,减少CO_2排放量达到69.9万吨;随着天然气等清洁能源的大规模使用,大大减少了氮氧化物等污染物排放,营造了良好的生活环境。其余146个项目为营运车辆和港口智能化运营管理系统应用、内河船舶免停靠报港信息服务系统应用、公众出行信息服务系统应用、交通运输节能减排统计监测考核体系建设等交通运输管理与服务能力建设类项目。这些项目虽然节能减排量不能准确计算,但其节能减排的效果和效益是明显的。如公众出行服务系统在减少公众出行的盲目性、降低车辆空驶率、优化车辆运行线路、提高车辆生产效率等方面发挥了重要作用,间接节能减排效益明显;更重要的是通过提高交通运输行业整体信息化水平,为节能减排工作提供了有力的管控手段,使交通企事业单位的节能减排工作上升到新的水平。

(一)公路基础设施与运营领域

1. 公路、桥梁、隧道及沿线设施节能照明技术应用

(1)山西省高速公路管理局"山西省高速公路收费站、服务区广场照明节能改造工程"项目

该项目补助额度为45万元。其分别对所属太原高速公路公司16收费站2个服务区广场照明进行了改造,安装了节能无极灯具740套;运城高速公路公司26个收费站的顶棚照明由金属卤化物灯改为LED灯,62个收费广场照明由高压钠灯照明改为风光互补LED节能灯。

(2)山西省高速公路管理局"山西省高速公路照明节能新建工程"项目

该项目补助额度为189万元。其分别在闻垣高速公路所属4座隧道、5个收费站和1处停车区、1个服务区的照明工程采用了LED灯;长安高速公路长治环城段3座隧道照明采用低频无极灯;忻阜高速公路5条隧道照明工程采用高频电磁灯。

(3)辽宁省高等级公路建设局"丹东至海城高速公路隧道LED灯具节能技术应用"项目

该项目补助额度为88万元。丹东至海城高速公路项目全长143.1公里,沿线共设置罗圈背、旧岭、杨家堡等7座隧道,单洞总长度达15.43公里。项目选定了多家业内信誉优良企业作为LED灯具产品的供应厂家,为全省实现LED灯具的大规模推广奠定了坚实基础。

(4)辽宁省高速公路管理局"辽宁省高速公路服务区收费站广场照明节能改造"项目

该项目补助额度为41万元。辽宁省高速公路管理局对6条高速公路19个服务区的广场、8条高速公路的60个收费站、新开通线路的23个服务区9个收费站,共计应用900瓦微波离子灯905盏。

(5)山东高速青岛公路有限公司"LED护栏灯在青岛海湾大桥中的应用"项目

该项目补助额度为59万元。山东高速青岛公路公司根据青岛海湾大桥所处的地理环境条件,研发了护栏灯这一综合照明系统,不仅满足桥梁功能照明的需求,而且兼顾景观照明的功能,实现了舒适、安全、环保、节能减排的照明效果。

(6)许昌市公路管理局"G311线许昌至鄢陵段改建LED路灯亮化工程"项目

该项目补助额度为35万元。国道311线许昌至鄢陵段改建工程,路线全长25.759公里。其主要包括:采用全永磁悬浮技术,能够微风启动、低风速发电的风力发电机的安装;光电转换效率高达16%的单晶硅太阳能电池组件的安装;智能控制装置的安装;光源的安装。

(7)株洲市交通发展集团有限公司"株洲莲易高等级公路节能照明技术应用工程"项目

该项目补助额度为34万元。株洲莲易高等级公路全长9.72公里。本项目在全线中央绿化带内安装双挑臂风光互补LED路灯294盏,匝道安装单挑风光互补LED路灯81盏。田红桥、田林桥与大坡里桥共安装LED护栏灯573套。全线辅道安装了100盏LED路灯,4盏LED高杆灯。

(8)青岛国信胶州湾交通有限公司"青岛胶州湾隧道LED灯照明工程"项目

该项目补助额度为64万元。胶州湾隧道全长约7800米。主隧道照明采用的是LED照明,隧道内共设置了7076盏LED照明灯,其中70瓦的LED照明灯为5532盏,140瓦的LED照明灯为1544

盏，调光控制箱22台。

(9)深圳高速公路股份有限公司“深高速路灯照明工程”项目

该项目补助额度为91万元。公司采用合同能源管理方式实施节能光源项目，选用LED灯源作为节能光源，合同能源管理期限为45个月，质量保证期为LED灯开始运营后5年。

2. 可再生能源在公路建设与运营中的应用

(1)青红高速公路管理处“地源热泵技术在青兰高速公路房屋建设中的应用”项目

该项目补助额度为100万元。项目采用地源热泵系统为青兰高速公路邯郸段管理处、收费站、服务区、隧道管理所等场所，包括馆陶收费站、馆陶服务区、吕营收费站、肥乡服务区、肥乡收费站等，总面积约62000平方米。

(2)辽宁省高速公路管理局“辽宁省高速公路收费亭红外辐射供暖节能技术应用”项目

该项目补助额度为53万元。2010—2011年共计更新京沈高速沈阳至万家段的沈阳西站和万家站(含匝道站)的收费亭45个、沈海高速公路苏家屯站等110个收费站的717个收费亭、盘营、丹锡等6条高速公路的27个收费站154个收费亭、改扩建和新开通线路的40个收费站的229个收费亭，总计1145个收费亭。

(3)昆明城建投资开发有限责任公司“环湖南路风光互补路灯工程”项目

该项目补助额度为56万元。项目路线长40.474公里，采用全永磁悬浮风光互补路灯，共计安装风光互补路灯1945基，太阳能护栏灯697套。

3. 温拌沥青技术应用

(1)云南省公路开发投资有限责任公司“云南楚雄—大理(大理段)、玉溪—元江高速公路路面维修养护专项工程温拌沥青技术”项目

该项目补助额度为76万元，项目总投资60838.5万元。云南楚雄—大理高速公路(大理段)、云南玉溪—元江高速公路路面维修养护工程于2010年实施，在上面层和局部中面层中采用了温拌沥青技术。2011年11月完工。项目节能1200toe。

(2)北京市首都公路发展集团有限公司“北京市六环京沈路大修工程温拌沥青应用”项目

该项目补助额度为30万元。2010年公司对六环路部分段落进行了路面铣刨、加铺处理，并在六环大修罩面工程中表面层SMA－13使用温拌沥青技术。

(3)徐州市公路管理处“104国道徐州北段改扩建工程使用温拌沥青”项目

该项目补助额度为30万元。路线全长36.402公里，采用一级公路技术标准建设，路面结构层设计采用5厘米中粒式温拌沥青混凝土(AC－16C)＋7厘米粗粒式沥青混凝土(AC－25F)＋36厘米水泥稳定碎石＋16厘米二灰稳定碎石。

(二)道路运输装备领域

1. 天然气车辆在道路运输中的应用

(1)冀运集团股份有限公司“天然气车辆在道路运输中的应用”

该项目补助额度为31万元。先后购进青年汽车JNP6122DCN－1和金龙海格KLQ6125BIC型大型高一级天然气客车共计30部，替代燃油客车，用于石家庄市西部城区至石家庄国际机场巴士项目的运行。

(2)廊坊市华昊运输集团有限公司"天然气车辆在旅客道路运输领域中的应用"项目

该项目补助额度为59万元。2010年至2011年共投入24部天然气车辆营运于廊坊至霸州、廊坊至固安、廊坊至胜芳、廊坊至三河、廊坊至文安等长途客运班线。

(3)河北保定交通运输集团有限公司"LNG汽车在道路运输领域的应用"项目

该项目补助额度为54万元。2011年3月至2011年12月,陆续投入5104万元购买88部LNG天然气客车投入保定—雄县、保定—廊坊、保定—涿州、保定—定州、保定—衡水、保定—石家统、保定—白沟7条城际公交线路及部分旅游线路。

(4)太原钢运物流有限公司"LNG汽车使用推广应用"项目

该项目补助额度为109万元。实施LNG车辆替代柴油车后,有效降低车辆燃料消耗成本,LNG费用通常比燃油汽车节约燃料费35%左右。与柴油车相比,LNG汽车的有害排放综合比率降低约85%。

(5)山西省晋城汽车运输有限责任公司"天然气车辆在道路运输中的应用"项目

该项目补助额度为48万元。自2010年1月至2011年12月,自筹资金4600多万元,购置120辆天然气发动机客、货运输车辆,用于生产经营。

(6)宝应县汽车运输总公司"天然气车辆在道路运输中的应用"项目

该项目补助额度为31万元。2011年5月至12月,改造更新了4辆天然气公交车和58辆道路运输天然气客车。

(7)江苏省镇江江天汽运集团有限责任公司"LNG天然气车辆在道路运输中的应用"项目

该项目补助额度为108万元。2011年更新使用LNG车辆77辆,替代燃料2032吨标准油。

(8)安徽省蚌埠市汽车运输集团有限公司"LNG清洁能源客车在公路客运中的应用"项目

该项目补助额度为30万元。购置LNG清洁能源客车14台,投入到蚌埠至铜陵、蚌埠至滁州、蚌埠至凤阳客运班线。

(9)龙口市第二汽车运输公司"天然气车辆在道路集装箱货物运输上的应用"项目

该项目补助额度为420万元。2011年4月至2012年1月,共新购或改装42辆LNG车辆,替代燃料3654.23吨标准油。

(10)龙口市远达物流有限公司"LNG货运车辆应用"项目

该项目补助额度为484万元。2011年7月至12月,共购进LNG车辆63台。LNG散货运输车辆主要提供港口疏港服务,运行区域集中在龙口—莱州—大官庄—潍坊—临淄—邹平沿线;LNG危化品运输车辆运行路线为龙口港—博汇厂家。

(11)龙口胜通集团有限公司"LNG在货运车辆中的应用"项目

该项目补助额度为760万元。2011年1月至12月,公司购进LNG燃气货运车辆47辆投入运营。

(12)山东省枣庄汽车运输有限公司"液化天然气(LNG)燃料在道路客运车辆上应用"项目

该项目补助额度为223万元。投资2502.2156万元于2011年4月分别购进LCK6859HC型燃气客车18辆、LCK6125HGC型燃气客车20辆、ZK6858HNA9型燃气客车12辆,投入"枣庄—滕州"、"枣庄—台儿庄"线路运营。

(13)滕州市国运长途汽车运输公司"天然气客车在道路客运中的应用"项目

该项目补助额度为47万元。公司2011年陆续在滕州至枣庄直达线、滕州至枣庄慢线、滕州至济南、滕州至济宁线路更新了33辆CNG客运班车。

(14)山东省济宁交通运输集团有限公司"天然气车辆在道路运输中的应用"项目

该项目补助额度为43万元。截至2011年底,共投资2095.82万元,投入41辆LNG客车和6辆CNG客车,替代燃料312.82吨标准油。

(15)山东滨州交运集团有限责任公司"天然气车辆在道路运输中的应用"项目

该项目补助额度为102万元。截至2011年12月31日,已采购LNG、CNG客运车辆50辆(其中LNG车辆41辆,CNG车辆9辆),分别投放到8条客运线路并实行集约化经营。

(16)山东省交通运输集团有限公司"首期液化天然气客车在道路运输中的应用"项目

该项目补助额度为43万元。截至2012年1月底,共购入60辆燃气客车,项目实际累计投资4500万元。

(17)烟台交运集团有限责任公司"天然气车辆在道路运输中的应用"项目

该项目补助额度为115万元。2010年9月至2011年底,相继在10条线路引入天然气车辆54部(LNG)。

(18)新乡市新运交通运输有限公司"天然气车辆在城乡城际道路运输中的应用"项目

该项目补助额度为219万元。自2010年4月开始,在新乡至安阳、新乡至洛阳等城际线路上,陆续投放15辆天然气车辆。

(19)焦作市交通运输(集团)有限公司"天然气车辆在道路运输中的示范作用"项目

该项目补助额度为39万元。截至2011年6月30日,先后应用31辆CNG汽车,取得了显著的经济效益和社会效益。

(20)青海平安汽车运输有限公司"天然气客车在道路运输中的运用"项目

该项目补助额度为145万元。截至2011年7月,更新了52辆天然气客车,替代燃料906.6吨标准油。

(21)海运集团乐都汽车运输有限公司"天然气车辆在道路运输中的应用"项目

该项目补助额度为170万元。自2010年实施以来,累计投入资金955.75万元购置了73辆CNG客车,每年可替代燃料1063.2吨标准油。

(22)青海瑞驰汽车运输有限责任公司"天然气客车在道路运输中的运用"项目

该项目补助额度为178万元。2010年12月至2011年12月,累计投入资金759.1万元购置了63辆CNG客车,每年可替代燃料1110.5吨标准油。

(23)宁波港集装箱运输有限公司"液化天然气(LNG)集装箱牵引车应用"项目

该项目补助额度为473万元。截至2011年年底,公司已投运LNG集卡102辆,其中LNG高速集卡30辆,偏置式LNG低速集卡72辆。

(24)开封市恒运汽车运输有限公司"中原绿色客运新干线——燃气车辆的应用"项目

该项目补助额度为109万元。2010年先后购置纯天然气客车26辆,改装成天然气客车139辆;2011年购置27辆纯天然气客车。

(25)重庆交通运输控股(集团)有限公司"区域性中心城市及城际间燃气汽车的应用"项目

该项目补助额度为939万元。公司选择重庆主城周边区县、渝西片区和以万州为中心片区作为区间班线重点推广区域，在2010至2011年期间更新CNG示范车辆253辆。

(26)瓜州县长鑫汽车运输有限责任公司“液化天然气(LNG)”车辆在道路

该项目补助额度为123万元。2011年2月至6月，共39辆天然气车先后投入运营。

(27)中国石油天然气运输公司“柴油车混合双燃料改装”项目

该项目补助额度为30万元。柴油天然气混合双燃料汽车的改装工艺主要包括：改装前的维修和基本调试、制作气瓶支架、安装气瓶支架、安装电控系统、连接高压管路、气密性试验、氮气置换、首次充装天然气、电控系统调试、道路运行试验等主要工艺。

(28)万合集团股份有限公司(原邯郸交通运输集团有限公司)“天然气车辆在道路运输中的应用”项目

该项目补助额度为387万元。2010年至2011年，公司选择5条城际公交线路，开展天然气车试点工作。共购置125辆CNG天然气客车，并与新奥集团公司合资成立了新奥邯运燃气有限公司，配套建设的4座CNG加气站，保证营运车辆的燃料供应。

(29)邢台交通运输集团有限公司“天然气车辆在道路运输中的应用”项目

该项目补助额度为236万元。截至2011年年底，公司购置天然气客车81辆，年替代燃料1460.15吨标准油。

(30)山西晨光物流有限公司“燃气重卡在物流中的应用”项目

该项目补助额度为258万元。公司在晋城地区现有煤层气汽车9000余辆。实施CNG/LNG车辆替代柴油车后，CNG/LNG费用通常比燃油汽车节约燃料费56%左右，有害排放综合比率降低约85%。

(31)内蒙古华油天然气有限责任公司“内蒙古华油天然气有限责任公司LNG重卡推广”项目

该项目补助额度为205万元。公司在内蒙古地区已投资建设3座LNG工厂和43座LNG加气站。截至2011年12月，共投入LNG重卡45辆。项目实施后实际替代燃料1101.59吨标准油。

(32)乌海市华通物业有限责任公司“乌海市华通物业有限责任公司LNG客车推广使用”项目

该项目补助额度为66万元。2011年公司购买15辆LNG客车。项目运行以来，每辆LNG客车每月平均运行1.125万公里左右，节约柴油236.25升。

(33)鄂尔多斯市新圣清洁能源科技有限公司“LNG(液化天然气)汽车在道路运输领域的应用”项目

该项目补助额度为80万元。2009年公司新购置天然气卡车50辆，从事伊金霍洛旗和准格尔旗的煤炭运输。经过两年多的实际营运表明天然气重卡动力强劲，续航里程可达300~500公里。

(34)大连经济技术开发区中山公共汽车有限公司“LNG车辆在道路运输中的应用”项目

该项目补助额度为129万元。该公司全部87辆燃油车辆，采取分批更换的解决方案，到2012年年底全部采用LNG车辆运营。

(35)常州公路运输集团有限公司“推广LNG客车，打造低碳道路客运”项目

该项目补助额度为202万元。2011年，公司购置天然气汽车40辆，投放到常熟、南通、张家港、扬州、淮安、无锡、泰州、泰兴8条班线进行运营。经测算，项目实施后共替代1084.85吨标准油。

(36)苏州汽车客运集团有限公司“天然气(LNG)替代能源车辆的推广使用”项目

该项目补助额度为244万元。苏汽集团2011年共购置了46辆LNG车辆，既实现了节能减排，

又提高了经济效益和社会效益。

(37)泰兴市汽车运输总公司“天然气车辆在道路运输中的应用”项目

该项目补助额度为61万元。截至2011年12月31日,公司共购置LNG汽车98辆。据统计,2011年替代燃料量380.06吨。

(38)南通汽运实业集团有限公司“天然气车辆在道路运输中的应用”项目

该项目补助额度为200万元。从2011年9月至2012年4月,公司共购置LNG客车101辆。

(39)江苏众捷物流股份有限公司“天然气车辆在道路运输上的应用”项目

该项目补助额度为79万元。截至2012年5月10日,公司共投入17辆燃气车辆。

(40)上虞市振能运输有限公司“天然气动力重型半挂牵引车的应用”项目

该项目补助额度为30万元。公司2011年共购置了4辆CNG动力重型半挂牵引车,10辆LNG动力重型半挂牵引车。

(41)安徽省宣城市安捷天然气运输有限公司“天然气汽车应用”项目

该项目补助额度为48万元。2010年该公司共将2辆燃油牵引车改用天然气,并计划采购5辆LNG清洁能源新车。

(42)安徽省阜阳市汽车运输集团有限公司“天然气车辆在道路运输中的应用”项目

该项目补助额度为92万元。截至2011年12月31日,公司实际新增、更新改造天然气客运车辆共计72辆。

(43)福建省泉州市交通运输集团有限责任公司“道路客运车辆推广使用天然气(CNG)”项目

该项目补助额度为49万元。公司于2010年至2011年间共购置20辆天然气车辆用于专线运营。

(44)福建中闽物流有限公司“福建中闽LNG物流槽运”项目

该项目补助额度为58万元。中闽物流公司LNG物流基地规划用地62.3亩,总建设面积41662平方米。公司采办了50辆大型进口牵引车与低温液体槽车,至今安全完成40多万吨LNG运输任务。

(45)福建闽运公共交通有限责任公司“液化天然气公交车应用并向道路运输推广”项目

该项目补助额度为974万元。公司拥有LNG公交车369辆,全部车辆正常运行情况下年替代柴油1500万升(折合1.9万吨标煤)。公司于2010年荣获全国交通行业第四批节能减排示范项目。

(46)漳平市钟利运输有限公司“液化天然气(LNG)重型货车运用”项目

该项目补助额度为137万元。公司2011年启动“油改气”工程,新上液化天然气(LNG)重型货车运用项目,项目占地面积30亩。

(47)淄博翔川运输有限公司“天然气车辆在道路运输中的应用”项目

该项目补助额度为109万元。公司自2011年6月份至9月份购买14辆LNG重型卡车。

(48)冠县第二汽车运输有限责任公司“天然气车辆在道路运输中的应用”项目

该项目补助额度为143万元。公司计划购置200辆LNG天然气汽车,第一批20辆于2010年6、7月份上路运行。

(49)山东中外运弘志物流有限公司“天然气车辆在道路运输中的应用”项目

该项目补助额度为30万元。公司于2011新购置天然气车5辆。经核算,5辆CNG车辆每年可

减少 CO_2 排放 137944.9 千克。

(50)淄博永驰运输有限公司“天然气车辆在道路运输中的应用”项目

该项目补助额度为 89 万元。截至 2011 年年底,公司已投入使用 19 辆 LNG 重型牵引车。同时,公司还投资 800 万元建设了一个 LNG 卡车售后服务中心和一座 LNG 加气站。

(51)山东长运企业集团有限公司“LNG 车辆在道路运输中的应用”项目

该项目补助额度为 30 万元。公司于 2011 年更新 9 辆 LNG 客车投入到客运班线的运营中。

(52)龙口市恒泰运输有限公司“LNG 货运车辆应用”项目

该项目补助额度为 201 万元。截至 2011 年年底,公司共完成 42 辆燃气车辆的投运,其中包括改造 32 辆燃油车辆,新购进并投运 10 辆新燃气车。

(53)莱州市大骋汽车运输有限公司“天然气车辆在道路运输中的应用”项目

该项目补助额度为 75 万元。该公司 2011 年 1 月至 2011 年 12 月底,共计投资 1228 万元,购置 LNG 营运客车 76 辆,全部投入营运,同时在莱州市申报和投建 1 ~ 3 处 LNG 加气站。计划 2013 年至 2015 年末,实现 LNG 车辆在道路客运业全面推广,其整体规模达到公司车辆总数的 80% 以上。

(54)山东莱芜交运集团长途客运有限公司“天然气车辆在道路运输中的应用”项目

该项目补助额度为 236 万元。在 2010 年度 110 辆 CNG 天然气客车运行状况良好、节能减排效果显著的基础上,公司于 2011 年 8 月更新 40 辆 LNG 客车,全部投入莱芜至济南、青石关等 12 条线路的运营。

(55)聊城交通汽运集团有限责任公司“天然气车辆在道路运输中的应用”项目

该项目补助额度为 148 万元。该公司于 2011 年 5 月至 12 月在区内 16 条城乡公交、城际公交和客运线路,发展天然气客车 77 辆。

(56)恒通物流股份有限公司“货运车辆智能化运营管理系统应用项目”项目

该项目补助额度为 927 万元。项目由 GPS 智能调度系统、远程监控系统、车载硬盘监控系统、TMS 管理系统组成。通过对车辆实施超速监控,吨公里燃料消耗量下降 3% ~5%;通过对货运车辆的监控、配载信息服务等,货车空驶率降低四个百分点,百吨公里油耗降低 3% 左右。

(57)新乡市公共交通总公司“天然气车辆在道路运输中的应用”项目

该项目补助额度为 52 万元。新乡市公交总公司积极推进天然气客车在线路上的运营,2010 年至 2011 年合计购天然气车辆 400 辆,其中 241 辆车投放到市郊区农村客运。

(58)信阳市运输集团有限责任公司“信阳—罗山客运班线天然气汽车更新改造”项目

该项目补助额度为 32 万元。公司于 2010 年在信阳至罗山班线更新投放 14 辆宇通 ZK6809HN 型客车,将该班线原柴油客车全部更新为 CNG 客车。

(59)四川南充汽车运输(集团)有限公司“天然气车辆在道路运输中的应用”项目

该项目补助额度为 115 万元。2010 年至 2011 年,公司在原有 350 辆天然气汽车基础上,新增(改装)压缩天然气车辆 92 辆。

(60)云南省金孔雀交通运输集团有限公司“天然气客车在道路运输中的应用”项目

该项目补助额度为 63 万元。2010 年 11 月金孔雀交通运输集团有限公司开工建设 LNG-CNG 加气站振兴路加气站,面积约 4982 平方米的土地,投资 900 万元。2010 年 12 月起,公司投入 1005 余万元购买了 37 辆天然气车,分批投入运营。

(61)陕西平安运输集团有限公司“天然气车辆在道路运输中的应用”项目

该项目补助额度为289万元。公司先后投资1860.59万元,购置天然气车辆238辆。

(62)陕西五环客运有限公司“天然气车辆在道路运输中的应用”项目

该项目补助额度为209万元。公司先后投资2154.5万元,购置车辆51辆。

(63)灵武市兴隆客运有限责任公司“天然气车辆在道路运输中的应用”项目

该项目补助额度为145万元。公司更新新型燃气车辆7辆、实施“油改气”37辆。

(64)灵武市城乡公交有限公司“天然气车辆在道路运输中的应用”项目

该项目补助额度为134万元。截至2011年末公司共对70辆柴油客车实施“油改气”,并购置7辆纯天然气客车。

(65)石嘴山市顺运运输有限公司“天然气车辆在道路运输中的应用”项目

该项目补助额度为100万元。公司拥有班线车52辆,较规模地应用了CNG汽车,缓解燃油紧张状况,减少了碳氧化合物排放量,CO排放量降低90%。

(66)吴忠市客车运输有限公司“天然气车辆在道路运输中的应用”项目

该项目补助额度为33万元。公司更新新型燃气车辆60辆、实施“油改气”83辆。

(67)宁夏利源交通集团有限公司“天然气车辆在道路运输中的应用”项目

该项目补助额度为117万元。公司新购天然汽车33辆,改装28辆。

(68)新疆天顺供应链股份有限公司“(LNG)液态天然气车辆在道路运输中的应用”项目

该项目补助额度为212万元。公司于2010年9月以分期付款方式新增液化天然气为燃料的陕汽德龙2000大型自卸车40辆。

(69)德力西新疆旅客运输集团有限责任公司“天然气(CNG)车辆在道路运输中的应用”项目

该项目补助额度为61万元。公司从2009年至2012年间,投资8082.77余万元,先后购买了52辆大型燃气客车、更新了94辆CNG大型客车。

(70)新疆新建旅客运输(集团)有限公司“CNG班线汽车的更新和改装”项目

该项目补助额度为30万元。公司新购置和改装客车共计230辆,年替代燃料量3917吨标准油。

2.绿色汽车维修技术应用

(1)徐州公路运输集团有限责任公司“绿色汽车维修技术应用”项目

该项目补助额度为31万元。项目实施内容包括:采购电加热烤漆房及红外线烤灯;尾排装置内增加活性炭;使用超声波清洗剂;将可回收、不可回收、金属件、可燃件等分开,统一管理,集中处理;采用集中供气系统,增添干磨机等设备;新建厂房大量使用采光带。

(2)常州外事旅游汽车集团有限公司“绿色汽车维修技术应用”项目

该项目补助额度为70万元。项目实施内容包括:引进节能、环保、安全的先进设备,建立节能减排工艺规范和操作规范,使用节能环保的备件和材料;建设废水、废油、废物回收分离设施,建立废物收集管理规章制度,对可回收的废物采取措施再利用。

(3)莱芜市泰东汽车销售服务有限公司“绿色汽车维修技术应用”项目

该项目补助额度为31万元。购置低能耗低污染的维修设备包括:超声波清洗机、全自动冷媒冲放机、制冷剂鉴别仪、尾气排放装置、汽车电脑诊断仪、内窥镜、二氧化碳保护焊、电子车身测量系统、车身整形机、量子式节能环保烤漆房、无尘干磨机等共计24台。

(4)北京日银汽车贸易公司“绿色汽车喷漆改造”项目

该项目补助额度为30万元。该公司从2010年7月至2011年12月期间,项目实施累计投入资金157.34万元。先后进行了水性油漆的导入项目,增加了干磨设备、环保喷枪以及多次进行喷漆工艺培训。

(5)北京中汽京田汽车贸易有限公司“北京中汽京田汽车贸易有限公司绿色特约店建设”项目

该项目补助额度为40万元。公司总投资215.10万元,采用绿色环保水性漆替换油性漆、建设高效绿色的维修车间、添加效率工具、设备、底处理采用无尘干磨系统,节约用水量35吨/年、烤漆房燃烧柴油改成用电,减少燃烧造成的有害排放,节约柴油用量12吨/年。

(6)北京广汽航天汽车销售服务有限责任公司“绿色汽车维修技术节能环保”项目

该项目补助额度为30万元。广汽航天在内部环境管理、废物处置、废气排放、油品化学品管理制度、耗能设备管理、环境设备管理、水溶性涂料七个方面进行改善,减少修补工艺中的VOC及其他有害物质的排放。投资162.85万元采购一批降低能源消耗、减少环境影响的设备及水溶性涂料,进而实现节能减排。

(7)北京乐驰经贸有限公司“汽车修补水性漆系列改造”项目

该项目补助额度为50万元。公司从2009年开始实施水性漆的引进、水性漆设备及色母全部到位、人员培训、做底干磨工艺、钣金工艺规范的整改提高,控制了成本,实施过程总体顺利。

(8)北京宝诚百旺汽车销售服务有限公司“绿色汽车维修技术应用”项目

该项目补助额度为37万元。公司从源头抓环境污染问题,从项目工程可行性研究、项目规划、项目环境影响评价、设备采购等环节严把环保关,凡是涉及可能造成环境污染的单项全部采用环保设备和环保手段,建设真正意义上的绿色4S店。

(9)吉林省华阳集团有限公司“绿色维修技术应用”项目

该项目补助额度为41万元。华阳集团先后共投入326.81万元购置新型、绿色环保节能设备、设施,倡导科学绿色修车理念,合理分类处置汽车废品。

(10)上海巴士公交(集团)有限公司“通过VOLVO和大宇特约维修站建设实现节能减排”项目

该项目补助额度为30万元。巴士集团拥有营运车辆10600余辆,2010年该集团分别建立了VOLVO和大宇两个特约维修示范站,通过示范站的建设,巴士集团逐步在各成员企业的修理厂内实现高等级车辆的专业化维护管理,实现了各类专用检测工具、维修工具、维修设备的统一配备。

(11)苏州海昌汽贸集团有限公司“绿色汽车维修技术应用”项目

该项目补助额度为35万元。该集团公司2010年起开始推动绿色钣喷,流水线操作以构建成为节约、环保、高效的维修工艺为目标,对汽车板块逐店进行了售后服务的改造升级,添置固定资产设施设备、引进绿色钣喷、高效省漆喷涂、全程无尘干磨方案、使用防护及辅料的环保材料、增加烤漆房改造、尾气抽排装置改造等。

(12)淮安众和丰田汽车销售服务有限公司“绿色汽车维修技术应用”项目

该项目补助额度为36万元。该公司进行了维修车间和设备设施的改造和升级。具体内容如下:雨污管网分离改造及油水分离池建设、烤漆房改造、在排放过程中增加活性炭、增添螺旋式空压机、超声波清洗机、点焊机、二保焊机、干磨机、冷媒回收机、尾气检测仪、车身整形机等节能环保设备。

(13)无锡商业大厦集团东方汽车有限公司“绿色汽车维修技术应用”项目

该项目补助额度为122万元。该公司下属16家4S店,配套集中循环洗车线4条。各4S店均建立了环保工作制度及环保组织机构,配备专业环保维修设备,采用绿色维修技术、工艺,实施维修废件的分类回收、集中处理有毒有害废物等一系列环保工作。

(14)润东汽车集团有限公司“绿色汽车维修技术应用”项目

该项目补助额度为98万元。公司于2010年至2011年进行维修车间的升级改造,投入使用大批的节能环保设备及设施,积极引进制冷剂回收、烤漆房油改电、无尘干磨等节能工艺规范。

(15)江苏明都汽车集团有限公司“绿色汽车维修技术应用”项目

该项目补助额度为188万元。公司于2010年至2011年积极引进制冷剂回收、烤漆房油改电、无尘干磨、水性涂料等节能减排工艺规范。

(16)南通海盟汽车销售服务有限公司“绿色汽车维修技术应用”项目

该项目补助额度为128万元。该公司进行了维修车间的改造升级,投资污水沉淀、过滤池池、增添固定资产设备设施、增加三级油水分离池、增加烤漆房改造、投资建设废机油存放室、在车间、展厅增设分类垃圾桶,分为可回收和不可回收、投资改造废油池、增添固定资产设备设施、在尾排装置内增加活性炭,减少尾气的排放。

(17)江苏森风汽车集团有限公司“绿色汽车维修技术应用”项目

该项目补助额度为54万元。江苏森风汽车集团有限公司总投入预计1000万左右,进行绿色汽修建设。通过维修设备的更新,规范管理流程、强化制度的落实,以及对人员综合素质的培训,为落实绿色汽修进行了充分的准备。集团节省了大量的能耗,员工的工作环境得到了很大的净化。

(18)江苏华跃汽车有限公司“绿色汽车维修技术应用”项目

该项目补助额度为34万元。公司于2011年对车间的整个运营系统进行了升级改造。先后增加了超声波清洗设备;增加制冷剂回收、净化加注设备;增加调试车间或工位尾气收集净化设施、装置;增加节能环保烤漆房;增加无尘干磨设备等设备。

(19)宿迁大中汽车服务有限公司“绿色汽车维修技术应用”项目

该项目补助额度为36万元。公司进行了维修车间的改造升级,包括厂区内雨污管网的改造、环保设备设施的增加和使用、增加三级油水分离池、烤漆房改造、在进排气口增加过滤装置、尾排装置内增加活性炭,减少尾气对环境的污染。

(20)嘉兴市北方汽车贸易有限公司“绿色汽车维修技术应用”项目

该项目补助额度为30万元。嘉兴市北方汽车贸易有限公司累计投入资金151.07万元,全面启动“绿色售后服务体系”建设工作。一是车间全面改造升级,包括污水循环沉淀、尾气收集装置、节能照明改造等。二是主要环保设备及材料的购置,包括微生物清洗机、量子烤漆房、洗枪机等。

(21)嘉兴市永奥汽车销售服务有限公司“绿色汽车维修技术应用”项目

该项目补助额度为44万元。2010年,公司全面启动“绿色售后服务体系”建设工作,累计投入资金265.3万元。该公司的“绿色汽车维修技术应用”主要包括二大板块:一是车间全面改造升级。比如:污水循环沉淀、尾气收集装置等。二是主要环保设备及材料的购置。比如:微生物清洗机、烤漆房等。

(22)浙江禾众汽车企业管理集团有限公司"绿色汽车维修技术应用"项目

该项目补助额度为55万元。浙江禾众汽车企业管理集团有限公司为适应企业集团化、规模化的战略发展目标,不断提升和完善各4S店售后维修水平公司,自2010年8月起,开展"绿色维修"建设工作,在集团下属8家不同品牌4S店全面推广。

(23)浙江佳田汽车销售服务有限公司"绿色汽车维修技术应用"项目

该项目补助额度为35万元。公司绿色维修项目主要包括四个方面:人员的基础技能培训;科学维护保养;合理控制变废为宝;完善服务流程,开展"规范操作、节能环保"活动。

(24)润华集团股份有限公司"绿色汽车维修钣金喷涂流水线集约化生产项目"项目

该项目补助额度为291万元。为提高生产效率、降低单车能耗,润华集团从2010年3月开始在济宁、济南、菏泽、潍坊等4个园区相继投资6165.49万元,集中建立绿色汽车维修、保险定损、事故拆检、钣金、喷涂流水线、集约化生产的维修中心。到2011年10月4大园区的钣喷中心全部投入使用。

(25)东营泰岳星徽汽车有限公司"绿色汽车维修技术应用"项目

该项目补助额度为37万元。公司投入运行的绿色维修设备有制冷剂回收、净化、加注设备,超声波清洗设备,尾气抽排系统,异响诊断仪,汽车故障电脑诊断仪,等离子切割设备,点焊机,车身整形机,空气压缩过滤干燥系统、废气排放过滤净化系统、无尘干磨系统、节能环保烤漆房等。

(26)莱芜市联众汽车销售服务有限公司"绿色汽车维修"项目

该项目补助额度为64万元。该项目通过购置先进的维修设备,包括:超声波清洗设备、制冷剂回收净化加注设备、尾气收集净化设施、汽车故障诊断仪器、等离子切割机、点焊机、二氧化碳保护焊、车身电子测量设备、量子式烤漆房、无尘干磨等设备,最大限度地减少原材料和能源的消耗,降低成本,提高效益。

(27)湖北省十堰亨运集团有限责任公司"绿色汽车维修技术应用"项目

该项目补助额度为67万元。公司更新了包括:空调制冷剂回收加注器、电瓶检测仪、制动液检测仪、冷却液检测仪、尾气检测仪、抽(吸)接油机、燃油系统免拆洗清洗机、无尘干磨系统、红外线烤灯、快速充电机、车身校正仪、光束水准车轮定位仪、电脑诊断仪、四轮定位仪、汽车解码器等节能减排维修设备,降低了废气、废液、废油、粉尘、噪声等对环境的污染和对职工身体的伤害,提高了工作效率和维修质量。

(28)广西交通高级技工学校"绿色汽车维修技术"项目

该项目补助额度为100万元。2010年至今,学校大力提升机电维修装备、钣金技术装备、涂漆技术装备及其他绿色维修装备优势,共为广西汽车维修企业培训专业技术人员11230人次;外协设备135次;参与企业解决疑难故障121例;为企业提出"绿色维修"合理化整改方案15例,取得良好的社会效益与经济效益。

(29)重庆星顺汽车有限公司"汽车绿色维修技术应用"项目

该项目补助额度为62万元。重庆星顺汽车有限公司按积极开展集中供气系统、节能烤漆房、IRT高效红外线烤灯、制冷剂回收加注机等汽车绿色维修技术的应用计划项目,通过该计划的实施不但降低了电能和燃油的消耗,还减少了废气排放,减少了环境污染,达到良好的节能减排目的。

(30)成都建国汽车贸易有限公司“绿色汽车维修节能减排”项目

该项目补助额度为43万元。成都建国汽车贸易有限公司自2010年,共投资294.57万元,先后采购了外形修复机、二氧化碳保护焊机、大梁校正仪、干磨机、超声波清洗机、尾气抽排系统、空压机、冷媒回收机、内窥镜、车身精密测量设备、烤漆房、喷枪清洗机、汽车故障电脑诊断仪、制冷剂鉴别仪、水循环设备等先进节能减排设备,起到了节约资源、保护环境的作用。

(31)交运集团公司“绿色汽车维修技术应用”项目

该项目补助额度为34万元。交运集团于2011年1月至2011年12月,共投资266余万元,购置了一批如超声波清洗机、无尘干磨机、洗车房等节水、低耗、低污染维修设备。该批设备投入运行后,有效降低了车辆维修过程中的水、电消耗,减少了粉尘、噪声污染,取得了很好的节能示范效果。

(32)宁波宁兴汽车投资有限公司“绿色汽车维修技术应用”项目

该项目补助额度为30万元。宁波宁兴汽车投资有限公司在2010至2011年间,组织下属6家汽车4S店投资745.49万元,推广应用了包括汽车喷漆烤房油改电、汽车喷漆涂料油性改水性、自动洗车机使用水循环使用及等离子切割机、二氧化碳保护焊机等设备工具在内的绿色汽车维修技术应用项目。

(33)宁波明日控股有限公司“绿色汽车维修技术应用”项目

该项目补助额度为30万元。本项目在2010年1月至2011年12月期间,宁波明日控股有限公司组织7家所属企业,投资216.54万元推广及应用了绿色汽车维修技术。其减少了维修过程中的污染,提高了资源使用效率,降低了产品全寿命费用,提高了社会经济效益。

(34)宁波轿辰集团股份有限公司“绿色汽车维修技术应用”项目

该项目补助额度为60万元。项目主要包括绿色机电维修技术应用、绿色钣金技术应用、绿色涂漆技术应用及其他绿色维修技术应用等所有的设备投入及技术投入。

3.机动车驾驶培训模拟装置应用

(1)宁波港城机动车驾驶模拟培训服务中心“机动车驾驶培训模拟装置应用”项目

该项目补助额度为90万元。自2008年到2011年底,宁波全市共配置由上海红外汽车模拟驾驶设备有限公司生产的驾培模拟器593台(包含互动式模拟器257台和非互动式模拟器336台)。

(2)南京钟山机动车驾驶员培训有限公司“驾驶模拟器在驾驶培训中的应用”项目

该项目补助额度为30万元。公司于2010年先后购置安装了48台驾驶模拟器,设备购置费用109.22万元。驾驶模拟训练代替实车训练,有效减少了尾气排放,节约训练成本。

(3)淮安市盐河驾校经营管理有限公司“机动车驾驶培训模拟装置应用”项目

该项目补助额度为63万元。该公司于2011年赴上海及安徽等地进行了实地考察,选定了上海红外汽车模拟器驾驶设备有限公司,以每台7800元的价格,订购了80台驾驶培训模拟装置,并于同年全部安装和调试,全部运行良好。

(4)四川省蜀安驾校有限公司“机动车驾驶培训模拟装置应用”项目

该项目补助额度为32万元。该校于2006年5月购置驾驶培训模拟装置30套,2011年1月新增驾驶模拟装置36套。驾驶模拟装置自安装应用以来运行稳定,全校所有驾驶学员的第一阶段实际操作和第四阶段实际操作全部采用驾驶模拟器进行教学。

（三）港航基础设施建设与运营领域

1. 清洁能源、可再生能源在港航领域的应用

（1）天津港（集团）有限公司“地源热泵空调系统工程”项目

该项目补助额度为36万元。2010年至2011年11月，公司投资1303.6万元，在3.8458万平方米的建筑上推广应用地源热泵空调系统工程，取得了良好的经济和社会效益。项目实施内容包括：地埋换热器、室内空调、热泵机房三个部分。

（2）青岛港（集团）有限公司“天然气车辆在港口中的应用”项目

该项目补助额度为34万元。青岛港集团高度重视低碳港口建设，逐步更新改造了各基层公司部分原使用柴油的流动机械。本项目共分为两部分：一是QQCT分公司七部VOLVO拖车“油改气”改造；二是西联分公司新购四部LNG拖车。

2. 靠港船舶使用岸电技术应用

（1）招商局国际蛇口集装箱码头有限公司“船用供电系统节能减排”项目

该项目补助额度为233万元。使用船舶岸电供电技术可以保障到港船舶在港口停靠的时候关闭柴油机，减少向周围大气环境排放NO_x和SO_x等所造成的污染，降低由船舶柴油机工作带来的噪声的影响，改善城市环境质量，同时也可降低船舶的靠岸运行成本。公司在2011年建设完成5、6号泊位船用岸电供电系统。

（2）河北远洋运输集团股份有限公司“‘富强中国’轮使用岸电”项目

该项目补助额度为107万元。河北远洋运输集团所属“富强中国”轮岸电项目主要设备有高压电缆卷车、卷车控制箱、高压进出线柜、高压变压器柜、岸电控制屏，以及相关的电缆连接组成。船舶靠港期间，停止使用船舶上的辅机发电，而改用陆地电源供电，船舶对港口的CO_2的排放可降至零，节能减排效果符合预期。

3. 集装箱码头RTG“油改电”技术应用

（1）营口港务集团有限公司“营口港埠公司场桥‘油改电’工程”项目

该项目补助额度为38万元。营口港区先后对2台场桥实施了“油改电”工程，总投入资金161.8万元左右，2010年7月份2台场桥改造及滑触线等工程结束并通过验收，8月份投入使用，于2010年8月进行了集装箱场站箱式变电站增容，整个改造工程全部结束。

（2）上海国际港务（集团）股份有限公司“轮胎式集装箱门式起重机‘油改电’技术应用”项目

该项目补助额度为1000万元。上海国际港务（集团）股份有限公司实施了具有自主专利技术的RTG“油改电”方案——高架滑触线供电方式，并对刚性滑触线供电方式改造进行有益尝试，分批共改造205台RTG，在满足转场需求条件下有效节能，取得了预期效果。

（3）连云港新东方国际货柜码头有限公司“41吨集装箱轮胎吊2011年油改电”项目

该项目补助额度为37万元。连云港新东方国际货柜码头有限公司2011年油改电项目，定位于对庙岭二期现有集装箱场桥装卸堆场进行油改电改造。该项目包含D01～D04及B01～B09场地部分、10至29号场桥中的10台机上部分、相应供电系统共三部分的改造。

（4）浙江五洲乍浦港口有限公司“轮胎式集装箱门式起重机‘油改电’”项目

该项目补助额度为86万元。2010年在集装箱堆场上建设了电力轮胎式集装箱龙门吊（ERTG）

专用供电设施，同年年底将6台由振华重工制造的RTG的动力来源从原来的完全依靠柴油发电机组，改为主要依靠市电供电；同时在该集装箱堆场上再投入使用4台由诺尔起重制造的电力轮胎式集装箱龙门吊，实现了公司RTG油改电的目标。

(5)广州港南沙港务有限公司“轮胎式集装箱门式起重机‘油改电’项目(二期)”项目

该项目补助额度为222万元。本项目实施的RTG“油改电”项目(二期)主要内容为在码头堆场的44个箱区(编号A07－A18、B07－B18、C07－C10、D07－D10、E05－E10、F05－F10)上架设22条T型低架滑触线支架，并对18台场桥进行机上改造安装自动取电小车，最终实现RTG能在海、陆两侧自动取电。

(6)青岛港(集团)有限公司“轮胎起重机‘油改电’技术应用”项目

该项目补助额度为86万元。大港公司“轮胎起重机油改电技术应用”项目投资275.36万元，对公司21台D2LQ25型轮胎吊进行技术改造。利用此类型吊车可采取外接岸电提供动力的特点，加设外接电缆与货场接电设施相对接，将内燃机驱动改造为采用外接电的电力驱动，实现了轮胎起重机“油改电”的目的。

(7)青岛前湾西港联合码头有限责任公司“港口轮胎式起重机‘油改电’改造”项目

该项目补助额度为48万元。本项目，根据轮胎式起重机特点、件杂货场地布局等，将轮胎式起重机改造成为在场地作业时，使用市网电力作业，在移动转场时，使用柴油发电机组作业。在不减少货区有效使用面积的情况下，达到了轮胎式起重机的节能减排效果。

(8)厦门国际货柜码头有限公司“轮胎式龙门吊‘油改电’”项目

该项目补助额度为109万元。本项目，采用低空滑触线型式的市电供电给龙门吊作为动力源，取代原来的发动机组，消耗能源种类由市电替代柴油。“油改电”实施后，龙门吊在吊箱作业时关闭柴油发电机组，采用市电做动力，轻载时消耗小，不作业时基本没有消耗能源，节省了能耗，同时没有了噪声和尾气的污染。

(9)盐田国际集装箱码头有限公司“盐田国际集装箱码头有限公司码头Ⅰ、Ⅱ期龙门吊‘油改电’节能”项目

该项目补助额度为539万元。盐田国际结合自身堆场空间情况，选择低架滑触线给龙门吊供电，该设计具有重量轻，导电性能好，防尘、防雨效果好，维护简单，防风能力强等优点。至2011年6月30日，盐田国际集装箱码头龙门吊油改电完成Ⅰ、Ⅱ期的32条箱区和42台RTG的改造，ERTG供电方式采用低架滑触线方案

4.港口机械节能运行控制技术应用

济宁森达美港有限公司“港口带式输送机节能技术应用”项目。该项目补助额度为32万元。森达美港中控系统的改造综合集成了GIS、GPRS等先进的信息通信技术，成功搭建了一个港口皮带输送机设备集中控制为核心的生产全过程可视化监控平台，实现了商务管理、作业机械管理、堆场管理、倒运管理、磅房、皮带机装运检斤管理等功能的信息化。本项目共投资约390万元，主要包括设备购买、安装、调度监控软件、核心机房数据服务器等内容。

(四)水路运输装备领域

营运船舶和施工船舶节能技术应用如下：

(1)中交天津航道局有限公司“绞吸船管线变径施工节能减排方法”项目

该项目补助额度为447万元。本项目以绞吸船输送系统匹配原理为根本出发点，通过管线调整合理改变工况，解决不同吹距、不同土质、不同船舶设备条件下的输送系统泥泵—泵机—管线匹配问题，提高疏浚生产率，节能减排，有效降低系统压力及增加安全系数。其主要实施内容包括：绞吸式挖泥船输送工况分析方法研究、输送系统匹配特性研究、不同土质、不同管径临界流速计算、绞吸船变径施工工艺流程的建立。

（2）中港疏浚有限公司“新型导管可调船桨装置改造与应用”项目

该项目补助额度为314万元。该公司会同上海交通大学船舶与海洋设计研究所，针对航浚4009轮耙吸挖泥船为代表的老旧船舶推力下降问题，联合进行新型导流罩的研发与应用的研究，力争使三十年以上的老船重新焕发活力，达到降耗增效，实现低碳经济的目标。

（3）中远集装箱运输有限公司“滑阀式喷油器在船舶减速航行节能中的应用”项目

该项目补助额度为1000万元。中远集运2011年主要能耗设备为公司的集装箱运输船舶。为了达到节能减排目的，对远洋船舶采取降速措施。此项目采用的滑阀式喷油器有利于改善柴油机燃烧状况、在船舶主机降速运行状态下，节能效果明显。

（4）中海集装箱运输股份有限公司“船舶主机气缸油Alpha注油器改造”项目

该项目补助额度为920万元。中海集运从2010年3月起，逐步对10艘船舶的机械式注油器予以改造，于2010年11月改造完成。将船舶主机装有机械式气缸油注油器改造成适合超低负荷运行的电子式注油器，注油量随主机负荷的变化而调节，润滑效果比机械式有了很大提高。

（5）广西新港湾工程有限公司“潜孔钻机船水下炸礁节能减排技术应用”项目

该项目补助额度为427万元。项目的建设涉及低风压潜孔钻机技改为中高风压潜孔钻机；智能化空压机节油设备系统Fuel Xpert空压机；新型QL340冲击器及QL340－125钻头、新型QL60冲击器及QL60－165钻头的使用。

（五）交通运输管理与服务能力建设

1．营运车辆和港口智能化运营管理系统应用

（1）天津港信息技术发展有限公司“港口智能化运营管理系统应用”项目

该项目补助额度为291万元。项目集天津港统筹集疏运子系统、智能交通系统与现场视频监控子系统、天津港调度指挥中心应用子系统、全程物流监管应用子系统等于一体，涵盖口岸基础设施、贸易/交易、监管、物流、港口规划/建设、信息服务、作业指挥以及相关电子政务等领域。

（2）邢台市公共交通总公司“邢台公交智能调度系统”项目

该项目补助额度为72万元。项目实施内容为：更新安装车载终端，部分车辆安装视频监控设备；服务器更新，数据库升级，系统容量3000台；操作系统及应用软件升级；实现综合数据自动统计汇总；手机实时查询公交及公交动态信息发布功能。

（3）秦皇岛龙腾长客运输有限公司“车辆智能化运营管理系统”项目

该项目补助额度为30万元。监控平台于2010年6月开始启用，已安装622台营运车辆。安装车载GPS后，可以通过远程提醒、车内报警等手段，达到控制车辆行驶速度的目的。

（4）邯郸市公共交通总公司“公交智能化运营管理系统”项目

该项目补助额度为66万元。2011年年底，公司已实现1500辆公交车的自动化调度、车载视频监

控、自动报站，并利用自动化调度程序自动生成排班计划、车辆运营统计报表和车辆违章记录以及进行现场调度、计划调整、异常情况处理、消息交互和语音交互等。

(5)黑龙江佳运集团“道路旅客运输智能化管理系统”项目

该项目补助额度为38万元。项目将集团所属长途客车、公交车、出租车统一安装GPS车载终端机实施24小时实时监控，通过采集车辆运行数据，将车辆油耗、运行情况、维修保养时限、驾驶员不良驾驶行为以直观的报告和图表形式体现出来，为车辆管理过程中的各个环节提供详实的量化依据。

(6)无锡市公共交通股份有限公司“无锡市公共交通股份有限公司公交智能化”项目

该项目补助额度为300万元。项目的主要实施内容为：建设公交营运调度系统、公交ERP系统、电子服务信息发布平台。

(7)南通市公共交通总公司“南通市公交总公司GPS智能营运调度系统”项目

该项目补助额度为108万元。项目是集当今先进的GPS卫星定位技术、GPRS无线通信技术、GIS地理电子信息技术为一体的实现调度信息化、自动化、智能化的高科技管理平台，主要由智能运营调度管理系统、电子站牌发布系统、车厢视频监控系统、停车场网络视频监控管理系统和公交ERP管理系统等组成。

(8)苏州市城市客运交通管理处“苏州市客运出租车电调运营模式”项目

该项目补助额度为277万元。项目重构了客运出租车既有运营模式、升级改造了车载设备和行业管理系统、配套了相关管理和服务制度，实施了出租车电调运营模式。新模式实施以来，原运营模式固有问题得到有效缓解的同时，减轻了主城区道路交通压力和环境污染，取得了良好的节能减排效果。

(9)绍兴市公共交通集团有限公司“公交车辆智能调度管理系统”项目

该项目补助额度为91万元。项目内容主要包括：公交车辆3G无线视频监控系统、“全球眼”远程视频监控系统、车辆使用维修智能管理系统。

(10)舟山市港城公共交通有限责任公司“车辆智能化运行管理系统”项目

该项目补助额度为47万元。整个系统由管理端、监控端、远程监控端等组成，包括车载监控系统、车辆定位监控系统、车辆智能管理系统，GPS/GIS地理信息系统，站场监控系统及办公网管检测系统等子系统。

(11)蚌埠市公共交通集团有限公司“公交智能调度系统”项目

该项目补助额度为128万元。系统由五个部分组成，分别是智能调度系统、公交ERP系统、场站安全管理系统、3G视频监控系统和多功能服务查询系统。

(12)淮南市公路运输管理处“淮南市出租车安全智能管理系统”项目

该项目补助额度为164万元。系统由GPS车载终端系统、后台通信系统、行业监管系统、GIS监控系统、WEB服务系统、呼叫中心系统、电招服务系统、计价器营运数据处理系统构成。

(13)江西省萍乡市公共交通总公司“智能调度系统在城市公交中的应用”项目

该项目补助额度为162万元。项目包括3G车载视频监控终端主机346套、硬盘346套、车载摄像头1384套、高保真拾音器346套、线缆辅材及安装支架346套和智能调度管理系统软件。

(14)济南市公共交通总公司“公交智能调度系统”项目

该项目补助额度为92万元。项目融合快速公交、出租、社会经济数据的异构多源信息，构建快速公交运营线路网优化数据融合及其决策支持系统，重点突破大公交数据融合云服务架构与机制，建立济南城市公交宏观运行效率评价模型，进行公交OD矩阵数据研究、公交宏观线路网络优化得出科学、有效的空间交通态势部署图，进行公交线路合理规划与调整。

(15)烟台市公交集团有限公司“公交智能化运营管理系统”项目

该项目补助额度为109万元。项目由公交GPS智能调度系统、公交车载硬盘监控系统、公交场站远程监控系统三大系统组成。

(16)滕州市交通汽车运输有限责任公司“营运货运车辆GPS智能化运营管理系统应用”项目

该项目补助额度为60万元。系统由控制中心、GPRS无线通信方式、全球卫星定位系统(GPS)、车载设备、GPS电召调度系统五部分组成。系统可对注册车辆实施动态跟踪、监控、调度、管理，对于监控车辆，可以在电子地图上显示出来，并保存车辆运行轨迹数据。

(17)济宁市公共汽车公司“公交GPS智能调度系统”项目

该项目补助额度为122万元。项目实施内容包括：车载设备子系统、远程站调度子系统、调度中心子系统、3G视频监控系统、站点智能电子站牌子系统。

(18)山东莱芜交运集团长途客运有限公司“营运车辆智能化管理系统”项目

该项目补助额度为48万元。公司投资约250万元购置GPS智能终端设备，投资200万元配备车辆智能化营运管理系统相关软件及配套设施、建设安装等。

(19)日照港集团有限公司“日照港GPS货运管理系统”项目

该项目补助额度为160万元。项目综合集成了GPS、GIS、GPRS等先进的信息通信技术，成功搭建了一个以港口物流管控为核心的生产全过程可视化监控平台，实现了商务管理、汽运集疏港管理、作业机械管理、堆场管理、倒运管理、磅房检斤管理等功能的信息化。

(20)新乡市公共交通总公司“GPS智能化调度系统”项目

该项目补助额度为84万元。项目实施内容为：GPS智能化调度系统、网络信息平台系统、车载3G视频监控系统、站台视频监控系统、手机公交出行服务信息平台系统。

(21)武汉港务集团有限公司“阳逻二期集装箱智能化运营管理系统”项目

该项目补助额度为97万元。项目包含三大系统：无线终端系统，弱电集成系统和海关电子卡口及视频监控系统。

(22)南宁市道路运输管理处，广西综讯科技有限公司“南宁市营运车辆智能化管理系统”项目

该项目补助额度为115万元。系统结合了国外先进的车载GPS管理思路，采用三层系统开发模式以及开放式系统体系结构。系统功能包括定位功能、调度与信息服务功能、安全功能、管理功能。

(23)广西超大运输集团有限责任公司“GPS车辆监控系统技改”项目

该项目补助额度为59万元。项目通过对原有的GPS车辆监控系统进行安全技术改造，利用符合国家标准的带行使记录的GPS车辆监控系统，除了有效地监控车辆行驶速度、运行线路外，还可监控车辆的技术状态、驾驶员操作状态。

(24)贵阳市公共交通(集团)有限公司“贵阳公交智能监控营运调度系统”项目

该项目补助额度为119万元。项目由GPS卫星定位系统、移动通信系统、GIS地理信息系统、营运调度系统、自动报站系统、电子站牌系统、客流统计系统、出租车调度监控系统组成。

(25)青岛港(集团)有限公司“港口智能化生产作业管理及信息服务系统”项目

该项目补助额度为268万元。项目包括散杂货生产管理系统、散杂货现场作业数据采集系统、码头集装箱生产管理系统、场站及多式联运系统 、物流综合信息服务平台、港口地理信息系统、电子海图及船舶监控系统、流动机械GPS系统、拖轮海上作业指挥调度系统、车辆抓拍识别和人员登记系统、数字化视频监控系统等。

(26)宁波市公共交通总公司“宁波公交GPS智能调度系统”项目

该项目补助额度为30万元。项目包括车载设备硬件和智能调度软件。车载设备硬件主要包括基础定位、车辆状态采集、营运辅助和通信传输四大模块。智能调度软件主要包括营运计划生成、实时可视调度、应急指挥、自动统计、信息发布等主要功能。

(27)宁波港吉码头经营有限公司“宁波港吉集装箱码头智能化运营管理系统应用”项目

该项目补助额度为272万元。集卡多路共享系统可以动态地实现码头不同集装箱船舶的边装边卸,打破当前机械分配惯用方式。空箱动态选择系统是根据已经做的预约提空箱,在提箱集卡到达提箱箱区后,系统根据计算,给出最优的箱子。

(28)厦门卫星定位应用有限公司“出租车智能监控报警调度管理系统”项目

该项目补助额度为143万元。整个系统已经建成运营总监控(数据)中心平台、电召呼叫中心子系统、运管处分控中心子系统、“110”报警指挥中心子系统、出租车企业子系统等多个子系统。

(29)北京中交兴路信息科技有限公司“全国运营车辆监控服务中心和货运公共服务平台建设”项目

该项目补助额度为251万元。本项目总投资6595.78万元。目前,全国重点营运车辆联网联控监管平台已在全国16个省建设分平台,实现了全国30个省的省级运营车辆监管平台的信息交换和共享,全国重点营运车辆联网联控监控基础平台和服务中心已经研发完成,各个示范省份已进入实测调试和服务落地阶段。

(30)北京京津港国际物流有限公司“陆港运力资源调度管理系统建设”项目

该项目补助额度为458万元。北京京津港国际物流有限公司建设了一套陆港运力资源管理系统,包括建设关、检联合查验平台、堆场集装箱管理、车辆调度管理、运输管理、GPS车辆定位管理等功能于一体的,口岸运输与城市配送无缝衔接的高效新型的资源调度管理系统。

(31)天津市滨海新区公共交通集团有限公司“智能化公交运营管理系统”项目

该项目补助额度为497万元。2008至2010年间公司引入GPS智能化运营管理系统,在所属1265余台车辆上安装智能终端等设备。利用卫星定位技术和通信技术,动态掌握车辆运行线路、位置、间隔、速度以及排班情况,实现全程运营监控管理和自动报站,线路实现自动调度。

(32)石家庄市公共交通总公司“公交车辆智能化运营管理系统应用”项目

该项目补助额度为138万元。智能调度管理系统通过综合应用计算机技术、网络技术、GPS技术、GIS技术、电子技术等高新技术,全面实现公交车辆和线路运营的精细化、数字化、智能化管理,提高交通基础设施运行效率,降低交通拥堵、交通事故,从而降低公交系统的噪声、废气排放量,降低公交车辆运行油耗成本。

(33)廊坊市公共交通运输有限公司“廊坊市公交车辆智能化运营管理系统”项目

该项目补助额度为76万元。公交智能调度系统是以GIS电子地图,GPS卫星定位以及3G无线视频传输等技术为基础，通过实时的采集车辆运行的位置和状况等信息，为公交企业的运调管理提供精确的数字化管理和考核手段。信息调度指挥系统包括计算机网络系统、固定通信系统、GPS 车辆定位系统、大屏幕显示系统、调度平台系统。

(34)山西运城市公共交通总公司“运城公交客运车辆 GPS 全球卫星定位监控管理系统”项目

该项目补助额度为 31 万元。运城市公交客运车辆 GPS 全球卫星定位监控管理系统包括了一级调度监控中心、GPS 系统平台及监控软件、平安调度型 GPRS 及摄像头，应用于 12 条公交线路，317 台车辆内安装 GPS 车载终端。系统可以监测并查询车辆信息、紧急报警、记录、分析、回放历史数据。

(35)抚顺市公共汽车总公司“车辆智能化运营管理系统”项目

该项目补助额度为 154 万元。车辆智能化运营管理系统以无限 3G 网络为纽带，以电子地图和智能终端为窗口对全部公交车辆运行管理。实时掌握公交车辆动态数据，计算道路通行速度，判断道路通畅程度，依据公交车内与站点的等车人数，合理调度公交运营生产车辆，既满足乘客出行的方便、快捷，又达到节约能源消耗的目的。

(36)哈尔滨市交通运输局信息中心“哈尔滨市出租车服务管理信息系统”项目

该项目补助额度为 598 万元。哈尔滨市出租汽车服务管理信息系统目前已完成“一套终端和两个中心”的建设，即车载终端的安装和监控指挥中心、数据资源中心的建设，已实现 GPS 实时监控、信息发布、企业在线管理、智能调度四大功能。在全国同行业起到了示范作用，被交通运输部确立为城市出租汽车服务管理信息系统建设试点单位。

(37)哈尔滨市公共交通管理处、黑龙江龙视通数字移动传媒有限责任公司“哈尔滨市公交智能调度指挥平台”项目

该项目补助额度为 71 万元。本项目利用车载 GPS 定位技术、地理信息技术、数字电子技术及计算机技术等手段，开发实施哈尔滨市智能调度指挥平台，并投入使用。为全市的公交车辆安装了 GPS 车载终端设备及部分行车记录仪和视频监控设备。该系统通过行车记录仪、视频监控分析，指导驾驶员操作节约了单车油耗，达到了结构性节能减排的既定目标。

(38)大众交通(集团)股份有限公司“城市出租汽车智能调度管理系统建设——上海世博出租智能调度平台建设、运营及后续利用”项目

该项目补助额度为 203 万元。世博出租车调度平台由“调度平台软件系统、车载智能终端、出租汽车智能顶灯”三部分组成。上海世博会 184 天，世博调度平台累计调放 395.6 万差次，日均 2.15 万差次。世博出租车日均行驶里程相比普通出租车减少约 15%，载客率增加了 12%。实现了“车找到人”和“人等到车”，增强了出租汽车行业的节约能耗，减少排放的能力。

(39)上海国际港务(集团)股份有限公司“集装箱作业智能化运行管理系统应用”项目

该项目补助额度为 493 万元。上海港集团通过智能化运行管理系统通过业务计划的合理安排和装卸机械的合理使用、支线调度系统和多式联运调度系统、集卡调度系统等使集装箱码头装卸生产效率比原有水平提升了约 10%，在节能减排、效率提高和服务质量的提高方面均取得了显著的成绩。

(40)无锡市交通运输管理处、上海飞田通信技术有限公司“无锡市出租汽车运输管理与服务能力建设”项目

该项目补助额度为 442 万元。该系统主要包括监控指挥系统、营运调度系统、车载 GPS 设备。

通过系统的使用，有效满足管理部门、经营者、乘客三方面的需求，提高交通运输管理能力与服务能力。

(41)靖江盈利港务有限公司“港口智能化运营管理信息系统应用”项目

该项目补助额度为65万元。该系统由散杂货生产管理信息管理系统和监控管理系统组成，其中散杂货生产管理信息系统包括了调度管理子系统、商务手续管理子系统、库场管理子系统、商务计费子系统、统计分析子系统、系统分析子系统等。通过对作业过程的严格控制，帮助生产指挥人员随时掌握现场动态、加速货物周转、及时了解货物在港状态、数量、位置及疏运情况。

(42)江阴世新客运中心有限公司“公众出行信息服务系统应用”项目

该项目补助额度为63万元。该智能化服务系统包括邮政联网购票系统、网上售票系统、移动营业网点和社会代理点购票系统、手机汽车票系统、自助售票机系统。

(43)杭州长运运输集团有限公司“营运车辆智能化运营管理系统应用”项目

该项目补助额度为87万元。杭州长运在营运客车上安装使用了GPS、行车记录仪、车载监控系统，并于2011年底完成了集团监控中心的基础建设工作，确立了集GPS、行车记录仪、车载视频监控三位一体的监管模式，对下属车公司各营运客车进行全面的智能化管理。

(44)桐庐大运物流有限公司“现代物流中心营运车辆智能化管理系统”项目

该项目补助额度为36万元。项目主要涵盖省级桐庐经济开发区等33.01平方公里。已建成省物流信息平台对接的信息发布系统、物流中心“园区通”一卡通系统、局域网系统、仓储管理软件系统、GPS卫星定位跟踪系统和电子实时监控系统等8大电子信息系统。

(45)浙江传化物流基地有限公司“传化物流公共货车信息交易平台”项目

该项目补助额度为132万元。传化物流物流平台以信息化为核心，通过资源集聚，整合了社会上的车辆资源和中小物流企业，不仅符合节能减排型经济发展的需要，且促进了物流业的转型升级。

(46)舟山市港航管理局“舟山港口智能化运营EDI管理系统”项目

该项目补助额度为37万元。舟山港航电子数据交换(EDI)系统内部建立了港航业务模型和数据模型，依托了计算机技术、网络技术和数据库技术。该项目还同时构建了一个基于EDI的信息增值服务系统平台，实现对港航管理和发展所需关键信息的数据挖掘和辅助分析以及信息发布，为港航实现高效运营和信息化管理奠定基础。

(47)绍兴市汽车运输集团有限公司“车辆智能化运营管理系统”项目

该项目补助额度为35万元。公司对所属的所有班线车辆、旅游车辆、危化品运输车辆安装3G无线视频和GPS一体化设备，建设智能化运营管理调度系统和出站车辆智能管理系统，力求提高客货车辆实载率、降低空驶里程率、提高客货源信息化水平。

(48)铜陵市公路运输管理处，安徽百路信息技术有限公司“铜陵市出租汽车监控与调度信息化智能管理系统”项目

该项目补助额度为71万元。该项目提供出租汽车运营调度、城市交通实时路况信息发布等服务，为出租车司机和公共安全提供保障，为政府对出租车行业的管理和机动车辆的节能减排提供技术支撑。

(49)安徽省合肥汽车客运有限公司“营运车辆运行控制与智能调度出行平台”项目

该项目补助额度为174万元。本项目在建设过程中主要研究和实施的平台包括安全运营指挥

中心平台、综合监控应急指挥平台、客运智能调度决策平台和公众出行信息服务平台。通过提高工作效率、降低车辆的油耗、科学合理调度车辆，为旅客提供便捷的绿色服务平台。

(50)江西长运股份有限公司“公路客运企业车辆智能化运营管理与公众出行信息服务系 PDCA 工程”项目

该项目补助额度为81万元。该项目建设期为2010年至2011年，主要包括：电脑新增或更新，车载监控系统更新改造，新增汽车维修零配件信息管理系统，新增自助售票机，汽车检测站信息监控系统，售票系统新增网络售票功能，站场服务系统改造(含显示屏、监控、语音等)，公交调度系统。

(51)山东省交通运输厅道路运输局，山东九通物联网科技有限公司“营运车辆和仓储智能化运输管理系统应用一期”项目

该项目补助额度为93万元。该运输管理系统集成了卫星定位系统、无线射频术、物联网技术、传感技术、地理信息技术及数据挖掘技术，从智能配载、优化运输、信息共享、智能调度、智能仓储管理、“云”计算技术几个方面来解决交通运输行业的能源耗费，提高了物流车辆的运输效率。

(52)龙口港集团有限公司“龙口港港口智能化运营管理系统应用”项目

该项目补助额度为62万元。该项目主要包含以下3个子系统模块：在散杂货作业方面开发了基于 GPS 的无线理货和基于 RFID 的一卡通子系统；在集装箱作业方面开发了码头无线智能调度系统 CiTOS；在管理决策层建立了龙口港综合管理信息平台。

(53)烟台港集团有限公司“烟台港港口生产作业智能管理系统”项目

该项目补助额度为197万元。烟台港集团于2009年至2011年分别在集装箱码头作业区、西港区和客滚码头作业区分别建设了集装箱作业智能化管理系统、西港区综合智能调度管理系统和客滚作业智能管理系统，有效降低了靠港船舶的能耗和 CO_2 排放。

(54)济南市城市公共客运管理服务中心“济南市出租车 GPS 调度运营系统”项目

该项目补助额度为30万元。2010年由济南市财政拨款459万建成全省覆盖面积最大、运营效果最好、技术数据最全的 GPS 调度中心。整个调度平台的建设完成实现了电话召车、约车及车辆调度，提升了出租汽车实载率，减少了能源消耗，方便了市民的出行。

(55)山东淄博市公共汽车公司“淄博市公共汽车公司车辆智能化运营管理系统”项目

该项目补助额度为118万元。公司分别建设完成智能公交调度系统软硬件平台、公交智能调度管理软件系统、智能公交调度车载系统、3G 视频监控平台系统、3G 视频车载系统。截止2011年12月，公司在37条线路600台车上安装智能调度系统设备，实施智能调度。同时在公司33条线路530台公交车上安装3G视频监控设备，达到了可视化运营调度的效果。

(56)滕州市运输管理所、枣庄耀程文化传播有限责任公司“滕州市出租汽车智能化运营管理系统应用”项目

该项目补助额度为69万元。该出租车智能化运营管理系统由控制中心、GPRS 无线通信、全球卫星定位系统(GPS)、车载设备、GPS 电召调度系统五部分组成。该项目总计投资350余万元，在2010年11月30日前安装调试完成投入使用。

(57)烟台交运集团有限责任公司“营运车辆智能化运营管理系统应用”项目

该项目补助额度为47万元。项目依托 GPS 智能调度系统，由不间断地监控车厢内情况的车载监控系统、不间断地显示各类视觉信息的外场智能设备系统、将各场站间驾驶人员、营运车辆的信息

互联的智能发车安全控制系统和跟踪车辆的运行状态,采集车辆的运行数据的车辆运行状态远程跟踪系统组成。

(58)山东省济宁交通运输集团有限公司"营运车辆智能化运营管理系统应用"项目

该项目补助额度为73万元。该公司投资建设的营运车辆智能化运营管理系统包括"一卡通"安全管理系统、3G视频监控系统、营运车辆GPS智能调度系统三大子系统,形成了源头管理、过程控制、实时处置的一整套智能化运营管理体系。

(59)泰安市公共交通公司"公交营运车辆智能化运营管理系统"项目

该项目补助额度为64万元。该项目是在所有公交车上安装GPS智能车载设备和3G视频监控设备,建立公司营运车辆智能化运营管理系统,实现对公交车辆的运行监控和电子化调度管理,实行对公交营运车辆的智能化调度管理和服务质量的视频监控管理。

(60)临沂市公共交通总公司"公交智能调度管理系统"项目

该项目补助额度为48万元。该系统主要有车辆监控(3G视频监控)系统、公交智能调度系统、票务管理系统、信息采集系统和信息采集系统。通过对车辆位置进行准确定位、跟踪,科学合理地调配公交车次,减少车辆空驶里程,提高运营效率;自动采集车辆行驶速度,并对超速车辆发布超速提醒。

(61)聊城市公共交通集团有限公司"公交GPS/3G视频监控智能调度管理系统"项目

该项目补助额度为62万元。截至2011年末,该公司分别完成GPS智能调度监控管理系统、3G视频监控系统、LED电子公众信息显示屏系统和车载RFID读卡设备无线刷卡上传消费数据系统的建设。

(62)新乡市新运交通运输有限公司"车辆智能化运营管理系统"项目

该项目补助额度为42万元。该公司建立了包括GPS车载终端,车辆调度管理系统,场站监控系统的智能化运营管理系统,安装车辆车载终端系统终端1721台,通过各终端系统提供的数据,实现对车辆的实时监测、调度指挥、人员车辆管理,降低能源消耗,提高安全运营效率,达到节能减排的目的。

(63)河南卓逾物流有限责任公司"营运车辆智能化管理系统"项目

该项目补助额度为233万元。该项目依托GIS、GPS系统,集成各种现代化的信息采集,对道路运输企业营运车辆运行状态的全面监测和预警,建成安全管理系统、对营运车辆运行状态进行全程监控、跟踪,实现车辆故障全面监测、预警。建立完善的车辆动态追踪系统,为车辆运力资源调配和车辆检修管理提供可靠、准确的依据。

(64)信阳市运输集团有限责任公司"营运客车GPS智能监控系统"项目

该项目补助额度为30万元。2010年,信运集团分期投资在市区中心站以及所辖的13个客运单位建立了监控平台,并铺设了由市区中心站到所辖8个县站的光纤网络以实现数据的及时传输,建立了各县站到公司总部的远程场站监控系统。

(65)湖北九州通物流有限公司"九州通GPS车辆智能调度系统建设"项目

该项目补助额度为63万元。整个系统在硬件建设方面主要包括购置服务器、GPS终端等。在软件方面主要搭建并运用GPS综合信息管理系统与智能调度信息平台。对集团现有的1123台车辆进行了GPS智能改造。

(66)湖北省十堰市城市公交集团有限公司"十堰公交智能化运营调度监控系统"项目

该项目补助额度为68万元。该系统采用先进的计算机技术、人工智能技术、GPS及GIS技术，由智能调度中心、枢纽场站调度点、车载多路视频监控、GPS自动报站、车辆实时GPS监控等部分构成。截至2011年年底已实现859辆公交车的自动化调度、车载视频监控、自动报站功能。

(67)株洲市公共交通有限责任公司"株洲市公交智能管理系统"项目

该项目补助额度为157万元。株洲公交智能管理系统的建设以GPS智能调度系统为核心，共包括四大子系统，即GPS智能调度系统、IC卡自动收费系统、IC卡自动加油管理系统、3G视频监控系统。

(68)桂林骏达运输有限公司"GPS车辆监控系统技改"项目

该项目补助额度为30万元。该公司通过终端GPS定位和行车记录仪两大功能，在有效预防和减少道路交通事故的同时实现车辆的节能减耗。本次技术改造更换终端723台次，共投资150.43万元。

(69)重庆新城公共交通有限公司"公交智能化管理系统"项目

该项目补助额度为44万元。新城公交公司建设的公共交通智能化管理系统(ERP)，利用计算机、通信、自动控制、GPS、GPRS、GIS等先进技术，结合公交车辆的营运特点，实现了车辆的实时运行信息收集、公共信息的交互管理、实时调度监控、智能站牌管理、车载终端管理、智能售/检票管理等六大功能模块，实现高效的运营管理。

(70)安顺市城市公共客运交通管理局"营运车辆智能化运营管理系统应用"项目

该项目补助额度为49万元。安顺市智能公交管理系统包括交通运输部门行业监管信息化管理平台、城市公共交通营运企业信息化管理平台和政府社会公共服务信息管理平台，利用3G网络对1400余辆城市公共客运车辆和30余座核心站台进行GPS监控、3G实时视频监控、调度管理、服务监督、公众服务等，推进行业节能减排工作。

(71)渭南市客运管理处渭南市百慧通软件有限公司"出租车GPS智能调度系统"项目

该项目补助额度为76万元。渭南市出租车智能化调度系统将GPS监控技术应用于出租车，不仅解决了出租车辆在营运中"看不见、摸不着、叫不应"等管理弊端，而且有效地降低了出租车空驶里程，减轻了城区道路交通压力和环境污染。

(72)陕西平安运输集团有限公司"GPS监控管理调度系统"项目

该项目补助额度为58万元。陕西平安运输集团GPS监控管理调度系统是依托电信CDMA 1X及GMSM通信网络平台，实现监控所有运营的车辆数据，为客户提供网上实时车辆状态、位置信息、管理、调度、监控等功能。目前集团公司下属长途班线车辆280辆，货运车辆300辆，公交车辆260辆均已安全GPS车载终端。

(73)新疆掌城科技有限公司"运营车辆智能化运营管理系统应用"项目

该项目补助额度为61万元。截至2011年年底，乌鲁木齐市已有8000辆出租车入网，可实现对车辆的监控调度、电召、行驶轨迹回放与分析、LED信息发布系统等功能。同时设立的出租汽车监控调度指挥中心平台，由车辆监控、异常情况监控、应急指挥调度、投诉管理、综合运行分析和终端运行管理等模块构成，主要面向行业管理部门和出租车公司用户。

(74)乌鲁木齐市公共交通集团有限公司"乌鲁木齐公交车辆智能化运营管理系统"项目

该项目补助额度为92万元。该系统通过为公交线路的现场运营组织和调度管理引入GPS车辆定位技术、计算机网络、GPRS和3G无线通信、电子路单智能卡、数据实时采集处理等先进科学技术,实现对公交车辆运行的实时监控和高效调度指挥,提高了运调效率和公交服务水平。

(75)新疆生产建设兵团通信科技中心有限公司"兵团团场出租GPS监控电召系统"项目

该项目补助额度为159万元。该项目实现了兵团团场范围内出租车辆动态信息及电招信息的交换和共享、为出租车辆动态分析和电招信息辅助决策提供数据基础、方便广大团场职工的出行方便,同时能够为团场出租提供GPS监控系统的安全监控数据。

(76)交运集团公司"营运车辆智能化运营管理系统应用"项目

该项目补助额度为193万元。公司建立了营运车辆智能化运营管理系统,在集团公司1162部营运客车上安装GPS卫星定位终端及3G远程车载视频监控系统,在集团公司所属的汽车站安装视频监控系统及LED发车屏,设立了营运车辆智能化运营管理监控调度中心。

(77)蛇口集装箱码头有限公司"GPS位置监控和生产可视化监控管理系统"项目

该项目补助额度为186万元。蛇口港在码头范围内的84台RTG、近200台拖车上安装GPS设备,利用GPS定位技术以及机械设备PLC模块的通信,实现了机械设备实时定位监控,可视化的管理。

2. 内河船舶免停靠报港信息服务系统应用

浙江省嘉兴市港航管理局"内河船舶免停靠报港信息服务系统应用"项目。该项目补助额度为91万元。项目将RFID、GPS、AIS、GIS、VHF、3G、视频监控、数字中继等多种现代信息技术手段集成于一体,实施内容包括船舶动态信息的多种采集手段;航道、港口视频的多种监控方式;局、处、站三级差异化服务、管理系统;多种业务处理终端的应用。

3. 公众出行信息服务系统应用

(1)河北冀星高速公路有限公司"河北省高速公路公众出行服务系统"项目

该项目补助额度为48万元。项目集成了客户服务电话系统、计算机网络发布系统和手机带状短信发布系统,可以通过客服务电话、Internet网络和手机短信向社会公众发布及时准确、形象直观、开放式动态性的路况信息,诱导车辆合理选择行驶路线,提前避开拥堵路段和车流高峰期,并可根据客户呼叫,提供最周全的免费救援服务。

(2)无锡客运有限公司"公众出行信息服务系统应用"项目

该项目补助额度为216万元。项目包括网上售票、手机购票、自动售票机、电子路牌、智能车场等系统。

(3)南京市交通信息中心"南京交通公共服务综合平台"项目

该项目补助额度为31万元。项目以南京交通基础数据库为基础,以一号一网一图(南京交通服务热线、南京交通网网站群、南京交通地理信息共享平台)为集中表现方式,实现了对公众出行的多形式、全方位服务。

(4)淮安市公路管理处"淮安市公路网管理与服务系统"项目

该项目补助额度为90万元。项目在全市多条国省干线公路上设置监控点和可变情报板,安装车载移动监控设备,形成一个集路网监控、路网调度、应急指挥、社会公众服务和执法监督为一体的公路管理与服务平台。

(5)浙江省交通运输厅信息中心"浙江省公路公众出行交通信息服务系统"项目

该项目补助额度为139万元。系统由采集子系统、数据处理子系统、数据分析子系统、信息发布子系统构成,建立了一个面向省内外出行者的交通信息服务平台。

(6)杭州交通卫星定位应用有限公司"杭州交通公众出行信息服务系统应用"项目

该项目补助额度为53万元。项目实施内容包括:业务平台改造,呼叫中心建设,出租车GPS统一调度设计,城区实时路况发布应用设计,手机、驻点扬招应用设计,公众出行网站设计,电子地图系统建设,大屏、服务器和通信等硬件系统建设。

(7)济南市公共交通总公司"公交出行信息发布系统"项目

该项目补助额度为31万元。项目构建了语音、短信、网络、车、站、路、网为一体的公交出行立体化信息发布与综合服务系统,设计规则统一、标准信息规范的服务接口,实现公交线路的出行方案反馈、车辆运行时间与位置时空预测,提供公交出行信息的"大服务"。

(8)山东高速公路股份有限公司"高速公路公众出行信息服务系统应用"项目

该项目补助额度为366万元。出行信息服务平台包含内部管理和外部服务两大部分,内部管理部分主要履行路网信息监测、调度指挥功能,外部服务主要履行出行信息发布、求助受理、改善出行环境等功能。

(9)湖北省交通科学研究院"湖北省交通公众出行服务系统二期"项目

该项目补助额度为62万元。项目面向全省高速、国省干线和城市主要道路以及水路运输,充分整合和利用现有的交通信息,加强交通信息服务深度和广度,开发短信发布平台,建立交通呼叫中心,采用Web、短信、电话等多方式为公众提供出行信息服务,包括气象、路况、旅游景点、线路规划、班次和费用等信息,极大的方便公众出行。

(10)北京市首都公路发展集团有限公司"公共出行信息系统应用——六里桥高速公路指挥中心"项目

该项目补助额度为665万元。北京市高速公路出行信息服务系统——六里桥高速公路指挥中心是北京市智能交通系统的组成部分,总建筑面积约2400平方米。指挥大厅设控制座席72个,呼叫中心设客户服务座席16个。

(11)北京公联交通枢纽建设管理有限公司"东直门综合运输枢纽信息服务平台试点工程"项目

该项目补助额度为168万元。东直门综合交通枢纽集3条轨道交通、13条郊区公交、9条市区公交、出租车、自驾车、自行车、步行等多种交通方式于一体。该服务平台的建设将达到提高旅客换乘效率、减少驻站时间,提升枢纽节能减排效率的目的。

(12)山西省交通计算机通信中心"山西省公路交通公众出行信息服务系统"项目

该项目补助额度为195万元。该项目主要通过基于WEBGIS、呼叫中心、出行网站、广播电台、短信平台和宣传文档的公众出行交通信息服务系统的建设,提高了利用综合信息服务社会公众的能力。

(13)吉林省交通信息通信中心"吉林省交通运输公众出行信息服务系统"项目

该项目补助额度为129万元。吉林省交通运输公众出行信息服务系统属于交通运输部开展的"公众出行交通信息服务系统"交通信息化示范工程的推广工程。通过该系统,社会公众可以随时随地获取全方位、多层次、多种方式的交通综合信息。

(14)通化市公共汽车公司“通化公交智能调度公众出行信息服务系统”项目

项目补助额度为39万元。2011年1月,该项目的主体设备预制工作全面展开。实际实施日期为2010年12月至2011年8月,该项目总投资222.0692万元。

(15)南京市公路运输管理处“南京交通主枢纽南站综合管理与信息服务系统工程”项目

该项目补助额度为229万元。该项目借助计算机及网络信息技术,通过车辆智能调度、枢纽日常监测与联动、信息诱导及安全疏散诱导与应急管理等系统,使得在运输企业、客运站管理部门、枢纽管理、行业管理和服务对象等各要素间有效整合,减少社会资源浪费、提高运输效率、提高服务质量,达到节能减排目的。

(16)杭州市公共交通集团有限公司“杭州市公交出行信息实时服务系统”项目

该项目补助额度为221万元。通过采用Win2003 Server、Oralce、IIS和WebGIS等主要技术,已经实现了公交线路和换乘信息、公交站点和车辆到站实时信息、公共自行车服务点和空满位实时信息、公交车与公共自行车换乘信息以及IC卡发售充值点等信息的查询服务。

(17)南昌市公共交通总公司“基于位置服务(LBS)的南昌市公共交通综合信息服务平台建设”项目

该项目补助额度为80万元。2009年至2011年该公司在30余个站台安装使用视频监控,在近200辆营运车辆上安装3G视频监控,并初步研发推广手机站台和电子站台。同时,拓展和延伸该系统的监控、调度、信息等功能,设定合理的车辆运行速度、优化运输和组织调度,从而提高公交汽车的运行经济性和运输效益,实现企业节能减排。

(18)济南市公路管理局“济南市公众出行信息服务系统”项目

该项目补助额度为88万元。济南市公路管理局初步搭建了济南公众出行信息服务系统,形成了路况信息发布、96660公路服务热线、济南公路网、视频监控、GPS车辆调度、应急指挥等系统,全面提升了交通运输行业的公众服务水平。

(19)山东滨州交运集团有限责任公司“公众出行信息服务系统”项目

该项目补助额度为31万元。该系统由出租车智能电话招车系统和客运信息网络系统组成。出租车电招系统主要采用目前较先进的无线通信技术、网络信息技术和GPS技术,实现车辆调度、车辆定位、动态跟踪、车辆管理、统计查询和分析、电话招车、预约招车、自动招车及投诉处理等。客运信息网络系统通过多途径对公众出行信息公布。

(20)武汉市交通经济技术信息中心“武汉交通出行信息服务系统(一期)”项目

该项目补助额度为30万元。武汉交通出行信息服务系统(一期)通过互联网方式为公众提供交通出行信息服务,主要包含交通实时路况信息、客运信息及铁路信息、航班信息等交通出行信息。

(21)广东省交通运输档案信息管理中心“广东省公众出行交通信息服务系统”项目

该项目补助额度为192万元。该系统通过互联网网站、手机网站、手机应用软件、服务区触摸屏终端等多种信息服务手段,为公众提供实时路况信息,引导公众安全、便捷、舒适、绿色地出行,有效缓解了交通拥堵,提高出行效率,降低了汽车的油耗。

(22)重庆市交通信息中心“重庆市公路交通信息资源整合与服务工程”项目

该项目补助额度为89万元。该工程的建设,进一步打造了“96096交通服务热线”四能合一的交通服务品牌,通过电话和短信服务提供投诉受理、信息咨询、统一权威发布、电话联网售票等服务;

基于整合之后的 GIS 平台,为出租车电召服务做好准备;通过与移动电视、新华社、大渝网和通信服务商等合作,为出行者提供出信息服务。

(23)云南省公路运输管理局"云南省道路运输公共信息服务平台"项目

该项目补助额度为 206 万元。云南省道路运输公共信息平台基于物联网理念,以省内为基础、辐射全国、面向东盟推广应用的道路运输营运车辆智能化运营管理及服务系统应用公益性项目,于 2011 年 9 月投入使用。

(24)陕西省交通厅信息中心"陕西省交通公众出行信息服务系统"项目

该项目补助额度为 122 万元。"陕西省交通公众出行信息服务系统"以整合全省交通信息资源为基础,以提升行业服务水平为目标,涵盖了交通基础服务设施信息、路况信息、公路场站、道路运输、出行方式和旅游等信息,为公众提供便捷、实用、可靠、及时的出行交通服务信息。

(六)交通运输节能减排试点示范项目

1. 交通运输部"低碳交通运输体系建设城市试点"项目

(1)天津港(集团)有限公司"动态网络能量数据采集监测分析系统"项目

该项目补助额度为 127 万元。项目以能源管理为基础,以信息网络平台为支撑,利用计算机网络技术、数据库技术及其他相关信息技术,建立动态网络能量数据采集监测分析系统,为各级单位开展能源管理提供流程化协同工作网络平台,提高能源利用效率与管理水平。

(2)江苏金陵交运集团有限公司"货运集约化经营"项目

该项目补助额度为 42 万元。集约化经营项目包括优化经营结构、强化统一管理;开展网络化运输;发展大吨位、专业化运输;建立信息化系统。

(3)烟台港集团有限公司"轮胎式集装箱龙门起重机调速与势能回收节能技术改造"项目

该项目补助额度为 71 万元。公司制订了基于负载变化的调速式节能控制技术和势能回收节能技术改造方案并实施,达到了节约燃油消耗的目的。实施上述两项节能技术改造后,通过模拟测试和正常的生产作业统计,作业效率不受影响,操作人员的操作程序不改变,与其他技术改造相比,对设备的改动最小,改造的投入最低。

(4)青岛港(集团)有限公司"门机作业自动计量系统"项目

该项目补助额度为 55 万元。项目巧妙地将门机 PLC 自动计量控制程序和超负荷传感器单片机控制程序、电能计量、时间统计等功能融为一体,优化了门机操作过程,通过增加对司机操作失误的主动干预功能,改善了门机受力状态,实现了门机从跳变的负荷中正确识别真实荷载、智能动态去皮、各管理数据的自动统计等功能,使门机繁杂的散货作业实现了自动、精确的科学统计和管理。

(5)青岛港(集团)有限公司"学良节油工作法的推广应用"项目

该项目补助额度为 69 万元。以船为核心的"学良节油"工作法,把拖轮作为一个经济实体,将节油工作细化到"操船"、"操车"和"船舶调度"等生产作业的具体细节,使节能减排的具体措施与拖轮生产经营活动的每个有机环节相融合,很好地实现了节能降耗和生产经营的科学统一,取得了明显的社会经济效益。

2. 财政部、国家发展改革委"节能减排财政政策综合示范城市"项目

(1)天津滨海新区公共交通集团有限公司"天然气车辆在道路运输中的应用"

该项目补助额度为959万元。2011年集团公司对原有泰达公交公司、塘沽公共交通公司、宝特公共交通有限公司、天津开发区公共交通总公司和塘沽区对外客运服务公司进行整合。整合后,集团公司拥有417台CNG、LNG天然气汽车,其中2010年后购入355台LNG汽车。

(2)杭州市萧山公共交通有限公司"天然气车辆在城市公交中的应用"项目

该项目补助额度为303万元。公司在2010年12月底,购置液化天然气(LNG)国Ⅲ排放客车100辆,投放到城区为主的公交线路上运营。

(3)武汉市公共交通集团有限责任公司"武汉公交集团CNG车辆推广"项目

该项目补助额度为728万元。2010年1月至2011年11月,公交集团共计购买CNG公交车290辆。

(4)贵阳市公共交通(集团)有限公司"贵阳市城市公交车辆燃油改燃气开发及应用"项目

该项目补助额度为277万元。截至2011年12月31日,公司已改、购天然气车共计1744辆,在前有的基础上新增了244辆。

(5)深圳市西部公共汽车有限公司"天然气公共汽车(LNG)示范"项目

该项目补助额度为296万元。公司2010年3月采购了50台液化天然气(LNG)公共汽车,于2010年的7月陆续投入运营。

3. 交通运输部公布的交通运输行业节能减排示范项目项目

(1)杭州余杭公共自行车服务有限公司"余杭公共自行车交通服务系统"项目

该项目补助额度为65万元。2010年4月起项目正式启动,次年1月1日开始试点运行。项目实施内容主要包括服务亭建设、自行车停车棚建设、自行车锁止器建设及配套的水、电、通信等设施的建设,公共自行车采购等。据统计,2011年1-8月,全区自行车租用量达260万人次。

(2)杭州市公共交通集团有限公司"BRT公交车应用"项目

该项目补助额度为61万元。2006年4月杭州公交开通了杭州第一条、国内第二条快速公交线路,此后相继开通了BRT2号线、BRT3号线和BRT4号线,基本形成了以BRT线路为骨干,8条支线,8条接驳线,30余个同台换乘站等组成,日均客运量达35万人次的快速公交客运网络,基本实现让部分乘客先快起来、准起来的目标。

(3)武汉鑫飞达环保节能科技有限公司"武汉便民公共自行车服务系统"项目

该项目补助额度为881万元。项目于2009年5月正式启动运营,已形成1218个智能租还车服务站点,7万辆自行车,80万左右持租车卡市民的运营服务规模,运营服务管理规模居全国行业榜首,采用的智能租还车服务系统由我企业自主研发,技术先进性、创新性、前瞻性属行业一流。

(4)重庆港务物流集团有限公司"散货作业线系统综合技术改造"项目

该项目补助额度为75万元。项目主要对公司港区25号码头工艺进行改造,改造后的卸船工艺为:浮吊(抓斗)—漏斗(给料机)—带式输送机(高架)—料场。改造后,作业环节减少,电动设备取代了内燃设备,作业能力由每小时150吨提高到300吨以上。

(5)福建电子口岸股份有限公司"关港贸一体化现代物流信息平台"项目

该项目补助额度为60万元。关港贸一体化现代物流信息平台是福建省政府指定的通关、港航、贸易统一服务平台,联合各家口岸查验单位、港口交通管理单位,共同建设面向企业的综合服务平台、数据交换共享平台。通过建设各类应用系统服务于厦门港的通关、物流、商贸等业务,极大的提高口岸的通关效率、促进物流便利化、节约资源。

(七)其他

(1)北京祥龙公交客运有限公司“柴油车供油系统节能改造”项目

该项目补助额度为44万元。公司2011年投资312.55万元,对928部柴油公交车供油系统进行了节能改造,安装了一套燃油系统加热装置,车辆启动性能和燃烧效果明显改善、提升,燃油消耗同比下降。

(2)北京首发物流枢纽有限公司“北京交通物流公共信息平台在节能减排中的应用”项目

该项目补助额度为31万元。项目可以实现企业间的信息与业务流程的对接,有效降低车辆空驶率,保证车辆满载率,提高运输效率,减少能源消耗及排放。

(3)中交第四公路工程局有限公司“西宝高速公路改扩建工程B－M06标泡沫沥青厂拌冷再生技术在公路工程中的应用”项目

该项目补助额度为65万元。项目主要工程量为一、二车道路段改建和三、四车道路段新建,下面层泡沫沥青冷再生施工33486立方米。沥青发泡技术将废弃的沥青路面材料再生使用,达到保护环境、节约资源的目的。

(4)天津港海湾职业技能开发服务有限公司“装卸机械驾驶培训模拟装置应用”项目

该项目补助额度为49万元。2010年公司投资591万元人民币,购置装卸机械驾驶培训模拟装置一套。模拟器培训设备以电能为动力,经济性能强、环保性能强、零排放无污染。

(5)中交天津航道局有限公司“绞吸船施工模拟系统”项目

该项目补助额度为115万元。项目为高级工程技术人员的施工工艺优化、施工船舶合理安排以及工程产量预测、成本预算等提供了良好平台,达到缩短绞吸船驾驶员培训周期、提高培训质量同时比传统方式大幅度节能降耗的目的。

(6)中交天津航道局有限公司“天鲸号使用废气锅炉技术”项目

该项目补助额度为85万元。天鲸号自航绞吸式挖泥船,该船配备配备一台1500千瓦燃油锅炉和两台废气锅炉,燃油锅炉和两台废气锅炉串联,在船舶航行和疏浚作业时,两台废气锅炉可满足全船的加热需求,燃油锅炉只在船舶停泊或主机负荷极低时自动投入使用,有效地利用了主机排烟余热,加大了动力装置的经济性。

(7)中交天津航道局有限公司“挖泥船精确与高效疏浚控制节能减排方法”项目

该项目补助额度为490万元。项目对全电驱配置的大型挖泥船疏浚设备机具进行智能化集成监测与控制、对整船装机功率的分配和管理,通过构建大型船智能化疏浚集成控制系统框架模型、疏浚控制系统(DCS)硬件系统开发、软件模型研究、基于疏浚效率的船舶电站功率管理开发研究、疏浚轨迹与三维土质剖面显示系统开发研究、自动控制系统开发研究,创新了疏浚工艺,达到节能减排的目的。

(8)保定市东风出租汽车客运有限责任公司“天然气车辆在城市道路客运中的应用”项目

该项目补助额度为337万元。公司截至2011年底完成出租车改装1211辆,项目总投资968.8万元。出租汽车进行燃气改装后,能有效减轻城市空气环境的污染,降低运营成本。

(9)中交三航局第三工程有限公司“PHC管桩免高压蒸养的研究应用”项目

该项目补助额度为121万元。项目系统解决了PHC管桩免高压蒸养生产工艺和配合比设计相关技术问题,能使管桩的综合性能得到进一步提高,大幅度降低能源消耗和排放。

(10)江苏江阴港港口集团股份有限公司“LED灯节能改造工程”项目

该项目补助额度为57万元。公司以LED照明灯替代高压钠灯用于港口码头的照明,该项目总投资1441.08万元。通过LED灯具节能改造工程的实施,每年可节约用电341万千瓦时,折合1135.6吨标准煤。

(11)无锡市公路管理处“移动式不停车超限预检系统”项目

该项目补助额度为30万元。项目集动态称重、车辆抓拍识别、超速预警及信息显示、视频监控、信息处理于一体,有效促进了公路网运行监测科学化、超限治理管理水平现代化,提高能源利用率、减少环境污染危害。

(12)无锡市交通城北机动车驾驶员培训有限公司“天然气车辆在道路运输中的应用”项目

该项目补助额度为99万元。2009年公司改装了174辆小型C1桑塔纳教练车以及12辆公务车,取得了良好的效果。

(13)杭州萧山国际物流有限公司“集装箱‘双重运输’模式”项目

该项目补助额度为30万元。项目应用集装箱双重物流服务信息平台,通过集装箱重箱进、重箱出“双重”模式的运作,降低了运输费用,提高了集装箱的进港准点率,彻底改变了往返必有单向放空的现象,节能减排的同时缓解了交通压力。

(14)日照港集团有限公司“日照港大型装卸设备综合节能改造”项目

该项目补助额度为61万元。项目节能改造内容包括大型岸边装卸设备电气室换热系统、装卸设备风、光发电照明系统和门机HDM整流及能量回馈装置三个方面。

(15)重庆长江轮船公司“长江新型325TEU节能集装箱船研发及推广应用”项目

该项目补助额度为260万元。公司于2010年完成了12艘325TEU节能集装箱船的建造并于2011年6月全部完工并投入营运,使集装箱运输燃油单耗在原有水平基础上下降了46.3%。

(16)重庆市南川区金山公共汽车运输公司“CNG公交车推广应用”项目

该项目补助额度为51万元。公司2010年至2011年共投入天然气车29辆,南川公交天然气(CNG)汽车的使用率达到100%。

(17)重庆城市交通开发投资(集团)有限公司“CNG公交车推广应用”项目

该项目补助额度为1000万元。2011年重庆公交集团共计更新投入650辆天然气车辆,使重庆公交天然气(CNG)汽车的使用率提高到96%以上。

(18)中交第二公路工程局有限公司“西潼高速项目泡沫沥青厂拌冷再生技术在公路工程中的应用”项目

该项目补助额度为171万元。公司在陕西省西潼高速公路改扩建工程路面两个项目泡沫沥青冷再生混合料施工总量为99766立方米,直接节约燃料消耗3437吨标煤,减少8444吨CO_2的排放。

(19)中交第二公路工程局有限公司“西宝高速项目泡沫沥青厂拌冷再生技术在公路工程中的应用”项目

该项目补助额度为216万元。2011年公司在陕西省西宝高速公路改扩建工程三个项目泡沫沥青冷再生混合料施工总量为 13 万立方米，生产泡沫沥青冷再生料 28.2 万吨，直接节约燃料消耗 4492 吨标煤，减少 11036 吨 CO_2 的排放。

三、区域性主题性项目成果

2012 年交通运输节能减排专项资金首次用于支持区域性主题性试点项目，对南昌市建设低碳交通运输体系区域性管理试点和连云港港建设低碳港口主题性试点 2 个项目予以了支持，第一年共补助资金 5035 万元。2 个区域性和主题性试点项目实施后，可形成年节能能力约 13.72 万吨，替代燃油量约 0.2 万吨，拉动社会投资约 13.8 亿元。区域性主题性项目的开展，创新了专项资金管理模式，发挥了专项资金的规模性聚集性效应，丰富了绿色低碳交通运输体系建设试点工作内涵，推动了绿色低碳交通运输发展。

(一)南昌市绿色低碳交通城市区域性项目

南昌地处长江中下游，鄱阳湖西南岸，是唯一一个与长江三角洲、珠江三角洲和闽东南经济区相毗邻的省会城市。南昌区位条件优越，京九、沪昆、皖赣三条铁路线交汇于此；国道 105、320、316 纵贯南昌；昌北国际机场可达全国各地；水运经赣江入长江出东海，使南昌成为全国铁路网和水陆联运的重要枢纽，具有承东启西，纵贯南北的区位优势。

1. 交通运输节能减排工作基础

一是节能减排组织机构较为健全。南昌市高度重视交通运输行业的节能减排和环境保护工作，市交通运输局成立了交通运输节能减排工作领导小组，负责全市交通行业节能工作的组织和协调工作。由市交通运输局局长任组长，其他分管领导任副组长，市直交通企事业单位主要负责人为成员的领导小组，领导小组下设办公室，办公室设在局综合运输处，负责全市交通行业节能减排的具体工作。

二是节能减排工作机制较为完善。南昌市形成以各级交通运输管理部门为主导、交通企业为主体、全行业齐抓共管的节能减排工作格局，即各部门按照工作职责和行业管理职能的分工，结合各自业务特点，把节能减排作为重点任务，抓紧抓实；同时，推动和督促交通企业积极参与，自觉节能减排。

三是节能减排管理措施较为切实有效。包括严格执行营运车辆准入制度、鼓励开展甩挂运输试点工作、全力开展“车、船、路、港”单位低碳交通运输专项行动、加快推进内河船型标准化建设、大力发展城市公共交通、着力推广高速公路电子不停车收费系统、进一步完善能源统计和节能减排监测考核体系、加强节能减排科技研发及成果推广应用、进一步做好节能减排宣传教育等。

四是颁布和实施了一系列政策法规。2006 年以来，江西省政府先后印发了《关于加强节能工作的实施意见》(赣府发〔2006〕24 号)、《关于全面落实科学发展观加强资源节约的若干意见》(赣府发〔2006〕33 号)、《江西省节能减排综合性工作方案》(赣府发〔2007〕31 号)等一系列规范性文件，制订了促进节能减排的一系列政策措施，节能减排工作取得了积极进展。

五是开展了节能减排行动或项目。2009 年 10 月 19 日南昌利用 LED 照明技术建成首条节能减排示范路。多年来，赣粤高速加大科技投入，在国家重点支持的高新技术服务业、电子信息技术、资源与环境技术三大领域积极进行自主创新,完成了18项科研成果。江西省交通运输厅2010年在全省开展了“车、船、路、港”单位低碳交通运输专项行动,并荣获部低碳交通运输专项行动优秀组织单位。江西省2011年开展了“节能节电全民行动”活动。2008年江西省财政节能专项资金补助项目共11项,其中有3项属于交通运输行业。

六是节能减排工作取得了实际成效。南昌市交通运输行业认真贯彻科学发展观,努力营造以行业管理为主导、企业为主体,全行业共同推进的工作格局,以高新技术和新能源产品推进公路运输节能,以交通运输智能化推进城市客运节能,以优化运输组织形式推进水路运输节能,成效比较显著。

2. 总体要求

以科学发展观为统领,以鄱阳湖生态经济区上升为国家战略为机,围绕南昌市建设低碳交通运输体系的总体目标,以提高能源利用效率、降低碳排放强度、增强可持续发展能力为核心,重点在低碳交通基础设施、低碳交通运输装备、低碳交通物流和低碳交通能力建设等方面寻求突破,遴选一批试点单位,以试点项目为载体,加强技术创新和制度创新,努力在促进低碳交通运输发展相关政策和体制机制创新上先行先试,探索一条符合南昌实际的低碳交通运输体系建设发展之路,为南昌“建设低碳城市、实现绿色崛起”提供有力保障,为全国低碳交通运输体系建设探索经验并发挥示范作用。

到2015年,全市交通运输行业能源强度和CO_2排放强度有效降低,低碳发展理念在全行业牢固树立,交通运输结构和能源消费结构进一步优化,低碳交通运输发展战略规划体系、政策法规体系、技术创新体系、监督管理体系和激励约束机制基本建立完善,低碳交通能力明显提升,形成具有南昌特色的节能减排专项资金项目区域性管理模式,争创全国低碳交通示范城市,为交通运输部节能减排专项资金管理模式创新积累经验、提供示范。

3. 重点领域及主要任务

(1)建设低碳交通基础设施

加快构建节能低碳型现代综合交通运输体系。进一步优化交通运输网络布局,努力实现运输网络干支成网,强化南昌市公路、铁路、水路、民航等交通枢纽建设,加快内河水运发展,大力发展城市公交和轨道交通,实现各种运输方式有效衔接。到2015年,基本建成以高速公路、高速铁路、赣江航道为载体,各种运输方式协调发展,功能完善、高效畅通、资源节约、环境友好的现代综合交通运输体系。

建设低碳公路基础设施。以对接中心城“三环十一射”城市快速路系统为重点,建设覆盖南昌全市的“一环六射”高速公路网和“六纵四横”干线公路网。增强公路、港口、机场、铁路站场集疏运能力,加强疏港道路、铁路站场连接线、产业园区对外联系的出入通道和通往重要旅游景区的旅游公路建设。开展车站、服务区等交通基础设施节能改造,全面推行不停车收费系统(ETC),降低公路交通基础设施建设和运营的能耗与排放水平。公路建养护过程中,大力推广应用沥青路面厂拌冷再生、热再生技术、温拌沥青技术和公路隧道节能减排技术。对公路客货运输场站、高速公路服务区、收费站、隧道、城市道路进出口等公路沿线设施实施节能照明改造,并试点开展太阳能风光互补方式供电改造。加快建设一批低碳、生态型运输站场,充分利用清洁能源、LED照明等技术设备,推动运输枢纽更为节能低碳。加快推进依托港口、公路运输枢纽的物流园区规划建设,实现与当地保税物流中心(或保税区)和工业园区联动发展,促进公路货运枢纽向物流园区转型,支持物流园区外部集疏运系统和内部主要公用型交通基础设施建设。

建设低碳水运基础设施。抓住国家黄金水道和鄱阳湖生态经济区建设的大好机遇，认真贯彻落实《江西省人民政府关于策应长江黄金水道建设提升水运发展水平的若干意见》，加速水运现代化建设，充分发挥内河水运节能低碳的优势。积极推进南昌港建设，重点建设鸡山、昌东、樵舍三个港区。研发推广货场照明控制和绿色电源技术、门机回馈制动技术。大力研发推广应用电能回馈、储能回用、岸电等绿色节能技术，研制开发电动水平运输车辆等新工艺新技术。积极推广港口绿色照明工程，推广照明和空调系统等辅助用能节能改造技术，全面降低港口生产能耗水平。

建设低碳城市交通基础设施。全面落实公交优先发展战略，推进四县五区公交一体化，加快畅通工程建设。按照"总体规划、试点先行、稳步实施、逐渐成网"的原则制定公交专用道规划并加紧推行，建立快速公交系统。加快轨道交通建设，2016 年完成地铁 1 号、2 号线建设，2020 年完成 3 号线建设，形成由 1、2、3 号线组成的轨道交通骨架网。结合地铁建设和城市快速路口网建设，在城市一环与地铁交汇的方向，建设四个公交枢纽站，实现零距离换乘。发展"免费自行车"服务系统。

(2)推广低碳交通运输装备

着力提升运输车辆专业化、标准化水平。到"十二五"末，营运中高级客车比例达到 55%，重型车和专用车占营运货车比例达到 25% 和 10%。

优化城市客运车辆结构。形成城市公共汽车为主体，出租车为补充的城市公共客运服务体系。"十二五"期间，重点加强营运车辆燃料消耗量准入和退出工作，禁止高燃料车辆进入市场，加速淘汰老旧车辆，积极推广符合燃耗限制的新型车辆，进一步优化运力结构。逐步提高城市公交、出租汽车中天然气车辆的比重，在城市配送、城际客货运输车辆中积极开展试点推广工作，以新购置天然气车辆代替淘汰的老旧车辆。以国家节能与新能源汽车示范推广试点为契机，推动南昌开展公共汽车、出租车、公务车等新能源改造试点，推广使用电动汽车，结合停车场和加油站，建设充电设施体系。分别到 2013 年、2015 年，在城市客运领域推广节能与新能源汽车 1200 辆、1500 辆。

严格执行机动车排放标准。加速淘汰老旧车辆，基本淘汰 2005 年以前注册运营的"黄标车"，加快提升车用燃油品质。机动车严格执行国Ⅳ标准，新增公交车辆执行欧Ⅳ排放标准。探索调控机动车保有总量，扩大市区高污染机动车辆限行范围，鼓励提前淘汰主城区高污染机动车辆。全面推行机动车环保标志管理，鼓励购买小排量、新能源等节能环保型汽车。

加快实现货运船舶标准化、大型化、专业化。加快淘汰老旧船舶，重点发展集装箱、液化品、散货等江海直达运输船舶，到"十二五"末，全市内河货运船舶平均吨位超过 700 吨，船型标准化率超过 60%。

(3)推进低碳运输组织模式

优化公路客运组织管理模式。重点依托江西长运，形成集约化程度高、大型客运集团公司和品牌运输为主导，中小型客运企业为辅的客运市场分工格局，满足全社会对道路旅客运输服务的需求。市际干线公路客运全部实现公司化经营，县际班线公司化经营率达到 80% 以上，减少客运经营主体数量。

优化公路货运组织管理模式。重点发展甩挂运输、集装箱运输、特种货物运输、厢式货车运输以及重点物资的散装运输。着力开展甩挂运输试点工作，在全市范围内形成 1～2 家甩挂运输示范企业，初步形成一定规模的甩挂运输组织网络。开展道路集装箱运输市场调研，培育出相对稳定的集装箱运输线路、集装箱专业运输企业。发展多式联运运输，加强部门间合作，提高运输、装卸、搬运设备的标准化程度。开展农村物流试点及城市配送试点工作，形成示范项目。

优化城市交通组织模式。建设智能城市交通网络，发展智能交通系统，全面推进城市交通信息化动态管理，推进多种交通方式无缝对接。采用特定区域限制非公共交通车辆等办法优化交通组织。研究提高中心城区路边停车收费水平、重要道路征收拥堵行驶费、高峰期限行等措施，限制传统能源私家车出行。有计划、分步骤实施“免费自行车”行动，方便市民换乘公共交通，实行积分奖励制度，鼓励市民低碳出行。

优化水路运输组织管理模式。以南昌港集装箱码头为依托，继续稳步发展集装箱内支线运输，扩大支线中途挂靠港。积极鼓励内外贸集装箱同船运输，提高集装箱运输效率。引导江西远洋运输公司等水运企业新建江海直达运输船舶、开辟江海直达运输航线、开通南昌港至上海洋山港江海联运直达航线。继续拓展南昌至九江等水路航线的货物运输市场。

大力发展海铁联运。开展推广与海西、珠三角、长三角区域的铁海联运业务，推进南昌无水港建设。

(4)加强低碳交通能力建设

建设智能交通工程。大力发展智能交通技术，积极引导交通运输企业强化运营的信息化建设。加快物联网技术在公路、水路运输领域的推广应用，管理推广港口车辆和装卸机械智能化调度系统、城市智能化公共交通与运营管理工程等，提高运输生产的智能化程度。

完善交通公众信息服务。在城市现有交通公众信息服务平台中，增加低碳交通信息服务功能，努力建设和完善公众出行信息服务系统，采取多种方式发布交通出行信息，提供安全、便捷、舒适、低碳的出行方案。

建立健全交通运输碳排放管理体系。建立健全交通运输行业节能减排统计、监测和考核体系，探索建设重点交通运输企业能源管理中心，研究开发能耗与碳排放在线申报与监测系统。完善节能减排和应对气候变化的管理制度和运行机制，建立健全企业能源审计、建设项目节能评估与审查等制度，积极探索利用合同能源管理、节能减排自愿协议、碳排放权交易等市场机制。

4. 重点行动及项目

(1)以低碳示范创建为目标的综合性试点项目

启动区县低碳交通试点行动，打造 2～3 个低碳交通示范区县。部署推动全市九区四县全面开展低碳试点行动，并结合全市交通运输布局特点和基础条件，从中选择 2～3 个区县作为低碳交通示范区县。

组织百家企业节能低碳试点行动，力争培育打造 20 家低碳交通示范单位。组织开展南昌百家企业低碳交通试点行动以及全市交通运输系统公共机构节能低碳专项行动，积极创建低碳示范单位。从中择优评选出 15 家市级低碳交通示范企业、5 个公共机构节能示范单位，开展能源利用与碳排放监测、温室气体清单编制、能效评估等试点工作。

组织实施一批低碳交通试点工程，力争建成 2～3 个低碳交通示范工程。组织开展低碳公路、低碳服务区、低碳场站、低碳收费站、低碳港区、低碳物流园区、低碳交通社区等试点工程建设活动，力争打造2~3个示范工程。

(2)市域主题性试点项目群

结合南昌市特点,在市域范围内统筹规划、统筹设计、统筹实施、统筹管理,围绕低碳公路建设、低碳场站建设、低碳港区建设、低碳运输组织模式推广、低碳运输车辆推广、低碳运输船舶推广、低碳驾驶与绿色维修推广、智能交通建设、低碳出行方式引导、低碳管理能力提升主题领域选择具体的重点项目有针对性地开展试点工作。

(二)连云港港绿色低碳港口主题性项目

连云港港地处我国沿海中部黄海海州湾西南岸、江苏省东北部,南靠云台山北麓、北倚东西连岛。连云港港具有悠久的航运发展史,于1933年开港,现为新亚欧大陆桥东桥头堡、新丝绸之路的东端起点、江苏最大海港,是中国25个沿海主要港口之一、长三角港口群三大主体港之一、中西部地区乃至中亚诸国最便捷经济的进出海口岸。截至2011年年底,连云港港口共有泊位52个,万吨级以上泊位39个。连云港港岸线总长度为11152m,年设计吞吐能力为9748万吨(其中集装箱为274万TEU)。

1.低碳港口建设现状

近年来,连云港港口集团有限公司紧紧围绕国家、省市、行业有关节能减排工作的总体部署和要求,集团上下高度重视,严格执行低碳港口建设的管理,加大了节能工作力度,强化了节能考核工作,以提高能源利用效率为核心,以科技创新和管理创新为手段开展了大量卓有成效的节能减排工作。

一是调整优化运输结构体系。自1992年以来,连云港港始终坚持大力发展集装箱铁水联运业务,铁水联运集装箱量稳占全国10%以上份额。连云港港已成为亚欧大陆间国际集装箱铁水联运的知名中转港、全国过境业务第一港。同时,随着通榆运河北延工程贯通,苏北内河网络逐步形成,连云港新云台码头已经成为内河集疏运中转平台,吞吐量逐年上升。

二是积极应用节能新技术和新产品。连云港港船用岸电项目研发、产业化、市场推广、专利申请及标准制定等工作均取得了阶段性的成绩。近几年陆续对60余台次的大型用电设备如老旧门机及装船机、斗轮机等进行了变频节电改造。2011年完成了10台41吨集装箱轮胎吊"油改电"节能技术改造。在港口流动设备上使用了高效柴油添加剂。2009年开展了用电网络监控及清洁节能研究与建设。2010年将港区南疏港道路250W钠灯全部更换为140W的LED灯,建设完成太阳能结合辅助电加热系统对职工浴室供应热水。

三是优化装卸工艺环节。2010年,新陆桥公司针对34号泊位的计量斗车装火车工艺、挖掘机堆场码垛工艺、清舱工艺等均进行优化,并制定相应标准。东泰分公司针对木薯干、红土镍矿、铁矿砂、木材、出口大件设备等主要货种开始积极推进"车船直取"港口操作模式,节省了作业环节,降低了能耗。

四是建立节能减排组织机构。集团公司2008年成立了以港口集团副总裁为组长的节能减排工作领导小组,并定期召开工作例会。2011年,专门成立了节能减排管理办公室。集团公司下属各分公司均成立了节能工作领导小组;主要用能队(如门机队、流机队等)都设有专职节能员,各班组也有兼职节能员负责现场用能管理。

五是加强节能减排制度建设。集团公司制定有《港口集团有限公司节能降耗管理办法》(云港安技〔2008〕21号)和《港口集团有限公司节能降耗考核细则》(云港安技〔2007〕83号),并针对下属分公司出台了"节能减排、低碳标杆企业"评价考核计分表,每年进行年终节能考核检查评比。

六是加大节能减排宣传培训。集团公司及下属各分公司十分重视对员工的日常节能宣传和培训工作,利用公司内部网络、宣传栏、岗位培训等多种方式普及节能科技知识和培养良好节约习惯,并不定期开展一系列相关活动。

七是配备能源计量器具。集团公司有专职部门负责全港的计量工作,由计量中心负责全港的计量器具的检验监测等具体工作,做到了只要有消耗就要有计量的要求。

八是细化能耗统计数据。2008年5月,设备管理子系统、门机用电IC卡管理子系统正式投入使用,2008年12月正式启用司机自助刷卡加油,2009年3月,设备子系统实现了设备单耗分析统计功能。2010年11月,东泰分公司对59泊位门机引进了单车作业操作计量系统。

2. 低碳港口建设指导思想与目标

以科学发展观为指导,全面落实节约资源和保护环境基本国策,以把连云港港建设成为"低碳港口"为目标,加快推进港口发展模式低碳转变,以提高港口能源利用效率、降低能源消耗强度和CO_2排放强度为核心,提升港口节能减排理念,加快落实连云港港"十二五"节能减排规划中的重点任务。通过资金扶持、组织保障、配套制度、评价考核、宣传引导等手段,重点从低碳基础设施建设、低碳装卸运输装备应用和工艺改造、低碳运输智能系统信息技术应用、清洁能源推广四个方面开展低碳港口建设主题性试点工作,全面推进低碳交通运输体系建设。

到2015年,连云港港港口布局更加合理,港口能源消费结构更加优化,清洁能源利用率有所提高,结构性节能取得明显成效;科技创新能力进一步增强,港口信息化水平进一步提升,技术性节能取得明显进展;港口运营组织管理水平进一步提高,节能减排管理体制机制进一步完善,港口能源消耗统计、监测、考核体系基本完善,港口低碳发展方式基本形成。力争用2~3年时间,把连云港港打造成以"低能耗、低污染、低排放和高效能、高效率、高效益"(简称"三低三高")为特征的新型港口。港口单位吞吐量的能耗和排放强度明显下降。

3. 重点领域

低碳港口基础设施建设。依托"高压变频数字化船用岸电系统",采用岸上高压供电方案,积极推进靠港船舶使用岸电。实施码头绿色照明改造,使用大功率LED照明灯具代替传统的高压钠灯。

低碳装卸运输装备应用和工艺改造。大规模推广应用皮带机智能减电机技术和多流程皮带机逆向启动技术,积极推进门座起重机能量回馈改造。

低碳运输智能系统信息技术应用。建立全港能源消耗自动化管理系统,实现对全港油、煤、水、电、气的实时动态监控管理。建立口岸铁水联运信息服务平台,将铁水联运各环节的物流、资金流和单证流信息电子化,构筑起连接港口、铁路、航运的铁水联运信息服务平台。建立港口智能化生产调度平台系统,实现港口生产调度智能化和计划决策模型化,全面提升港口作业效率。

清洁能源推广应用。大范围实施水平运输车辆"油改气"。大规模推广应用太阳能供热系统和空气源热泵系统。

低碳港口能力建设。整合资源、优化布局、调整结构、完善功能,加快推进主体港区转型升级。推进港口码头大型化、专业化和物流场站规模化、现代化。充分发挥连云港内河水运优势,大力发展内河运输。深入推进铁水联运,把阿拉山口通道发展成为我国重要的综合交通运输通道、世界知名的亚欧国际铁水联运精品干线,加速形成连接沿海、面向日韩、服务陆桥的铁水联运网络体系。做大做精做优主业,创新拓展关联产业,大力发展集装箱甩挂运输,不断优化生产组织。推行信息化管理,提高人员整体素质和业务水平。

4. 低碳港口建设重点工程

试点期间,连云港港分别从低碳基础设施建设、低碳装卸运输装备应用和工艺改造、低碳运输智能系统信息技术应用、清洁能源推广应用四个方面实施节能减排重点工程改造,共计有重点工程13 项。

四、能力建设项目成果

2012 年交通运输节能减排专项资金首次用于支持交通运输行业节能减排能力建设项目,对低碳交通运输体系评价指标体系、交通运输能耗统计监测体系建设(一期)、交通运输行业能源消耗与碳排放考核体系研究、低碳交通城市评价指标体系、低碳港口评价指标体系、低碳公路建设评价指标体系、低碳港口、航道建设评价指标体系、港口温室气体(CO_2)排放影响、排放峰值与减排目标、路径研究、新能源汽车、清洁燃料汽车应用等 5 个标准共 9 个项目予以了支持。下一步还将支持“绿色低碳公路运输场站评价指标体系研究”。截至 2013 年 5 月,绿色低碳交通城市评价指标体系研究和绿色低碳港口评价指标体系研究已经通过验收。

(一)绿色低碳交通城市评价指标体系研究

1. 低碳交通城市的内涵及特征

低碳交通是低碳城市建设的重要内容,同时也是低碳城市建设的有力支撑。低碳交通城市是低碳城市的重要标志和必要条件。低碳交通城市就是以城市空间为载体建设低碳交通运输体系,是指以低碳交通为发展模式及方向、市民以低碳出行为理念和行为特征、政府公务管理层以低碳交通运输体系为标本和蓝图的城市。其基本内涵是,以低能耗、低排放、高效率、高效益为特征的城市低碳交通运输体系为核心,以建设节能低碳型交通基础设施网络、推广绿色低碳运输装备、推广低碳运输组织模式和操作方法、建设智能交通服务与管理体系、低碳交通能力保障体系为主要内容,以调整交通运输结构、提升低碳发展理念、创新低碳交通技术、加快智能交通建设、引导绿色低碳出行、提升低碳管理能力为重点,以实现交通运输可持续发展、促进低碳城市建设为根本目的,从而达到最大限度减少交通运输行业温室气体排放的目的。

2. 低碳交通城市评价指标选取的原则

(1)科学性原则

指标体系应建立在科学基础上,指标概念必须明确,指标与目标必须一致,各指标应协调一致并保持相对独立性,体现交通运输行业的低碳发展状况评价的内涵,突出交通运输行业低碳发展状况评价的系统目标。

(2)系统性原则

应将交通运输行业低碳发展体系作为一个相对独立的整体,置身于社会经济大系统中,并从这个大系统中研究交通运输行业低碳发展与经济发展、社会进步等因素之间的关系。不能孤立地研究低碳发展目标,应通过设计的指标体系,系统全面地反映现象内在的本质。

(3)简明性原则

选择的指标宜少而精,应尽可能简单明了,并具有代表性,能够全面、准确地反映整体目标,不可偏废,重要指标不可遗漏。指标的设置要围绕评价目的有针对性地加以选择,在满足全面性和独立性的前提下,指标体系应尽可能简洁明晰,避免给评价、分析比较造成困难和混乱。

(4)可比性原则

评价指标设置应尽可能采用通用的名称、概念和计算方法,使各相关指标具有可比性;同时,也要考虑时间序列和地区间的可比性问题,以利于进行横向、纵向的对比分析。

(5)适用性原则

设置指标的目的是为分析评价结果,因此所选的指标不仅要有明确的含义,而且要有一定的外在表达形式,能够直接计算测量或观察得到,这样才能在工作中应用,具有可操作性,尽可能利用已有的或常用的统计数据和调查方法加以确定,以保证指标的适用性和有效性。

(6)可操作性原则

指标体系的设计应尽可能考虑评价指标体系的可用性,主要从指标数据可得性、指标范围可界定、操作成本不高、指标体系符合地方实际、评价过程中不给被评价部门增加负担等方面进行设计,从而可以使评价结果准确可信、方便推广,在将来逐步形成一种长期评价机制。

3. 低碳交通城市评价框架及指标说明

1)指标体系纵向结构说明

(1)综合得分

主要反映评价指标之间关系的协调发展程度,用一个综合得分表达。

(2)评价类别

为了达到城市低碳交通运输体系发展的目的,分别由对应的指标组成专题分类指标体系,在本研究框架中起着对大量有关信息进行分类和综合集成作用,从而形成一个有明确意义的分类别指数。

(3)评价内容

主要反映各类别需要考虑那些方面要素,发掘和寻找合适的内容来全面和具体的反映城市低碳交通运输发展的属性特征,作为一个连接评价内容与下一层的原始指标的作用层。

(4)评价指标

主要用来反映各要素层的具体内容,它是由各单项原始指标组成。原始指标的构建需要统筹全面又要兼顾公平,因此在指标的选择上更多的选用相对指标,这样使得指标体系不仅能够反映单个城市自身各方面情况,还可以对不同城市间低碳交通发展状况的进行对比。

2)指标体系横向结构说明

如上所述,城市低碳交通运输评价指标体系是由两个方面的评价类别组成的,每个方面的指数各自反映了交通低碳化某一特定方面。低碳交通城市评价指标设置见表3-1。

低碳交通城市评价指标设置 表3-1

评价内容	权重	评价范围	编号	评价指标
综合性指标	21	能源强度指标	A1	营运车辆单位运输周转量能耗
			A2	营运船舶单位运输周转量能耗
			A3	港口生产单位吞吐量能耗
			A4	城市公交单位客运量能耗
			A5	城市出租汽车单位客运量能耗
		碳排放强度指标	A6	营运车辆单位运输周转量 CO_2 排放
			A7	营运船舶单位运输周转量 CO_2 排放
			A8	港口生产单位吞吐量 CO_2 排放
			A9	城市公交单位客运量 CO_2 排放
			A10	城市出租汽车单位客运量 CO_2 排放
		污染物控制指标	A11	化学需氧量(COD)、总悬浮颗粒物(TSP)等主要污染物排放强度下降率(相比于2010年)
基础设施	28	综合运输网络	B1	综合运输线网衔接情况
			B2	综合运输枢纽建设情况
		公路	B3	公路网综合密度
			B4	路网等级结构
			B5	路面铺装率
			B6	道路绿化率
			B7	高速公路与城市路网的衔接程度
			B8	公路路面建设材料循环利用率
			B9	新能源在公路工程中的应用情况
			B10	客运枢纽换乘便利性程度
			B11	货运衔接便利性程度
			B12	施工机械节能低碳技术应用情况
			B13	公路噪声治理情况
			B14	高速公路服务区污水处理和回用情况
		城市公交	B15	城市公交线网密度
			B16	公交站点覆盖率(500米)
			B17	每万人城市快速公交里程数(含公交专用道和轨道交通)
			B18	城市自行车专用道建设情况
			B19	城市行人步道建设情况
			B20	城市交通信号灯运行效率
			B21	天然气加气站、充电站建设与使用情况
		水路	B22	五级以上内河航道比重
			B23	沿海港口万吨级以上泊位比重
			B24	内河港口300吨以上泊位比重
			B25	港口新能源使用情况
			B26	太阳能一体化航标灯应用情况
			B27	港口粉尘综合防治情况
			B28	港口污水综合处理情况

续上表

评价内容	权重	评价范围	编号	评价指标
运输装备	18	营运车辆	C1	节能低碳型营运车辆占营运车辆比重
			C2	节能低碳型公交车辆占公交车比重
			C3	节能低碳型出租汽车占出租车比重
			C4	厢式货车和集装箱货车占比
			C5	每万人拥有的公交车标台数
			C6	营运货车平均吨位
			C7	车辆节能低碳新技术应用情况
		营运船舶	C8	内河船型标准化率
			C9	老旧船舶淘汰情况
			C10	沿海船舶平均吨位
			C11	内河船舶平均吨位
			C12	节能低碳型船舶应用程度
			C13	船舶节能低碳新技术应用情况
			C14	船舶污水接收处理情况
			C15	船舶垃圾接收处理情况
		港口机械	C16	港口 RTG“油改电”情况(含新购 ERTG)
			C17	岸电技术应用情况
			C18	港口装卸节能减排新技术应用情况
运输组织	20	综合运输	D1	多式联运发展情况
			D2	水运与铁路货运承运比重
			D3	城乡客运一体化程度
			D4	第三方物流发展水平
			D5	滚装运输、江海直达运输发展情况
		公路水路运输	D6	甩挂运输开展应用情况
			D7	营运货车里程利用率
			D8	营运客车实载率
			D9	道路货运经营业户平均拥有车辆数
			D10	内河货运经营业户平均拥有船舶数
			D11	港口联运比例(铁水联运和水水中转)
		城市公交	D12	公交出行分担率(不包含步行出行)
			D13	非机动化出行比例
			D14	公众出行满意率
			D15	公交车空位率
			D16	公交车正点率
			D17	出租车里程利用率
			D18	共乘交通发展情况
			D19	公共自行车推广情况
			D20	交通拥堵指数

续上表

评价内容	权重	评价范围	编号	评价指标
智能交通与信息化	4.5	智能交通与信息化	E1	公众出行信息服务系统应用
			E2	城市公交智能调度系统应用
			E3	出租车智能调度系统应用
			E4	物流公共信息平台应用
			E5	物联网技术在道路运输中应用
			E6	港口智能调度系统应用
			E7	高速公路不停车收费(ETC)系统应用
			E8	内河智能导航系统应用
			E9	内河船舶免停靠报港信息服务系统应用
管理能力建设	6.5	机构与运行机制	F1	组织与机构情况
			F2	节能工作协调机制建立与运行情况
			F3	企业联系制度建立与运行情况
			F4	节能减排目标责任评价考核制度
			F5	节能减排市场机制推进情况
			F6	交通运输节能减排统计监测体系建设
		政策措施	F7	节能减排标准规范执行程度
			F8	节能减排经济激励政策(财税优惠)完善程度
			F9	交通节能减排规划、计划制定实施
			F10	节能产品、技术组织推广
			F11	节能驾驶与操作技术培训与推广
			F12	城市交通供求管理政策完善程度
			F13	宣传培训
特色指标	2		G1	城市交通运输整体形象
			G2	公共交通导向(TOD)理念在城市规划中应用情况
			G3	低碳试点示范
			G4	城市荣誉称号

4.测评工作体系及运行模式

1)评价思路

按照目标明确、责任落实、措施到位、奖惩分明的基本要求,坚持以科学发展为主题、以加快转变交通运输发展方式转变为主线,坚持政府推动、方案先行、示范带动、重点推进的原则,建立健全低碳交通城市评价制度,强化政府和企业责任,发挥节能减排与低碳发展政策指挥棒作用,确保实现低碳交通运输体系建设目标。

2)评价对象

城市交通运输主管部门。综合考虑相关因素,对城市交通运输主管部门进行适当分类。

3)评价内容

主要包括交通运输主管部门节能减排主要综合性指标完成情况和低碳交通运输体系建设重点工作任务及过程管理情况。

4)评价方法

低碳交通城市评价指标体系包含定量指标和定性指标。定量指标通过设置主要指标得分标准，根据各项指标情况进行评分；定性指标是对低碳交通运输体系建设各项工作落实情况进行评分。

5）评价标准及依据

采用量化办法，满分为100分（包含常规性指标98分，特色指标2分）[1]。分为达标城市（85分以上）、基本达标城市（70～85分）、未达标城市（70分以下）三个等级[2]。

各项指标得分标准的确定主要依据《全国交通统计资料汇编（2010）》和《中国城市统计年鉴（2011）》等统计材料中的统计数据，测算出相应指标的全国平均水平以及各省、直辖市、自治区水平，进一步确定各类别城市的得分标准。

6）评价程序

（1）交通运输部节能减排与应对气候变化工作领导小组负责城市低碳交通运输体系建设成果评价工作的组织领导。交通运输部政策法规司节能减排处具体负责评价工作的组织协调。城市交通运输主管部门、厅直属单位应成立相应的评价工作机构。

（2）各省交通运输主管部门配合交通运输部政策法规司节能减排处进行评价工作的组织协调工作，同时负责对城市低碳交通运输体系评价工作进行指导、监督与检查。

（3）各市交通运输主管部门、厅直属单位评价工作机构按照城市低碳交通运输体系建设的要求，确定年度节能减排目标，报送交通运输部节能减排与应对气候变化工作领导小组办公室备案。

（4）各城市在报年度节能减排目标的同时，依据低碳交通城市评价指标体系进行自评，形成自评报告报部节能减排办。交通运输部政策法规司节能减排处通过查看自评报告和现场重点抽查的方式，对各地区自评情况进行核实，形成核查报告，报送交通运输部节能减排与应对气候变化工作领导小组。

（二）绿色低碳港口评价指标体系研究

1．绿色低碳港口的内涵和特征

（1）绿色低碳港口的内涵

绿色低碳港口是指依靠结构调整、技术创新和管理优化，围绕理念、装卸运输装备、辅助生产生活设施、组织模式及操作方法、环境保护、管理等环节，通过提高港口能源利用效率、新能源和可再生能源的比重以及污染物治理率，降低CO_2和污染物排放强度，改善港口用能结构和环境质量，实现高能效、低能耗、低污染和低碳排放的港口。

（2）绿色低碳港口的特征

绿色低碳港口突出在一定的空间范围内进行，具有以下特征：动态性、空间性、技术性、外部依赖性、经济性、系统性。

2．评价指标体系构建

1）指导思想

[1] 内陆城市等由于部分指标不存在，总分不满100分，按照比重折算为百分制。

[2] "85分以上"包含85分；"70～85分"包含70分，不包含85分；"70分以下"不包含70分。本部分所有指标取值方式均按照此规则操作。

构建评价指标体系的指导思想是:评价指标的选取及其目标值的确定符合国家法律法规、政策、标准的要求,反映港口行业的特征,并能够结合港口发展的实际,有利于促进港口更好地向以高能效、低能耗、低污染和低碳排放为特征的绿色低碳方向发展。

2)基本原则

(1)科学性与实效性原则

一是评价指标体系应当充分反映和体现绿色低碳港口发展的内涵和要求;二是评价指标所对应的数据要有来源、可获得并可靠,尽可能地利用现有统计数据和便于收集到的数据,同时要保证采集的数据真实可靠;三是评价指标应定义准确,易于理解;四是研究确定的评价指标及其评价标准值应合理、可行,在满足国家、行业总体要求的前提下,不宜过于超前和脱离实际,应能得到行业主管部门及港口企业的共同认可,便于交通运输部主管部门综合评价,便于港口企业有效贯彻落实;五是评价指标要考虑未来节能、环保、低碳技术的发展。

(2)系统性与层次性原则

绿色低碳港口建设是一项系统工程,涉及装卸生产和辅助生产两大部分,不同作业环节的污染物来源和种类不同,各个部分的用能结构也有所不同,影响港口绿色程度和低碳化水平的因素较为复杂,对应的评价指标相应较多,因此在构建绿色低碳港口评价指标体系时,应从系统性角度出发,把一系列与绿色低碳港口相关的指标有机的联系起来,既要注意指标体系的层次性,也要注意同级指标的互斥性,避免指标的重复与遗漏。

(3)适用性原则

设计的指标体系一方面为行业主管理部门制定、调整和实施相关政策提供支持,另一方面,应服务于港口企业的日常生产,使企业能够运用评价指标体系来判断、选择和调整自身的生产经营方式,从而有助于企业向绿色低碳化方向发展。

(4)可比性原则

确定的评价指标一是应便于和过去的历史情况进行对比,以说明工作成效;二是便于在不同港口之间进行横向对比,为评优工作提供依据;三是尽可能采用国际上通用的名称、概念与计算方法,便于和其他国家相比较。

(5)统筹兼顾与区别对待原则

全国港口行业是一个整体,具有较大的共性和相似性,因此应提出适用于港口行业的共性评价指标,但由于沿海港口和内河港口之间,不同类型(区别在于功能、规模、货类等)的港口、码头之间在能源结构、作业工艺、污染物来源和种类等方面存在差异,导致部分评价指标标准值不同,例如港口生产综合能源单耗,集装箱码头与干散货码头数值相差较大,为确保评价指标体系的科学性和合理性,必须做到统筹兼顾和区别对待,确定适当的评价指标及标准值。

3)评价指标体系的设计

(1)评价指标的确定

结合绿色低碳港口影响因素,在遵循评价指标体系构建的基本原则基础上,综合考虑我国港口节能减排现状,按照意识—措施—成效的逻辑顺序,筛选出评价港口能源消耗和碳排放水平的要素:首先从意识层面确定了影响绿色低碳港口建设的关键因素——意识和理念,这是评价港口绿色低碳水平的根本性指标;其次,从措施层面筛选出评价绿色低碳港口运营方式合理性的设施、技术和管理等因素,这些可以看作是港口生产运营过程中所采用的节能减排措施,归属于过程性指标;此外,为了更好地衡量企业节能减排的效果,还选取了绩效指标,归属于结果性指标。将绿色低碳港口作为评价目标,评价指标体系包括评价项目层、评价指标层和评价内容层三级,评价项目层包含 7 个评价项目,下设 26 个评价指标,评价指标层下设 70 项评价内容。

(2)各指标权重的确定

本研究项目运用层次分析法确定各指标的权重,层次分析法(Analytic Hierarchy Process,简称AHP)是由美国运筹学家 Saaty 等人在 20 世纪 70 年代初提出的,是一种定性与定量相结合的决策分析方法,主要方法是将复杂问题分解为若干层次和若干因素,然后在各因素之间进行简单的比较和计算。这种方法的特点是在对复杂的决策问题的本质、影响因素及其内在关系等进行深入分析的基础上,利用较少的定量信息,使决策的思维过程数学化,从而为多目标、多准则或无结构特性的复杂决策问题提供简便的决策方法。这种方法具有需求的信息量少、决策过程花费的时间短等优点。

本研究采用 AHP 决策分析方法确定各指标权重的基本步骤分为以下三步:

一是明确问题。首先对确定的评价指标的影响因素,各因素之间的关系等信息进行分析,力求各层次之间的指标相互没有交叉重复,没有制约。

二是建立层次结构。在深入分析港口实际问题的基础上,将不同的指标要求进行分组,把每一组作为一个层次,将有关的各个因素按照不同属性自上而下地分解成若干层次,形成最高层、若干中间层以及最底层的形式。例如:将绿色低碳港口综合评价作为目标层,Ⅰ-1 意识和理念、Ⅰ-2 装卸运输装备、Ⅰ-3 辅助生产生活设施、Ⅰ-4 先进组织模式及操作方法、Ⅰ-5 环境保护、Ⅰ-6 绿色低碳管理体系、Ⅰ-7 节能减排成效作为一个层次(评价项目层),而Ⅱ-1 战略和目标、Ⅱ-2 宣传和教育和Ⅱ-3 社会责任与企业形象作为意识和理念之下的一个层次(评价指标层),Ⅱ-1 战略和目标之下还有多种影响因素,又可作为一个层次,该层次中的具体内容会对战略和目标的制定产生不同程度的影响。

三是两两比较,权重赋值。这是层次分析方法的一个关键步骤。指针对上一层中的某元素而言,评定该层次中各有关元素相对重要性的状况。具体方法运用两两比较法,对各相关元素进行两两比较评分,根据比较的结果确定各个层次、不同指标和影响因素的权重。

采用以上方法,本研究设计的评价指标体系以及各指标所占的权重如图 3-1 所示。

3. 评价指标体系的应用

1)评价对象

绿色低碳港口的评价对象包括国内沿海和内河港口企业,如连云港港口集团有限公司、上海国际港务(集团)有限责任公司、张家港港务集团有限公司、徐州港务(集团)有限公司等,也可根据某区域内港口企业的状况,对整个区域性港口开展评价。

2)评价方法

(1)数据采集方法

绿色低碳港口评价是一项较为复杂的工作,涉及许多材料和数据的收集、整理和分析,评价工作主要采用材料审核和实地考察两种方法。绿色低碳港口的各类数据取评价年度前两年的平均值(评价指标“变化率指标”除外);材料审核以评价年度前两年的材料为主。

图 3-1　评价指标体系以及各指标所占的权重

(2)材料审核

材料审核是评价人员对企业提供的书面材料进行审核的一种方法,由于材料审核工作量较大,首先由申报企业对提供的材料进行编号;其次申报企业分别根据材料的要求提供相关记录,方便评价人员查看提供的材料情况;最后由评价人员给出符合、基本符合和不符合的结论。除了港口企业相关部门提供的资料,审核时还要参考省、市港口统计年鉴。

(3)实地考察方法

实地考察方法用于对某些通过材料审核难以全面、真实反映港口实际情况的指标和评价内容,具体可以采取两种方法:一是实地调查,即进入现场查证被考察对象是否符合评价标准,如到港口查看相关工作记录等;二是实地观察,即在实地考察点,在一定时间内,对被考察对象进行实地观察。

(4)分值构成

目前,国内许多正在实施的评价体系均采用百分制,本评价体系总分为 100 分。其中意识和理念占 12 分、装卸运输装备占 18 分、辅助生产生活设施占 10 分、先进组织模式及操作方法占 8 分、环境保护占 14 分、绿色低碳管理体系占 16 分、节能减排成效占 22 分。

(5)评分方法

评分方法直接关系到得分的科学性,合理性,对于港口来说,不同的措施产生的效果不同,且有些措施对于绿色低碳港口建设的影响程度较大,要重点推广应用,有些措施在现阶段对于绿色低碳港口建设来说要求还较高,可作为鼓励措施,因此采用单纯的满足某项要求即得相应的分数容易造成低碳影响因素的主次不分,难易不分,而采用"状态描述法",就可以在确定某一评价指标的分值时,综合考虑措施实施的难易程度、对于绿色低碳港口建设的影响程度以及产生的效果等,更加科学、合理的反映港口的绿色低碳水平,既立足于港口现状,又着眼于长远发展。

综上,绿色低碳港口评价方法采用"状态描述法",以 A、B、C 描述评价内容的状态,对于评价标准为定量数据的,按评价标准由高到低依次对应 A、B、C 三个状态。A 为该项评价内容的满分;B 为该项评价内容满分的 66%;C 为该项评价内容满分的 33%(部分评价内容的最低得分为 0,用 C 号标示)。每一指标的状态确定后,经过处理,得出评价总分。

3)评价结果的应用

政府主管部门可定期了解企业绿色低碳港口自评情况,由企业上报相关材料,如相关基础数据和资料等,政府主管部门定期或不定期组织评价,并进行通报。对评价总分低于 65 分的企业,一律不得参加节能减排相关的评奖、荣誉称号的授予以及节能减排专项资金的申请等工作。企业也可以根据该评价体系,查找绿色低碳港口建设过程中存在的问题,并明确今后的努力方向。

附录　政策文件

附录1 国务院关于印发节能减排“十二五”规划的通知

（国发〔2012〕40号）

各省、自治区、直辖市人民政府，国务院各部委、各直属机构：

现将《节能减排“十二五”规划》印发给你们，请认真贯彻执行。

国务院

2012年8月6日

节能减排“十二五”规划

为确保实现“十二五”节能减排约束性目标，缓解资源环境约束，应对全球气候变化，促进经济发展方式转变，建设资源节约型、环境友好型社会，增强可持续发展能力，根据《中华人民共和国国民经济和社会发展第十二个五年规划纲要》，制定本规划。

一、现状与形势

（一）“十一五”节能减排取得显著成效。

“十一五”时期，国家把能源消耗强度降低和主要污染物排放总量减少确定为国民经济和社会发展的约束性指标，把节能减排作为调整经济结构、加快转变经济发展方式的重要抓手和突破口。各地区、各部门认真贯彻落实党中央、国务院的决策部署，采取有效措施，切实加大工作力度，基本实现了“十一五”规划纲要确定的节能减排约束性目标，节能减排工作取得了显著成效。

——为保持经济平稳较快发展提供了有力支撑。“十一五”期间，我国以能源消费年均6.6%的增速支撑了国民经济年均11.2%的增长，能源消费弹性系数由“十五”时期的1.04下降到0.59，节约能源6.3亿吨标准煤。

——扭转了我国工业化、城镇化快速发展阶段能源消耗强度和主要污染物排放量上升的趋势。“十一五”期间，我国单位国内生产总值能耗由“十五”后三年上升9.8%转为下降19.1%；二氧化硫和化学需氧量排放总量分别由“十五”后三年上升32.3%、3.5%转为下降14.29%、12.45%。

——促进了产业结构优化升级。2010年与2005年相比，电力行业300兆瓦以上火电机组占火电装机容量比重由50%上升到73%，钢铁行业1000立方米以上大型高炉产能比重由48%上升到61%，建材行业新型干法水泥熟料产量比重由39%上升到81%。

——推动了技术进步。2010年与2005年相比，钢铁行业干熄焦技术普及率由不足30%提高到80%以上，水泥行业低温余热回收发电技术普及率由开始起步提高到55%，烧碱行业离子膜法烧碱技术普及率由29%提高到84%。

——节能减排能力明显增强。“十一五”时期,通过实施节能减排重点工程,形成节能能力3.4亿吨标准煤;新增城镇污水日处理能力6500万吨,城市污水处理率达到77%;燃煤电厂投产运行脱硫机组容量达5.78亿千瓦,占全部火电机组容量的82.6%。

——能效水平大幅度提高。2010年与2005年相比,火电供电煤耗由370克标准煤/千瓦时降到333克标准煤/千瓦时,下降10.0%;吨钢综合能耗由688千克标准煤降到605千克标准煤,下降12.1%;水泥综合能耗下降28.6%;乙烯综合能耗下降11.3%;合成氨综合能耗下降14.3%。

——环境质量有所改善。2010年与2005年相比,环保重点城市二氧化硫年均浓度下降26.3%,地表水国控断面劣五类水质比例由27.4%下降到20.8%,七大水系国控断面好于三类水质比例由41%上升到59.9%。

——为应对全球气候变化作出了重要贡献。“十一五”期间,我国通过节能降耗减少 CO_2 排放14.6亿吨,得到国际社会的广泛赞誉,展示了我负责任大国的良好形象。

“十一五”时期,我国节能法规标准体系、政策支持体系、技术支撑体系、监督管理体系初步形成,重点污染源在线监控与环保执法监察相结合的减排监督管理体系初步建立,全社会节能环保意识进一步增强。

(二)存在的主要问题。

一是一些地方对节能减排的紧迫性和艰巨性认识不足,片面追求经济增长,对调结构、转方式重视不够,不能正确处理经济发展与节能减排的关系,节能减排工作还存在思想认识不深入、政策措施不落实、监督检查不力、激励约束不强等问题。

二是产业结构调整进展缓慢。“十一五”期间,第三产业增加值占国内生产总值的比重低于预期目标,重工业占工业总产值比重由68.1%上升到70.9%,高耗能、高排放产业增长过快,结构节能目标没有实现。

三是能源利用效率总体偏低。我国国内生产总值约占世界的8.6%,但能源消耗占世界的19.3%,单位国内生产总值能耗仍是世界平均水平的2倍以上。2010年全国钢铁、建材、化工等行业单位产品能耗比国际先进水平高出10%~20%。

四是政策机制不完善。有利于节能减排的价格、财税、金融等经济政策还不完善,基于市场的激励和约束机制不健全,创新驱动不足,企业缺乏节能减排内生动力。

五是基础工作薄弱。节能减排标准不完善,能源消费和污染物排放计量、统计体系建设滞后,监测、监察能力亟待加强,节能减排管理能力还不能适应工作需要。

(三)面临的形势。

“十二五”时期如未能采取更加有效的应对措施,我国面临的资源环境约束将日益强化。从国内看,随着工业化、城镇化进程加快和消费结构升级,我国能源需求呈刚性增长,受国内资源保障能力和环境容量制约,我国经济社会发展面临的资源环境瓶颈约束更加突出,节能减排工作难度不断加大。从国际看,围绕能源安全和气候变化的博弈更加激烈。一方面,贸易保护主义抬头,部分发达国家凭借技术优势开征碳税并计划实施碳关税,绿色贸易壁垒日益突出。另一方面,全球范围内绿色经济、低碳技术正在兴起,不少发达国家大幅增加投入,支持节能环保、新能源和低碳技术等领域创新发展,抢占未来发展制高点的竞争日趋激烈。

虽然我国节能减排面临巨大挑战，但也面临难得的历史机遇。科学发展观深入人心，全民节能环保意识不断提高，各方面对节能减排的重视程度明显增强，产业结构调整力度不断加大，科技创新能力不断提升，节能减排激励约束机制不断完善，这些都为"十二五"推进节能减排创造了有利条件。要充分认识节能减排的极端重要性和紧迫性，增强忧患意识和危机意识，抓住机遇，大力推进节能减排，促进经济社会发展与资源环境相协调，切实增强可持续发展能力。

二、指导思想、基本原则和主要目标

（一）指导思想。

以邓小平理论和"三个代表"重要思想为指导，深入贯彻落实科学发展观，坚持大幅降低能源消耗强度、显著减少主要污染物排放总量、合理控制能源消费总量相结合，形成加快转变经济发展方式的倒逼机制；坚持强化责任、健全法制、完善政策、加强监管相结合，建立健全有效的激励和约束机制；坚持优化产业结构、推动技术进步、强化工程措施、加强管理引导相结合，大幅度提高能源利用效率，显著减少污染物排放；加快构建政府为主导、企业为主体、市场有效驱动、全社会共同参与的推进节能减排工作格局，确保实现"十二五"节能减排约束性目标，加快建设资源节约型、环境友好型社会。

（二）基本原则。

强化约束，推动转型。通过逐级分解目标任务，加强评价考核，强化节能减排目标的约束性作用，加快转变经济发展方式，调整优化产业结构，增强可持续发展能力。

控制增量，优化存量。进一步完善和落实相关产业政策，提高产业准入门槛，严格能评、环评审查，抑制高耗能、高排放行业过快增长，合理控制能源消费总量和污染物排放增量。加快淘汰落后产能，实施节能减排重点工程，改造提升传统产业。

完善机制，创新驱动。健全节能环保法律、法规和标准，完善有利于节能减排的价格、财税、金融等经济政策，充分发挥市场配置资源的基础性作用，形成有效的激励和约束机制，增强用能、排污单位和公民自觉节能减排的内生动力。加快节能减排技术创新、管理创新和制度创新，建立长效机制，实现节能减排效益最大化。

分类指导，突出重点。根据各地区、各有关行业特点，实施有针对性的政策措施。突出抓好工业、建筑、交通、公共机构等重点领域和重点用能单位节能，大幅提高能源利用效率。加强环境基础设施建设，推动重点行业、重点流域、农业源和机动车污染防治，有效减少主要污染物排放总量。

（三）总体目标。

到2015年，全国万元国内生产总值能耗下降到0.869吨标准煤（按2005年价格计算），比2010年的1.034吨标准煤下降16%（比2005年的1.276吨标准煤下降32%）。"十二五"期间，实现节约能源6.7亿吨标准煤。

2015年，全国化学需氧量和二氧化硫排放总量分别控制在2347.6万吨、2086.4万吨，比2010年的2551.7万吨、2267.8万吨各减少8%，分别新增削减能力601万吨、654万吨；全国氨氮和氮氧化物排放总量分别控制在238万吨、2046.2万吨，比2010年的264.4万吨、2273.6万吨各减少10%，分别新增削减能力69万吨、794万吨。

（四）具体目标。

到2015年，单位工业增加值（规模以上）能耗比2010年下降21%左右，建筑、交通运输、公共机构等重点领域能耗增幅得到有效控制,主要产品(工作量)单位能耗指标达到先进节能标准的比例大幅提高,部分行业和大中型企业节能指标达到世界先进水平(附表1)。风机、水泵、空压机、变压器等新增主要耗能设备能效指标达到国内或国际先进水平,空调、电冰箱、洗衣机等国产家用电器和一些类型的电动机能效指标达到国际领先水平。工业重点行业、农业主要污染物排放总量大幅降低。

附表1 "十二五"时期主要节能指标

指　　标	单　位	2010年	2015年	变化幅度/变化率
工业				
单位工业增加值(规模以上)能耗	%			[-21%左右]
火电供电煤耗	克标准煤/千瓦时	333	325	-8
火电厂厂用电率	%	6.33	6.2	-0.13
电网综合线损率	%	6.53	6.3	-0.23
吨钢综合能耗	千克标准煤	605	580	-25
铝锭综合交流电耗	千瓦时/吨	14013	13300	-713
铜冶炼综合能耗	千克标准煤/吨	350	300	-50
原油加工综合能耗	千克标准煤/吨	99	86	-13
乙烯综合能耗	千克标准煤/吨	886	857	-29
合成氨综合能耗	千克标准煤/吨	1402	1350	-52
烧碱(离子膜)综合能耗	千克标准煤/吨	351	330	-21
水泥熟料综合能耗	千克标准煤/吨	115	112	-3
平板玻璃综合能耗	千克标准煤/重量箱	17	15	-2
纸及纸板综合能耗	千克标准煤/吨	680	530	-150
纸浆综合能耗	千克标准煤/吨	450	370	-80
日用陶瓷综合能耗	千克标准煤/吨	1190	1110	-80
建筑				
北方采暖地区既有居住建筑改造面积	亿平方米	1.8	5.8	4
城镇新建绿色建筑标准执行率	%	1	15	14
交通运输				
铁路单位运输工作量综合能耗	吨标准煤/百万换算吨公里	5.01	4.76	[-5%]
营运车辆单位运输周转量能耗	千克标准煤/百吨公里	7.9	7.5	[-5%]
营运船舶单位运输周转量能耗	千克标准煤/千吨公里	6.99	6.29	[-10%]
民航业单位运输周转量能耗	千克标准煤/吨公里	0.450	0.428	[-5%]
公共机构				
公共机构单位建筑面积能耗	千克标准煤/平方米	23.9	21	[-12%]
公共机构人均能耗	千克标准煤/人	447.4	380	[15%]
终端用能设备能效				
燃煤工业锅炉(运行)	%	65	70~75	5~10
三相异步电动机(设计)	%	90	92~94	2~4
容积式空气压缩机输入比功率	千瓦/(立方米·分$^{-1}$)	10.7	8.5~9.3	-1.4~-2.2
电力变压器损耗	千瓦	空载:43 负载:170	空载:30~33 负载:151~153	-10~-13 -17~-19
汽车(乘用车)平均油耗	升/百公里	8	6.9	-1.1
房间空调器(能效比)	-	3.3	3.5~4.5	0.2~1.2
电冰箱(能效指数)	%	49	40~46	-3~-9
家用燃气热水器(热效率)	%	87~90	93~97	3~10

注:[ ]内为变化率。

三、主要任务

（一）调整优化产业结构。

——抑制高耗能、高排放行业过快增长。合理控制固定资产投资增速和火电、钢铁、水泥、造纸、印染等重点行业发展规模，提高新建项目节能、环保、土地、安全等准入门槛，严格固定资产投资项目节能评估审查、环境影响评价和建设项目用地预审，完善新开工项目管理部门联动机制和项目审批问责制。对违规在建的高耗能、高排放项目，有关部门要责令停止建设，金融机构一律不得发放贷款。对违规建成的项目，要责令停止生产，金融机构一律不得发放流动资金贷款，有关部门要停止供电供水。严格控制高耗能、高排放和资源性产品出口。把能源消费总量、污染物排放总量作为能评和环评审批的重要依据，对电力、钢铁、造纸、印染行业实行主要污染物排放总量控制，对新建、扩建项目实施排污量等量或减量置换。优化电力、钢铁、水泥、玻璃、陶瓷、造纸等重点行业区域空间布局。中西部地区承接产业转移必须坚持高标准，严禁高污染产业和落后生产能力转入。

——淘汰落后产能。严格落实《产业结构调整指导目录（2011 年本）》和《部分工业行业淘汰落后生产工艺装备和产品指导目录（2010 年本）》，重点淘汰小火电 2000 万千瓦、炼铁产能 4800 万吨、炼钢产能 4800 万吨、水泥产能 3.7 亿吨、焦炭产能 4200 万吨、造纸产能 1500 万吨等。制定年度淘汰计划，并逐级分解落实。对稀土行业实施更严格的节能环保准入标准，加快淘汰落后生产工艺和生产线，推进形成合理开发、有序生产、高效利用、技术先进、集约发展的稀土行业持续健康发展格局。完善落后产能退出机制，对未完成淘汰任务的地区和企业，依法落实惩罚措施。鼓励各地区制定更严格的能耗和排放标准，加大淘汰落后产能力度。

——促进传统产业优化升级。运用高新技术和先进适用技术改造提升传统产业，促进信息化和工业化深度融合。加大企业技术改造力度，重点支持对产业升级带动作用大的重点项目和重污染企业搬迁改造。调整加工贸易禁止类商品目录，提高加工贸易准入门槛。提升产品节能环保性能，打造绿色低碳品牌。合理引导企业兼并重组，提高产业集中度，培育具有自主创新能力和核心竞争力的企业。

——调整能源消费结构。促进天然气产量快速增长，推进煤层气、页岩气等非常规油气资源开发利用，加强油气战略进口通道、国内主干管网、城市配网和储备库建设。结合产业布局调整，有序引导高耗能企业向能源产地适度集中，减少长距离输煤输电。在做好生态保护和移民安置的前提下积极发展水电，在确保安全的基础上有序发展核电。加快风能、太阳能、地热能、生物质能、煤层气等清洁能源商业化利用，加快分布式能源发展，提高电网对非化石能源和清洁能源发电的接纳能力。到 2015 年，非化石能源消费总量占一次能源消费比重达到 11.4%。

——推动服务业和战略性新兴产业发展。加快发展生产性服务业和生活性服务业，推进规模化、品牌化、网络化经营。到 2015 年，服务业增加值占国内生产总值比重比 2010 年提高 4 个百分点。推动节能环保、新一代信息技术、生物、高端装备制造、新能源、新材料、新能源汽车等战略性新兴产业发展。到 2015 年，战略性新兴产业增加值占国内生产总值比重达到 8% 左右。

（二）推动能效水平提高。

——加强工业节能。坚持走新型工业化道路，通过明确目标任务、加强行业指导、推动技术进步、强化监督管理，推进工业重点行业节能。

电力。鼓励建设高效燃气—蒸汽联合循环电站，加强示范整体煤气化联合循环技术（IGCC）和以煤气化为龙头的多联产技术。发展热电联产，加快智能电网建设。加快现役机组和电网技术改造，降低厂用电率和输配电线损。

煤炭。推广年产400万吨选煤系统成套技术与装备，到2015年原煤入洗率达到60%以上，鼓励高硫、高灰动力煤入洗，灰分大于25%的商品煤就近销售。积极发展动力配煤，合理选择具有区位和市场优势的矿区、港口等煤炭集散地建设煤炭储配基地。发展煤炭地下气化、脱硫、水煤浆、型煤等洁净煤技术。实施煤矿节能技术改造。加强煤矸石综合利用。

钢铁。优化高炉炼铁炉料结构，降低铁钢比。推广连铸坯热送热装和直接轧制技术。推动干熄焦、高炉煤气、转炉煤气和焦炉煤气等二次能源高效回收利用，鼓励烧结机余热发电，到2015年重点大中型企业余热余压利用率达到50%以上。支持大中型钢铁企业建设能源管理中心。

有色金属。重点推广新型阴极结构铝电解槽、低温高效铝电解等先进节能生产工艺技术。推进氧气底吹熔炼技术、闪速技术等广泛应用。加快短流程连续炼铅冶金技术、连续铸轧短流程有色金属深加工工艺、液态铅渣直接还原炼铅工艺与装备产业化技术开发和推广应用。加强有色金属资源回收利用。提高能源管理信息化水平。

石油石化。原油开采行业要全面实施抽油机驱动电机节能改造，推广不加热集油技术和油田采出水余热回收利用技术，提高油田伴生气回收水平。鼓励符合条件的新建炼油项目发展炼化一体化。原油加工行业重点推广高效换热器并优化换热流程、优化中段回流取热比例、降低汽化率、塔顶循环回流换热等节能技术。

化工。合成氨行业重点推广先进煤气化技术、节能高效脱硫脱碳、低位能余热吸收制冷等技术，实施综合节能改造。烧碱行业提高离子膜法烧碱比例，加快零极距、氧阴极等先进节能技术的开发应用。纯碱行业重点推广蒸汽多级利用、变换气制碱、新型盐析结晶器及高效节能循环泵等节能技术。电石行业加快采用密闭式电石炉，全面推行电石炉炉气综合利用，积极推进新型电石生产技术研发和应用。

建材。推广大型新型干法水泥生产线。普及纯低温余热发电技术，到2015年水泥纯低温余热发电比例提高到70%以上。推进水泥粉磨、熟料生产等节能改造。推进玻璃生产线余热发电，到2015年余热发电比例提高到30%以上。加快开发推广高效阻燃保温材料、低辐射节能玻璃等新型节能产品。推进墙体材料革新，城市城区限制使用粘土制品，县城禁止使用实心粘土砖。加快新型墙体材料发展，到2015年新型墙体材料比重达到65%以上。

——强化建筑节能。开展绿色建筑行动，从规划、法规、技术、标准、设计等方面全面推进建筑节能，提高建筑能效水平。

强化新建建筑节能。严把设计关口，加强施工图审查，城镇建筑设计阶段100%达到节能标准要求。加强施工阶段监管和稽查，施工阶段节能标准执行率达到95%以上。严格建筑节能专项验收，对达不到节能标准要求的不得通过竣工验收。鼓励有条件的地区适当提高建筑节能标准。加强新区绿色规划，重点推动各级机关、学校和医院建筑，以及影剧院、博物馆、科技馆、体育馆等执行绿色建筑标准；在商业房地产、工业厂房中推广绿色建筑。

加大既有建筑节能改造力度。以围护结构、供热计量、管网热平衡改造为重点，大力推进北方采暖地区既有居住建筑供热计量及节能改造，加快实施“节能暖房”工程。开展大型公共建筑采暖、空调、通风、照明等节能改造,推行用电分项计量。以建筑门窗、外遮阳、自然通风等为重点,在夏热冬冷地区和夏热冬暖地区开展居住建筑节能改造试点。在具备条件的情况下,鼓励在旧城区综合改造、城市市容整治、既有建筑抗震加固中,采用加层、扩容等方式开展节能改造。

——推进交通运输节能。加快构建便捷、安全、高效的综合交通运输体系,不断优化运输结构,推进科技和管理创新,进一步提升运输工具能源效率。

铁路运输。大力发展电气化铁路,进一步提高铁路运输能力。加强运输组织管理。加快淘汰老旧机车机型,推广铁路机车节油、节电技术,对铁路运输设备实施节能改造。积极推进货运重载化。推进客运站节能优化设计,加强大型客运站能耗综合管理。

公路运输。全面实施营运车辆燃料消耗量限值标准。建立物流公共信息平台,优化货运组织。推行高速公路不停车收费,继续开展公路甩挂运输试点。实施城乡道路客运一体化试点。推广节能驾驶和绿色维修。

水路运输。建设以国家高等级航道网为主体的内河航道网,推进航电枢纽建设,优化港口布局。推进船舶大型化、专业化,淘汰老旧船舶,加快实施内河船型标准化。发展大宗散货专业化运输和多式联运等现代运输组织方式。推进港口码头节能设计和改造。加快港口物流信息平台建设。

航空运输。优化航线网络和运力配备,改善机队结构,加强联盟合作,提高运输效率。优化空域结构,提高空域资源配置使用效率。开发应用航空器飞行及地面运行节油相关实用技术,推进航空生物燃油研发与应用。加强机场建设和运营中的节能管理,推进高耗能设施、设备的节油节电改造。

城市交通。合理规划城市布局,优化配置交通资源,建立以公共交通为重点的城市交通发展模式。优先发展公共交通,有序推进轨道交通建设,加快发展快速公交。探索城市调控机动车保有总量。开展低碳交通运输体系建设城市试点。推行节能驾驶,倡导绿色出行。积极推广节能与新能源汽车,加快加气站、充电站等配套设施规划和建设。抓好城市步行、自行车交通系统建设。发展智能交通,建立公众出行信息服务系统,加大交通疏堵力度。

——推进农业和农村节能。完善农业机械节能标准体系。依法加强大型农机年检、年审,加快老旧农业机械和渔船淘汰更新。鼓励农民购买高效节能农业机械。推广节能新产品、新技术,加快农业机电设备节能改造,加强用能设备定期维修保养。推进节能型农宅建设,结合农村危房改造加大建筑节能示范力度。推动省柴节煤灶更新换代。开展农村水电增效扩容改造。推进农业节水增效,推广高效节水灌溉技术。因地制宜、多能互补发展小水电、风能、太阳能和秸秆综合利用。科学规划农村沼气建设布局,完善服务机制,加强沼气设施的运行管理和维护。

——强化商用和民用节能。开展零售业等流通领域节能减排行动。商业、旅游业、餐饮等行业建立并完善能源管理制度,开展能源审计,加快用能设施节能改造。宾馆、商厦、写字楼、机场、车站严格执行公共建筑空调温度控制标准,优化空调运行管理。鼓励消费者购买节能环保型汽车和节能型住宅,推广高效节能家用电器、办公设备和高效照明产品。减少待机能耗,减少使用一次性用品,严格执行限制商品过度包装和超薄塑料购物袋生产、销售和使用的相关规定。

——实施公共机构节能。新建公共建筑严格实施建筑节能标准。实施供热计量改造,国家机关率先实行按热量收费。推进公共机构办公区节能改造,推广应用可再生能源。全面推进公务用车制度改革,严格油耗定额管理,推广节能和新能源汽车。在各级机关和教科文卫体等系统开展节约型公共机构示范单位建设,创建2000家节约型公共机构。健全公共机构能源管理、统计监测考核和培训体系，建立完善公共机构能源审计、能效公示、能源计量和能耗定额管理制度，加强能耗监测平台和节能监管体系建设。

（三）强化主要污染物减排。

——加强城镇生活污水处理设施建设。加强城镇环境基础设施建设，以城镇污水处理设施及配套管网建设、现有设施升级改造、污泥处理处置设施建设为重点，提升脱氮除磷能力。到2015年，城市污水处理率和污泥无害化处置率分别达到85%和70%，县城污水处理率达到70%，基本实现每个县和重点建制镇建成污水集中处理设施，全国城镇污水处理厂再生水利用率达到15%以上。

——加强重点行业污染物减排。

加强重点行业污染预防。以钢铁、水泥、氮肥、造纸、印染行业为重点，大力推行清洁生产，加快重大、共性技术的示范和推广，完善清洁生产评价指标体系，开展工业产品生态设计、农业和服务业清洁生产试点。以汞、铬、铅等重金属污染防治为重点，在重点行业实施技术改造。示范和推广一批无毒无害或低毒低害原料（产品），对高耗能、高排放企业及排放有毒有害废物的重点企业开展强制性清洁生产审核。

加大工业废水治理力度。以制浆造纸、印染、食品加工、农副产品加工等行业为重点，继续加大水污染深度治理和工艺技术改造。制浆造纸企业加快建设碱回收装置；纺织印染行业推行废水集中处理和实施综合治理，大中型造纸企业、有脱墨的废纸造纸企业和采用碱减量工艺的化纤布印染企业实施废水三级深度处理；发酵行业推广高浓度废液综合利用技术、废醪液制备生物有机肥及液态肥技术；制糖行业推广闭合循环用水技术；氮肥行业推广稀氨水浓缩回收利用技术、尿素工艺冷凝液深度水解技术，加大生化处理设施建设力度；农药行业推广清污分流和高浓度废水预处理技术。

推进电力行业脱硫脱硝。新建燃煤机组全面实施脱硫脱硝，实现达标排放。尚未安装脱硫设施的现役燃煤机组要配套建设烟气脱硫设施，不能稳定达标排放的燃煤机组要实施脱硫改造。加快燃煤机组低氮燃烧技术改造和烟气脱硝设施建设，对单机容量30万千瓦及以上的燃煤机组、东部地区和其他省会城市单机容量20万千瓦及以上的燃煤机组，均要实行脱硝改造，综合脱硝效率达到75%以上。

加强非电行业脱硫脱硝。实施钢铁烧结机烟气脱硫，到2015年，所有烧结机和位于城市建成区的球团生产设备烟气脱硫效率达到95%以上。有色金属行业冶炼烟气中二氧化硫含量大于3.5%的冶炼设施，要安装硫回收装置。石油炼制行业新建催化裂化装置要配套建设烟气脱硫设施，现有硫磺回收装置硫回收率达到99%。建材行业建筑陶瓷规模大于70万平方米/年且燃料含硫率大于0.5%的窑炉，应安装脱硫设施或改用清洁能源，浮法玻璃生产线要实施烟气脱硫或改用天然气。焦化行业炼焦炉荒煤气硫化氢脱除效率达到95%。水泥行业实施新型干法窑降氮脱硝，新建、改扩建水泥生产线综合脱硝效率不低于60%。燃煤锅炉蒸汽量大于35吨/小时且二氧化硫超标排放的，要实施烟气脱硫改造，改造后脱硫效率应达到70%以上。

——开展农业源污染防治。

加强农村污染治理。推进农村生态示范建设标准化、规范化、制度化。因地制宜建设农村生活污水处理设施，分散居住地区采用低能耗小型分散式污水处理方式，人口密集、污水排放相对集中地区采用集中处理方式。实施农村清洁工程，开展农村环境综合整治，推行农业清洁生产，鼓励生活垃圾分类收集和就地减量无害化处理。选择经济、适用、安全的处理处置技术，提高垃圾无害化处理水平，城镇周边和环境敏感区的农村逐步推广城乡一体化垃圾处理模式。推广测土配方施肥，发展有机肥采集利用技术，减少不合理的化肥施用。

推进畜禽清洁养殖。结合土地消纳能力，推进畜禽养殖适度规模化，合理优化养殖布局，鼓励采取种养结合养殖方式。以规模化养殖场和养殖小区为重点，因地制宜推行干清粪收集方法，养殖场区实施雨污分流，发展废物循环利用，鼓励粪污、沼渣等废弃物发酵生产有机肥料。在散养密集区推行粪污集中处理。

推行水产健康养殖。规范水产养殖行为，优化水产养殖区域布局，国家重点流域以及各地确定的重点保护水体要合理减少网箱、围网养殖规模。加快养殖池塘改造和循环水设施配套建设，推广水质调控技术与环保设备。鼓励发展人工生态环境、多品种立体、开放式流水或微流水、全封闭循环水工厂化、水产品与农作物共生互利等水产生态养殖方式。

——控制机动车污染物排放。提高机动车污染物排放准入门槛。加强机动车排放对环境影响的评估审查。加快淘汰老旧车辆，基本淘汰2005年以前注册的用于运营的“黄标车”。推进报废农用车换购载货汽车工作。全面推行机动车环保标志管理，严格实施机动车一致性检查制度，不符合国家机动车排放标准的车辆禁止生产、销售和注册登记。实施第四阶段机动车排放标准，在有条件的重点城市和地区逐步推动实施第五阶段排放标准。“十二五”末实现低速车与载货汽车实施同一排放标准。全面提升车用燃油品质。研究制定国家第四、第五阶段车用燃油标准，推动落实标准实施条件，强化车用燃油监管。全面供应符合国家第四阶段标准的车用燃油，部分重点城市供应国家第五阶段标准车用燃油。大型炼化项目应以国家第五阶段车用燃油标准作为设计目标，加快成品油生产技术改造。

——推进大气中细颗粒污染物（PM2.5）治理。促进煤炭清洁利用，建设低硫、低灰配煤场，提高煤炭洗选比例，重点区域淘汰低效燃煤锅炉。推广使用天然气、煤制气、生物质成型燃料等清洁能源。加大工业烟粉尘污染防治力度，对火电、钢铁、水泥等高排放行业以及燃煤工业锅炉实施高效除尘改造。大力削减石油石化、化工等行业挥发性有机物的排放。推动柴油车尿素加注基础设施建设。实施大气联防联控重点区域城区内重污染企业搬迁改造。加强建设施工、植被破坏等因素造成的扬尘污染防治。

四、节能减排重点工程

（一）节能改造工程。

——锅炉（窑炉）改造和热电联产。实施燃煤锅炉和锅炉房系统节能改造，提高锅炉热效率和运行管理水平；在部分地区开展锅炉专用煤集中加工，提高锅炉燃煤质量；推动老旧供热管网、换热站改造。推广四通道喷煤燃烧、并流蓄热石灰窑煅烧等高效窑炉节能技术。到2015年工业锅炉、窑炉平均运行效率分别比2010年提高5个和2个百分点。东北、华北、西北地区大城市居民采暖除有条件采用可再生能源外基本实行集中供热，中小城市因地制宜发展背压式热电或集中供热改造，提高热电联产在集中供热中的比重。“十二五”时期形成7500万吨标准煤的节能能力。

——电机系统节能。采用高效节能电动机、风机、水泵、变压器等更新淘汰落后耗电设备。对电机系统实施变频调速、永磁调速、无功补偿等节能改造，优化系统运行和控制，提高系统整体运行效率。开展大型水利排灌设备、电机总容量10万千瓦以上电机系统示范改造。2015年电机系统运行效率比2010年提高2～3个百分点,“十二五”时期形成800亿千瓦时的节电能力。

——能量系统优化。加强电力、钢铁、有色金属、合成氨、炼油、乙烯等行业企业能量梯级利用和能源系统整体优化改造,开展发电机组通流改造、冷却塔循环水系统优化、冷凝水回收利用等,优化蒸汽、热水等载能介质的管网配置,实施输配电设备节能改造,深入挖掘系统节能潜力,大幅度提升系统能源效率。“十二五”时期形成4600万吨标准煤的节能能力。

——余热余压利用。能源行业实施煤矿低浓度瓦斯、油田伴生气回收利用;钢铁行业推广干熄焦、干式炉顶压差发电、高炉和转炉煤气回收发电、烧结机余热发电;有色金属行业推广冶金炉窑余热回收;建材行业推行新型干法水泥纯低温余热发电、玻璃熔窑余热发电;化工行业推行炭黑余热利用、硫酸生产低品位热能利用;积极利用工业低品位余热作为城市供热热源。到2015年新增余热余压发电能力2000万千瓦,“十二五”时期形成5700万吨标准煤的节能能力。

——节约和替代石油。推广燃煤机组无油和微油点火、内燃机系统节能、玻璃窑炉全氧燃烧和富氧燃烧、炼油含氢尾气膜法回收等技术。开展交通运输节油技术改造,鼓励以洁净煤、石油焦、天然气替代燃料油。在有条件的城市公交客车、出租车、城际客货运输车辆等推广使用天然气和煤层气。因地制宜推广醇醚燃料、生物柴油等车用替代燃料。实施乘用车制造企业平均油耗管理制度。“十二五”时期节约和替代石油800万吨,相当于1120万吨标准煤。

——建筑节能。到2015年,累计完成北方采暖地区既有居住建筑供热计量和节能改造4亿平方米以上,夏热冬冷地区既有居住建筑节能改造5000万平方米,公共建筑节能改造6000万平方米,公共机构办公建筑节能改造6000万平方米。“十二五”时期形成600万吨标准煤的节能能力。

——交通运输节能。铁路运输实施内燃机车、电力机车和空调发电车节油节电、动态无功补偿以及谐波负序治理等技术改造;公路运输实施电子不停车收费技术改造;水运推广港口轮胎式集装箱门式起重机油改电、靠港船舶使用岸电、港区运输车辆和装卸机械节能改造、油码头油气回收等;民航实施机场和地面服务设备节能改造,推广地面电源系统代替辅助动力装置等措施;加快信息技术在城市交通中的应用。深入开展“车船路港”千家企业低碳交通运输专项行动。“十二五”时期形成100万吨标准煤的节能能力。

——绿色照明。实施“中国逐步淘汰白炽灯路线图”,分阶段淘汰普通照明用白炽灯等低效照明产品。推动白炽灯生产企业转型改造,支持荧光灯生产企业实施低汞、固汞技术改造。积极发展半导体照明节能产业,加快半导体照明关键设备、核心材料和共性关键技术研发,支持技术成熟的半导体通用照明产品在宾馆、商厦、道路、隧道、机场等领域的应用。推动标准检测平台建设。加快城市道路照明系统改造,控制过度装饰和亮化。“十二五”时期形成2100万吨标准煤的节能能力。

(二)节能产品惠民工程。

加大高效节能产品推广力度。民用领域重点推广高效照明产品、节能家用电器、节能与新能源汽车等,商用领域重点推广单元式空调器等,工业领域重点推广高效电动机等,产品能效水平提高10%以上,市场占有率提高到50%以上。完善节能产品惠民工程实施机制,扩大实施范围,健全组织管理体系,强化监督检查。“十二五”时期形成1000亿千瓦时的节电能力。

(三)合同能源管理推广工程。

扎实推进《国务院办公厅转发发展改革委等部门关于加快推行合同能源管理促进节能服务产业发展意见的通知》(国办发〔2010〕25号)的贯彻落实,引导节能服务公司加强技术研发、服务创新、人才培养和品牌建设，提高融资能力，不断探索和完善商业模式。鼓励大型重点用能单位利用自身技术优势和管理经验，组建专业化节能服务公司。支持重点用能单位采用合同能源管理方式实施节能改造。公共机构实施节能改造要优先采用合同能源管理方式。加强对合同能源管理项目的融资扶持，鼓励银行等金融机构为合同能源管理项目提供灵活多样的金融服务。积极培育第三方认证、评估机构。到2015年，建立比较完善的节能服务体系，节能服务公司发展到2000多家，其中龙头骨干企业达到20家；节能服务产业总产值达到3000亿元，从业人员达到50万人。“十二五”时期形成6000万吨标准煤的节能能力。

（四）节能技术产业化示范工程。

示范推广低品位余能利用、高效环保煤粉工业锅炉、稀土永磁电机、新能源汽车、半导体照明、太阳能光伏发电、零排放和产业链接等一批重大、关键节能技术。建立节能技术评价认定体系，形成节能技术分类遴选、示范和推广的动态管理机制。对节能效果好、应用前景广阔的关键产品或核心部件组织规模化生产，提高研发、制造、系统集成和产业化能力。“十二五”时期产业化推广30项以上重大节能技术，培育一批拥有自主知识产权和自主品牌、具有核心竞争力、世界领先的节能产品制造企业，形成1500万吨标准煤的节能能力。

（五）城镇生活污水处理设施建设工程。

加大城镇污水处理设施和配套管网建设力度。“十二五”时期新建配套管网16万公里，新增污水日处理能力4200万吨，升级改造污水日处理能力2600万吨，新增再生水利用能力2700万吨/日。加快城镇生活垃圾处理处置设施建设，强化垃圾渗滤液处置。“十二五”时期分别新增化学需氧量和氨氮削减能力280万吨、30万吨。

（六）重点流域水污染防治工程。

加强“三河三湖”、松花江、三峡库区及上游、丹江口库区及上游、黄河中上游等重点流域和城镇饮用水水源地的综合治理，加大长江中下游和珠江流域水污染防治力度，加强湖泊生态环境保护，推进渤海等重点海域综合治理。实施一批水污染综合治理项目。推动受污染场地、土壤及其周边地下水污染治理，重点推进湘江流域重金属污染治理。大力推进重点行业污水处理设施建设，“十二五”时期造纸、纺织、食品加工、农副产品加工、化工、石化等行业分别新增污水日处理能力300万吨、60万吨、60万吨、600万吨、200万吨、300万吨。

（七）脱硫脱硝工程。

完成5056万千瓦现役燃煤机组脱硫设施配套建设，对已安装脱硫设施但不能稳定达标的4267万千瓦燃煤机组实施脱硫改造；完成4亿千瓦现役燃煤机组脱硝设施建设，对7000万千瓦燃煤机组实施低氮燃烧技术改造。到2015年燃煤机组脱硫效率达到95%，脱硝效率达到75%以上。钢铁烧结机、有色金属窑炉、建材新型干法水泥窑、石化催化裂化装置、焦化炼焦炉配套实施低氮燃烧改造或安装脱硫脱硝设施，高速公路沿线逐步建设柴油车脱硝尿素加注站。“十二五”时期新增二氧化硫和氮氧化物削减能力277万吨、358万吨。

（八）规模化畜禽养殖污染防治工程。

以规模化养殖场和养殖小区为重点，鼓励废弃物统一收集，集中治理。建设雨污分离污水收集系统和厌氧发酵处理设施，配套建设分布式粪污贮存及处理设施。加强规模化养殖场沼气预处理设施、发酵装置、沼气和沼肥利用设施建设，实现畜禽养殖场废弃物的资源化利用。到2015年，50%以上规模化养殖场和养殖小区配套建设废弃物处理设施，分别新增化学需氧量和氨氮削减能力140万吨、10万吨。

（九）循环经济示范推广工程。

开展资源综合利用、废旧商品回收体系示范、“城市矿产”示范基地、再制造产业化、餐厨废弃物资源化、产业园区循环化改造、资源循环利用技术示范推广等循环经济重点工程建设，实现减量化、再利用、资源化。在农业、工业、建筑、商贸服务等重点领域，以及重点行业、重点流域、中西部产业承接园区实施清洁生产示范工程，加大清洁生产技术改造实施力度。加快共性、关键清洁生产技术示范和推广，培育一批清洁生产企业和工业园区。

（十）节能减排能力建设工程。

推进节能监测平台建设，建立能源消耗数据库和数据交换系统，强化数据收集、数据分类汇总、预测预警和信息交流能力。开展重点用能单位能源消耗在线监测体系建设试点和城市能源计量示范建设。建设县级污染源监控中心，加强污染源监督性监测，完善区域污染源在线监控网络，建立减排监测数据库并实现数据共享。加强氨氮、氮氧化物统计监测，提高农业源污染监测和机动车污染监控能力。推进节能减排监管机构标准化和执法能力建设，加强省、市、县节能减排监测取证设备、能耗和污染物排放测试分析仪器配备。

初步测算，“十二五”时期实施节能减排重点工程需投资约23660亿元，可形成节能能力3亿吨标准煤，新增化学需氧量、二氧化硫、氨氮、氮氧化物削减能力分别为420万吨、277万吨、40万吨、358万吨。

五、保障措施

（一）坚持绿色低碳发展。

深入贯彻节约资源和保护环境基本国策，坚持绿色发展和低碳发展。坚持把节能减排作为落实科学发展观、加快转变经济发展方式的重要着力点，加快构建资源节约、环境友好的生产方式和消费模式，增强可持续发展能力。在制定实施国家有关发展战略、专项规划、产业政策以及财政、税收、金融、价格和土地等政策过程中，要体现节能减排要求，发展日标要与节能减排约束性指标衔接，政策措施要有利于推进节能减排。

（二）强化目标责任评价考核。

综合考虑经济发展水平、产业结构、节能潜力、环境容量及国家产业布局等因素，合理确定各地区、各行业节能减排目标。进一步完善节能减排统计、监测、考核体系，健全节能减排预警机制，建立健全行业节能减排工作评价制度。各地区要将国家下达的节能减排目标分解落实到下一级政府、有关部门和重点单位。国务院每年组织开展省级人民政府节能减排目标责任评价考核，考核结果作为领导班子和领导干部综合考核评价的重要内容，纳入政府绩效管理，实行问责制，并按照有关规定对作出突出成绩的地区、单位和个人给予表彰奖励。地方各级人民政府要切实抓好本地区节能减排目标责任评价考核。

（三）加强用能节能管理。

明确总量控制目标和分解落实机制，实行目标责任管理。建立能源消费总量预测预警机制，对能源消费总量增长过快的地区及时预警调控。在工业、建筑、交通运输、公共机构以及城乡建设和消费领域全面加强用能管理,切实改变敞开供应能源、无约束使用能源的现象。依法加强年耗能万吨标准煤以上用能单位节能管理,开展万家企业节能低碳行动,落实目标责任,实行能源审计,开展能效水平对标活动,建立能源管理师制度,提高企业能源管理水平。在大气联防联控重点区域开展煤炭消费总量控制试点,从严控制京津唐、长三角、珠三角地区新建燃煤火电机组。

(四)健全节能环保法律、法规和标准。

完善节能环保法律、法规和标准体系。推动加快制修订大气污染防治法、排污许可证管理条例、畜禽养殖污染防治条例、重点用能单位节能管理办法、节能产品认证管理办法等。加快节能环保标准体系建设,扩大标准覆盖面,提高准入门槛。组织制修订粗钢、铁合金、焦炭、多晶硅、纯碱等50余项高耗能产品强制性能耗限额标准,高压三相异步电动机、平板电视机等40余项终端用能产品强制性能效标准,制定钢铁、水泥等行业能源管理体系标准等。健全节能和环保产品及装备标准。完善环境质量标准。加快重点行业污染物排放标准的制修订工作,根据氨氮、氮氧化物控制目标要求制定实施排放标准,加强标准实施的后评估工作。

(五)完善节能减排投入机制。

加大中央预算内投资和中央节能减排专项资金对节能减排重点工程和能力建设的支持力度,继续安排国有资本经营预算支出支持企业实施节能减排项目。完善"以奖代补"、"以奖促治"以及采用财政补贴方式推广高效节能产品和合同能源管理等支持机制,强化财政资金的引导作用。支持军队重点用能设施设备节能改造。地方各级人民政府要进一步加大对节能减排的投入,创新投入机制,发挥多层次资本市场融资功能,多渠道引导企业、社会资金积极投入节能减排。完善财政补贴方式和资金管理办法,强化财政资金的安全性和有效性,提高财政资金使用效率。

(六)完善促进节能减排的经济政策。

深化资源性产品价格改革,理顺煤、电、油、气、水、矿产等资源类产品价格关系,建立充分反映市场供求、资源稀缺程度以及环境损害成本的价格形成机制。完善差别电价、峰谷电价、惩罚性电价,尽快出台鼓励余热余压发电和煤层气发电的上网政策,全面推行居民用电阶梯价格。严格落实脱硫电价,研究完善燃煤电厂烟气脱硝电价政策。完善矿业权有偿取得制度。加快供热体制改革,全面实施热计量收费制度。完善污水处理费政策。改革垃圾处理收费方式,提高收缴率,降低征收成本。完善节能产品政府采购制度。扩大环境标志产品政府采购范围,完善促进节能环保服务的政府采购政策。落实国家支持节能减排的税收优惠政策,改革资源税,加快推进环境保护税立法工作,调整进出口税收政策,合理调整消费税范围和税率结构。推进金融产品和服务方式创新,积极改进和完善节能环保领域的金融服务,建立企业节能环保水平与企业信用等级评定、贷款联动机制,探索建立绿色银行评级制度。推行重点区域涉重金属企业环境污染责任保险。

(七)推广节能减排市场化机制。

加大能效标识和节能环保产品认证实施力度,扩大能效标识和节能产品认证实施范围。建立高耗能产品(工序)和主要终端用能产品能效"领跑者"制度,明确实施时限。推进节能发电调度。强化电力需求侧管理,开展城市综合试点。加快建立电能管理服务平台,充分运用电力负荷管理系统,完善鼓励电网企业积极参与电力需求侧管理的考核与奖惩机制。加强政策落实和引导,鼓励采用合同能源管理实施节能改造,推动城镇污水、垃圾处理以及企业污染治理等环保设施社会化、专业化运营。深化排污权有偿使用和交易制度改革,建立完善排污权有偿使用和交易政策体系,研究制定排污权交易初始价格和交易价格政策。开展碳排放交易试点。推进资源型经济转型改革试验。健全污染者付费制度,完善矿产资源补偿制度,加快建立生态补偿机制。

(八)推动节能减排技术创新和推广应用。

深入实施节能减排科技专项行动,通过国家科技重大专项和国家科技计划(专项)等对节能减排相关科研工作给予支持。完善节能环保技术创新体系,加强基础性、前沿性和共性技术研发,在节能环保关键技术领域取得突破。加强政府指导,推动建立以企业为主体、市场为导向、多种形式的产学研战略联盟,鼓励企业加大研发投入。重点支持成熟的节能减排关键、共性技术与装备产业化示范和应用,加快产业化基地建设。发布节能环保技术推广目录,加快推广先进、成熟的新技术、新工艺、新设备和新材料。加强节能环保领域国际交流合作,加快国外先进适用节能减排技术的引进吸收和推广应用。

(九)强化节能减排监督检查和能力建设。

加强节能减排执法监督,依法从严惩处各类违反节能减排法律法规的行为,实行执法责任制。强化重点用能单位、重点污染源和治理设施运行监管,推动污染源自动监控数据联网共享。完善工业能源消费统计,建立建筑、交通运输、公共机构能源消费统计制度、地区单位生产总值能耗指标季度统计制度,强化统计核算与监测。健全节能管理、监察、服务"三位一体"节能管理体系,形成覆盖全国的省、市、县三级节能监察体系。突出抓好重点用能单位能源利用状况报告、能源计量管理、能耗限额标准执行情况等监督检查。

(十)开展节能减排全民行动。

深入开展节能减排全民行动,抓好家庭社区、青少年、企业、学校、军营、农村、政府机构、科技、科普和媒体等十个专项行动。把节能减排纳入社会主义核心价值观宣传教育以及基础教育、文化教育、职业教育体系,增强危机意识。充分发挥广播影视、文化教育等部门以及新闻媒体和相关社会团体的作用,组织好节能宣传周、世界环境日等主题宣传活动。加强日常宣传和舆论监督,宣传先进、曝光落后、普及知识,崇尚勤俭节约、反对奢侈浪费,推动节能、节水、节地、节材、节粮,倡导与我国国情相适应的文明、节约、绿色、低碳生产方式和消费模式,积极营造良好的节能减排社会氛围。

六、规划实施

节约资源和保护环境是我国的基本国策,推进节能减排工作,加快建设资源节约型、环境友好型社会是我国经济社会发展的重大战略任务。各级人民政府和有关部门要切实履行职责,扎实工作,进一步强化目标责任评价考核,加强监督检查,保障规划目标和任务的完成。地方各级人民政府要对本地区节能减排工作负总责,切实加强组织领导和统筹协调,做好本地区节能减排规划与本规划主要目标、重点任务的协调,特别要加强约束性指标的衔接,抓好各项目标任务的分解落实,强化政策统筹协调,做好相关规划实施的跟踪分析。发展改革委、环境保护部要会同有关部门加强对本规划执行的支持和指导,认真做好规划实施的监督评估,重视研究新情况,解决新问题,总结新经验,重大问题及时向国务院报告。

附录2 2012年交通运输行业节能减排工作总结

2012年,交通运输行业深入贯彻落实科学发展观,全面贯彻落实党中央、国务院节能减排工作战略部署,将交通运输节能减排作为加快推进交通运输现代化、加快转变交通运输发展方式的重要抓手,统筹规划,重点推进,加强领导,明确责任,积极创新,广泛宣传,大力推进低碳交通运输体系建设,持续开展交通运输节能减排试点示范活动,充分发挥各方面、各层次节能减排政策叠加优势,不断提高行业节能减排监管能力和服务水平,交通运输节能减排工作取得了明显成效。

据测算,2012年,交通运输行业节能420万吨标准煤,减排917万吨CO_2,其中公路运输节能284万吨标准煤,减排616万吨CO_2;水路运输节能128万吨标准煤,减排288万吨CO_2;港口节能约8万吨标准煤,减排13万吨CO_2。与2011年相比,营运车辆单位运输周转量能耗下降0.8%,营运船舶单位运输周转量能耗下降2.3%,港口综合单耗下降2.2%。

一、强化政府主导,全面落实节能减排工作部署

充分发挥政府在推进节能减排工作中的主导作用,不断加强组织力度,持续提升管理效能,统筹安排重点工作,坚决落实目标责任,全面部署交通运输节能减排工作。一是,先后三次召开部节能减排工作领导小组会议,研究讨论落实国务院节能减排工作部署的部内分工方案、低碳交通运输体系建设城市试点等行业节能减排工作重大问题,安排推进2012年度行业节能减排重点工作。二是,印发了《关于贯彻落实公路水路交通运输行业落实国务院"十二五"节能减排综合性工作方案的实施意见的部门分工方案的通知》,将国务院对交通运输行业"十二五"期节能减排工作的要求落到实处,明确了部门责任,加大了推进力度。三是,制定了《交通运输行业应对气候变化行动方案》,印发了《交通运输行业"十二五"控制温室气体排放工作方案》,统筹安排交通运输行业"十二五"期控制温室气体排放和应对气候变化重点工作。

按照全国交通运输工作会议精神,各级交通运输主管部门和企事业单位认真贯彻落实行业节能减排工作部署,结合实际,因地制宜,大力推进交通运输节能减排,初步形成了政府部门发挥主导作用,企事业单位积极行动,全员广泛参与,全行业共同推进的有效工作机制和良好局面。

二、突出试点先行,深入推进交通运输低碳发展

新时期交通运输发展和"十二五"发展规划提出了建设现代交通运输体系的总目标,明确了深入推进低碳交通运输体系建设,加快交通运输低碳发展步伐是交通运输节能减排工作的重点任务。一是,继续指导天津等第一批10个低碳交通运输体系建设试点城市落实试点实施方案,按计划推进试点项目实施,组织开展经验总结交流,不断积累交通运输低碳发展实践经验。二是,进一步选定北京、昆明、西安、宁波、广州、沈阳、哈尔滨、淮安、烟台、海口、成都、青岛、株洲、蚌埠、十堰、济源等16个城市作为第二批试点城市,完成了实施方案的评审、调整和批复。三是,继续深化低碳交通运输体系研究。取得了"交通运输行业碳排放统计监测及低碳政策研究"的初步成果,论证确定开展低碳

交通运输体系建设、低碳交通城市、低碳港口、低碳港口航道建设、低碳公路建设等评价指标体系研究。

三、完善政策措施，持续加大重点领域支持力度

进一步调整优化交通运输节能减排重点支持领域，创新交通运输节能减排项目管理模式，不断加大对交通运输节能减排重点领域的政策支持力度。一是，研究确定了交通运输节能减排优先支持范围和领域，完善了交通运输节能减排专项资金支持项目的激励机制，研究制定了专项资金绩效调查方案并组织开展了初步调查。二是，组织开展了2012年度专项资金支持项目申请和审核工作，部财务司加大专项资金支持，对两批280个项目给予"以奖代补"，资金额为42965万元，所形成的年节能量为15.8万吨标准煤，替代燃料26.2万吨标准油，减少CO_2排放69.9万吨。三是，组织开展了"营运船舶和施工船舶节能技术应用"类项目的第三方审核，认定了23家交通运输节能减排第三方审核机构。四是，评审并批复实施了南昌市"低碳交通城市"区域性项目管理试点和连云港港"低碳港口"主题性项目管理试点。五是，提出了交通运输节能减排统计监测考核、低碳交通运输体系评价指标、交通运输行业CO_2排放预测及减排政策等3个方面15项交通运输节能减排能力建设项目，2012年对其中9个项目予以了支持。六是，进一步加强了交通运输节能减排项目管理制度建设，发布了《交通运输节能减排第三方审核机构认定暂行办法》、《交通运输节能减排专项资金支持区域性、主题性项目实施细则（试行）》、《交通运输节能减排能力建设项目管理办法（试行）》等配套文件。

四、深化千企行动，充分发挥交通企业主体作用

两年来，"车、船、路、港"千家企业低碳交通运输专项行动在增强企业节能减排意识，提高企业节能减排水平，发挥先进企业在行业节能减排工作中的示范效应等方面，发挥了重要作用，企业在节能减排工作中的主体地位得到强化，专项行动取得阶段性成效。2012年，专项行动得到继续深化：一是，在营运车辆方面：继续严格实行营运车辆燃料消耗量准入制度；甩挂运输试点工作取得明显进展；联合中国海员建设工会全国委员会在全国道路客运行业共同开展了节能减排达标竞赛活动。二是，在营运船舶方面：发布了《关于内河运输船舶标准船型指标体系的公告》；发布了营运船舶燃料消耗量和CO_2排放限值标准，要求新建船舶须满足标准要求，并配有能效管理手册；继续推进以天然气为燃料的内河运输船舶试点；继续推广内河船舶免停靠报港信息服务系统、靠港船舶使用岸电技术应用。三是，在公路方面：进一步推进ETC联网工程，截至2012年年底，全国已开通ETC省份达24个，建成ETC专用车道3708条，ETC用户460万；部公路局组织开展高速公路运营节能技术应用示范工程，推进路面材料再生利用技术和可再生能源的应用。四是，在港口方面：继续推进轮胎式集装箱门式起重机"油改电"技术和港口机械节能运行控制技术应用，采用信息化技术优化港口组织调度，开展原油码头油气回收试点等。

五、实施政策引导，牢牢把握重点工作关键环节

继续加强政策引导，突出抓好交通运输节能减排关键环节，着力推进部确定的年度重点工作任务，取得了明显成效：一是，继续严格实施营运车辆燃料消耗量限值标准。截至2012年年底，部累计发布21批达标车型，发布达标车型近2万个。2012年全国新进入营运市场的达标车辆共276万辆，

节约燃油156万吨，减少CO_2排放504万吨。二是，继续严格实施客运运力调控政策。对于年平均实载率低于70%的县际以上客运班线，一律不新增运力。对一类客运班线、与高速铁路和城际轨道交通平行的客运班线，原则上不审批新增运力。对与现有班线重复里程在70%以上的二类以上客运班线，继续严格控制新增班线和运力。开展了道路客运实载率调查与测算技术规范研究，形成了《道路客运实载率调查与测算技术规范》。三是，继续加大公路甩挂运输试点工作推进力度。部道路运输司积极推进运输管理组织化，扩大试点示范。截至2012年年底，全国首批实施的26个试点项目、40个甩挂运输场站已经全部动工，通过试点，甩挂运输模式单位运输周转量能耗下降了15%～20%。在首批试点的基础上，2012年我部联合财政部、国家发展改革委启动了第二批甩挂运输试点工作，共确定69个项目纳入试点，遴选、发布第二批甩挂运输推荐车型，试点效益初步显现。四是，继续完善交通运输能耗统计监测工作，推进普通营运货车和内河船舶能源利用状况远程监测。优化扩充了能耗监测重点企业范围，逐步将36个中心城市的重点公交企业纳入监测范围。组织开展了普通营运货车及长江流域内河船舶能耗统计监测状况调研，组织开发了普通营运货车和内河船舶能耗远程监测设备。五是，继续推进天然气汽车在交通运输领域的应用。组织召开了城际客货运输推广天然气汽车试点工作座谈会，批复同意在江苏、山东、山西汽车运输集团有限公司、广东省汽车运输集团有限公司开展天然气汽车应用试点。六是，深入开展绿色汽车维修工程。部道路运输司大力推广江苏等地绿色汽车维修工作经验，组织开展绿色维修技术体系研究，组织中国汽车维修行业协会筹备举办绿色汽车维修工作论坛。七是，在出租汽车行业开展服务管理信息系统试点工程，推动电话预约服务模式。在北京、重庆等15个城市，开展了第一批城市出租汽车服务管理系统试点工程，覆盖出租汽车20.5万辆，占全国16.6%。八是，加大对以天然气为动力的船舶试点工作的支持力度。部海事局积极探索LNG作为动力燃料，启动研究项目，扩大研究范围，核准我国第一艘LNG燃料动力船舶——长航凤凰重庆货运公司所属的"长迅3"船舶进行试点运营。九是，加快水运结构调整，部水运局结合"铁水联运"、"船型标准化"、"水运结构调整"等行业专项行动，开展"北江大宗货物低碳运输"、"优化水运用能结构，建设现代绿色物流链"等试点示范项目。

六、鼓励技术创新，不断提升典型示范引领作用

鼓励交通运输节能减排技术创新和应用，通过典型示范活动，宣传推广成熟的节能减排技术和产品，推动交通运输技术性节能减排。一是，发布了"隧道照明综合节能技术应用"等20个交通运输行业第五批节能减排示范项目，在2012年全国节能宣传周期间对第五批节能减排示范项目进行了授牌。二是，组织开展了"十二五"期第二批全国重点推广公路水路交通运输节能产品（技术）的推选工作。三是，配合国家发展改革委，继续组织推进隧道半导体照明产品应用示范工程，加强指导和监督，推进示范工程稳步实施。

七、开展科技攻关，继续强化持续发展能力建设

继续加大对交通运输节能减排研究工作的支持力度，针对制约行业节能减排工作的关键环节，组织开展了具有前瞻性、战略性和基础性的政策研究和技术研发，不断夯实行业节能减排能力基础。一是，继续推进"公路甩挂运输关键技术与示范"等部重大科技专项，启动了"公路交通运输节能减

排法律法规制度体系研究”等部软科学研究项目，有序推进全球环境基金项目“缓解大城市拥堵、减少碳排放项目”。二是，深入推进节能减排科技示范工程，部科技司组织实施了云南昆龙高速运营节能科技示范工程等节能减排示范工程，城市智能交通和长三角航道网及京杭运河水系智能航运服务国家物联网应用示范工程。三是，组织开展了2012年交通运输建设科技成果推广目录发布工作，部科技司启动实施了“低碳环保技术在农村公路建设中的推广应用”等部科技成果推广计划项目。四是，组织开展了“交通运输行业能源消耗与碳排放统计监测体系”、“低碳交通城市评价指标体系”、“公路运输温室气体(CO_2)排放影响、排放峰值与减排目标、路径研究”等交通运输节能减排能力建设项目。五是，继续推进节能减排标准规范的制修订工作，发布了《码头船舶岸电设施建设技术规范》、《港口船舶岸基供电系统技术条件》、《营运船舶燃料消耗限值及检测方法》等行业标准，开展了《水运工程建设项目节能评价规范》、《集装箱堆场装卸设备供电设施技术规范》等规范的编制工作和《天然气汽车替代燃料量评价方法研究》等标准研究项目。

八、组织专题研究，积极参与气候变化谈判工作

组织开展交通运输行业应对气候变化工作相关研究，深入分析探讨交通运输行业减缓和适应气候变化的基本路径，积极参与气候变化谈判工作，增加行业话语权，有效维护了行业发展利益和国家气候变化谈判整体利益。一是，参与国家发展改革委“中国低碳发展宏观战略研究”，组织有关单位承担“中国交通低碳发展战略研究”分课题，探索研究交通运输低碳发展途径，为国家和行业制定交通运输低碳发展政策提供决策支持。二是，参与政府间气候变化专门委员会(IPCC)第五次评估报告的政府评审工作，对第一工作组报告进行研究讨论，提出了部门评审意见。三是，继续组织开展国际海运温室气体减排市场机制等研究，结合最新谈判进展和研究结果，提出了下一步工作安排和谈判对策。四是，组团出席了国际海事组织(IMO)第63、64届海上环境保护委员会会议，参与国际海运温室气体减排谈判，向IMO单独或联合其他国家共同提交了6份政策和技术提案，五是，组织派员出席了《联合国气候变化框架公约》(UNFCCC)多哈会议、曼谷会议和波恩会议，积极参与和引导谈判进程。六是，派员参加德国交通建设和城市规划部在柏林举行的第二届“中德绿色物流会议”，进一步加强了交通运输低碳发展国际交流与合作。

九、重视宣传交流，广泛传播交通运输低碳理念

组织开展了形式多样、效果明显的交通运输节能减排宣传交流活动，广泛传播交通运输低碳发展理念，宣传推广先进成熟的节能减排技术和产品，为深入推进交通运输节能减排工作营造了良好的外部环境。一是，与国家发展改革委等部门联合组织开展了2012年全国节能宣传周活动。部机关组织了公共自行车启动仪式、低碳体验日等宣传活动。地方各级交通运输主管部门也围绕节能宣传周主题，组织开展了各具特色的宣传活动，取得了良好效果。二是，在光明日报、经济日报、中国交通报等媒体大力宣传交通运输节能减排经验和成效。三是，举办了交通运输节能减排与低碳交通运输体系建设试点工作培训班，深入宣传国家和行业节能减排政策。四是，举办了“2012中国交通发展论坛”低碳交通分论坛和“2012中国节能与低碳发展论坛”交通节能分论坛。五是，出版了《2011中国交通运输节能减排与低碳发展报告》。

十、做好机关节能，切实体现公共机构表率作用

部机关服务中心分解了年度节能减排指标，注重日常管理，制定和采取了切实有效的节能措施，效果比较明显。部印发了《关于进一步做好2012年部属各单位公共机构节能工作的通知》，分解落实节能减排目标，加强部属单位公共机构节能监督、指导和能耗数据统计。按季分月统计公示部机关及部属单位的用电、用水量等能耗数据，2012年前三季度，部机关用油量同比下降8.16%，用电量同比下降3.11%，预计顺利完成国管局制定的2012年节能指标。积极与国管局沟通协调，在部分部属单位继续推广财政补贴高效照明产品。

在总结成绩的同时，也要认识到，交通运输节能减排工作面临的形势依然严峻，交通运输结构性节能减排的潜力尚未充分发挥，科技创新对节能减排的支撑力度还需加强，节能减排统计监测考核体系还有待健全，低碳交通运输体系建设任重道远。为此，全行业要继续提高认识，加强领导，积极谋划，重点突破，持续深入推进交通运输节能减排，加大力度建设低碳交通运输体系，为促进交通运输科学发展，实现国家和行业“十二五”节能减排目标奠定坚实基础。

附录3　交通运输部关于印发2013年交通运输行业节能减排工作要点的通知

（交政法发〔2012〕37号）

各省、自治区、直辖市、新疆生产建设兵团交通运输厅（局、委），天津市市政公路管理局，天津市、上海市交通运输和港口管理局，部属各单位，部内各单位，部管各社团，有关交通运输企业：

现将《2013年交通运输行业节能减排工作要点》印发给你们，请结合本地区、本单位实际，认真组织贯彻落实。

2013年1月10日

2013年交通运输行业节能减排工作要点

2013年交通运输行业节能减排工作的指导思想是：全面贯彻落实党的十八大精神，以科学发展观为指导，大力推进交通运输领域生态文明建设，将交通运输节能减排融入交通运输发展各方面和全过程，积极谋划，攻坚克难，努力破解影响交通运输低碳发展的各种障碍，着力打造具有绿色低碳特征的现代交通运输体系，不断推进资源节约型、环境友好型交通运输行业建设。

2013年交通运输行业节能减排工作的总体要求是：全面实施交通运输节能减排"十百千"工程，强化理念意识，健全体制机制，深化试点示范。坚持推进"两个"专项行动，着力结构、技术、管理三大领域节能，用好专项激励政策，巩固基础能力建设，加大宣传推广交流。为实现《公路水路交通运输节能减排"十二五"规划》确定的目标奠定基础。

具体抓好九个方面的重点工作：

一、全面贯彻落实党中央、国务院节能减排与应对气候变化工作的部署和要求

全面系统准确把握党中央、国务院对交通运输节能减排与应对气候变化工作的总体部署，将对交通运输行业的具体要求落到实处。一是按照建设中国特色社会主义五位一体总布局的要求，研究制定加快推进绿色低碳交通运输发展的指导意见，全面贯彻落实生态文明建设对交通运输行业工作要求。二是结合国务院《节能减排"十二五"规划》，针对部《公路水路交通运输节能减排"十二五"规划》、《关于公路水路交通运输行业落实国务院"十二五"节能减排综合性工作方案的实施意见》及部门分工方案、《交通运输行业"十二五"控制温室气体排放工作方案》等，组织开展规划实施的中期评估与调整，切实保证规划目标和主要内容如期推进。三是加大节能减排体制机制和政策创新，研究与财政部共同推进低碳交通运输体系建设的新举措，建立两部一省共同推进交通运输低碳发展的新机制，开展主题性和区域性低碳交通运输体系

建设,创造规模性聚集性示范效应。

二、深入推进低碳交通运输体系建设

按照《建设低碳交通运输体系指导意见》既定目标任务,继续组织做好低碳交通运输体系建设试点,深化试点内容,加大推进力度,健全评价考核,完善保障措施,确保取得实效。一是在2013年全国节能宣传周期间,组织召开低碳交通运输体系建设试点示范工作推进会,总结经验,部署下一阶段低碳交通运输体系建设重点工作。二是稳步推进低碳交通运输体系建设试点示范活动。继续组织做好26个低碳城市试点工作,进一步扩大区域性"低碳交通城市"试点、主题性"低碳港口"试点和"低碳公路"的试点范围;完善和发布相应的评价考核指标体系和办法。三是加强对试点示范工作的督促指导和宣传推广。建立相应的专家咨询小组,有针对性地开展试点示范指导工作。

三、不断深化"车、船、路、港"千企专项行动

着力构建"车、船、路、港"千家企业低碳交通运输专项行动长效机制,丰富专项行动工作内容,明确参与企业目标责任,增强节能减排基础能力,加大政策资金支持力度,努力将专项行动参与企业打造成交通运输行业节能减排标杆单位。一是优化调整专项行动参与企业,抓大放小,突出重点,将交通运输重点用能单位纳入参与企业名单,提高专项行动节能减排成效。二是促进专项行动参与企业建立健全能源管理制度,加强对参与企业能耗的统计监测,组织开展参与企业能耗信息报送工作。三是建立健全专项行动参与企业节能减排目标责任制,指导参与企业编制节能减排规划和年度计划,组织开展参与企业节能减排目标考核。四是对专项行动中的先进经验进行总结提炼、宣传报道并组织开展经验交流,对先进企业及所在地区组织开展交通运输节能减排工作给予政策支持。

2013年,专项行动的重点是:

——在营运车辆方面:严格实行营运车辆燃料消耗量准入制度,继续组织实施甩挂运输试点工作,继续推进LNG(液化天然气)、LPG(液化石油气)汽车在道路运输、城市公交和出租汽车中应用,鼓励使用节能和新能源汽车,深入开展绿色汽车检测维修工程。

——在营运船舶方面:继续推进内河船型标准化,引导内河船舶运力结构调整,加快推进以LNG、LPG为动力燃料的船舶应用试点工作。

——在公路方面:开展"低碳公路"试点示范,继续推进ETC(电子不停车收费)联网工程,推进道路运输站场节能技术改造,开展高速公路标准化施工。

——在港口方面:开展"低碳港口"创建活动,继续推进港口智能化运营管理,优化港口装卸工艺,加快推进水铁联运等高效节能运输组织方式。

四、组织开展交通运输节能减排科技专项行动

广泛开展交通运输节能减排技术推广示范活动,继续组织实施"黄金水道通过能力提升技术"、"公路甩挂运输关键技术与示范"等部重大科技专项、"京珠复线长沙至湘潭高速公路资源节约型和环境友好型"等科技示范工程、城市智能交通和内河航道网及京杭运河水系智能航运服务国家物联网应用示范工程,组织开展《营运车辆油耗检测设备技术要求》和《天然气汽车代替燃料量评价方法》等标准规范的制修订。利用宣传报道、现场观摩、巡回展演、节能竞赛、论坛交流等形式,大力推

广具有节能减排效果和推广应用价值的新材料、新技术、新产品、新工艺，不断增强科技对交通运输节能减排的支撑力度。

2013 年，重点推广的节能减排技术是：

——在营运车辆方面：机动车节能驾驶技术，发动机智能恒温节能冷却技术，先进的轮胎管理技术，车用润滑油按质换油技术，车辆燃料消耗量动态监测技术，机动车驾驶培训模拟装置应用技术。

——在营运船舶方面：船舶能效管理体系应用技术，滑阀式喷油器在船舶减速航行中的应用技术，船舶无刷双馈轴带发电技术，船用柴油机改造 LNG 与柴油混合动力技术。

——在公路方面：路面再生技术，太阳能、风能等可再生能源利用技术，隧道节能照明技术，收费亭红外辐射加热节能技术，车辆超载不停车预检系统应用技术。

——在港口方面：靠港船舶使用岸电技术，集装箱码头 RTG（轮胎式集装箱门式起重机）“油改电”技术，带式输送机系统及其他港口机械节能运行控制技术，港口装卸机械驾驶培训模拟装置应用技术，内河船舶免停靠报港信息服务系统，原油码头和成品油码头油气回收技术。

五、大力推进交通运输结构性节能减排

一是研究修订《营运客车燃料消耗量限值及测量方法》国家标准。严格营运车辆燃料消耗量准入核查，组织开展道路运输车辆轮胎合理使用技术和政策研究。二是继续执行对客车实载率低于70%的线路不投放新运力的政策，完善具体许可管理方式，健全动态监测制度。三是继续推进公路甩挂运输，做好首批试点项目的总结推广，启动第三批甩挂运输试点，引导创新经营模式。四是继续推进内河船型标准化，全面提高船舶安全、环保、节能和技术经济水平，实现船舶与航道、港口相互适应的协调发展。五是推进新增船舶运力执行营运船舶燃料消耗量准入制度。六是继续推进天然气动力船舶的试点工作。七是落实公交优先发展战略，推进公共交通与其他交通方式之间的无缝衔接。八是继续推进出租汽车行业服务管理信息化建设，推动“电召”模式发展，提高电话预约效率。九是支持公路不停车状态监控，信息监测、预检预判、实时传输等智能化数字化系统建设和公众出行信息服务系统建设。

六、进一步加强交通运输节能减排能力建设

一是组织开展交通运输节能减排监管能力现状调查与评估，研究编制 2013—2020 年交通运输节能减排监管能力建设的方向和主要内容。二是组织开展交通运输节能减排“十三五”规划前期调研，探索建立“十三五”期分层级、分领域、分类别的交通运输节能减排规划体系。三是组织开展交通运输领域碳交易机制政策研究，研究探索利用市场机制推进交通运输节能减排。四是进一步完善交通运输重点用能单位能耗监测制度。配合国家发展改革委做好重点用能单位能源利用在线监测系统建设。五是推进交通运输节能减排考核制度建设，在部分省区市组织开展考核试点工作。六是进一步完善交通运输节能减排第三方审核制度，加强对审核机构和审核人员的培训与监督管理。七是继续重点支持低碳交通运输体系建设评价体系研究、应对气候变化战略研究、能耗在线监测系统建设、减排市场机制研究等能力建设。八是组织做好 2013 年度交通运输节能减排专项资金项目申请与审核工作，继续开展第三方审核试点。

七、继续加强交通运输节能减排宣传教育与交流培训

继续大力宣传交通运输低碳发展理念，鼓励城市居民低碳出行，努力营造促进交通运输低碳发展的良好外部环境。一是组织做好2013年全国节能宣传周和首个全国低碳日活动，集中宣传交通运输节能减排先进典型。二是与中央媒体合作，策划并实施“低碳交通伴我行”主题宣传活动，宣传节能减排成效，促进生态文明建设。三是组织开展交通运输节能减排工作培训，采取专家讲座、集体讨论、现场观摩、实地调研等多种形式，确保培训取得实效。四是继续深入开展机动车驾驶员素质教育工程，大力宣传机动车节能驾驶操作规范，加大对营运车辆驾驶员的节能驾驶培训力度。五是发布《2012年中国交通运输节能减排与低碳发展年度报告》。

八、继续做好气候变化谈判和对外交流合作工作

一是继续组织做好国家发展改革委“中国低碳发展宏观战略研究”中的“中国交通低碳发展战略研究”分课题，加强对课题研究过程的督促检查指导。二是继续参与IPCC（政府间气候变化专门委员会）第五次评估报告后续的政府评审工作，组织开展行业专家评审。三是结合国际谈判进展，继续深入开展船舶温室气体减排研究，为我国对外谈判和对内决策提供技术支持。四是继续积极参与UNFCCC（联合国气候变化框架公约）和IMO（国际海事组织）框架下的谈判，维护国家整体利益和行业发展利益。五是继续利用多双边渠道，学习借鉴国外先进理念、技术和管理方法，推动行业具有比较优势的技术和企业走出去。

九、继续做好公共机构节能工作

继续完善落实部公共机构节能减排工作制度，采取切实可行的节能措施，加强用水设备的日常维护管理，健全公务用车使用管理制度，努力完成国管局制定的2013年节电、节水和节油目标。

附录4 交通运输部关于公布交通运输节能减排第三方审核机构名单的通知

（交政法发〔2013〕4号）

各省、自治区、直辖市、新疆生产建设兵团交通运输厅（局、委），天津市市政公路管理局，天津市、上海市交通运输和港口管理局，部属各单位，部内各单位，部管各社团，有关交通运输企业：

根据财政部、交通运输部《关于印发〈交通运输节能减排专项资金管理暂行办法〉的通知》（财建〔2011〕374号），以及交通运输部办公厅《关于印发〈交通运输节能减排第三方审核机构认定暂行办法〉及推荐申报第三方审核机构的通知》（厅政法字〔2012〕259号）的规定，部在有关单位自愿申请、主管部门推荐的基础上，经组织审核和公示，现将认定的交通运输节能减排第三方审核机构名单予以公布。

已认定公布的第三方审核机构要按照《交通运输节能减排第三方审核机构认定暂行办法》的要求，加强对审核人员的日常监督、管理和培训，在开展审核工作时，严格按照相关标准规范，恪守职业道德，独立开展节能减排量审核，在规定时限内出具审核报告，确保审核工作的科学性、公正性和权威性。

第三方审核机构的日常管理和联系工作由交通运输节能减排项目管理中心负责。

2013年1月5日

附表2 交通运输节能减排第三方审核机构名单

序号	机构名称	类别	联系人	地址及邮编
1	天津市市政工程研究院	公路	周卫峰	天津市河西区平山道39号（300074）
2	中交远洲交通科技集团有限公司	公路	吴丽	石家庄高新区珠江大道263号（050051）
3	山西交科机电设备有限公司	公路	李永胜	山西省太原市学府街79号（030006）
4	吉林省交通科学研究所	公路	陈志国	长春市进化街908号（130012）
5	上海城市交通设计院有限公司	综合	朱鲤	上海市建国东路525号9楼（200025）
6	江苏交科能源科技发展有限公司	综合	王勤	南京市云龙山路88号烽火科技大厦B座2楼（210000）
7	浙江公路水运工程咨询公司	综合	张璐	杭州市建国北路707号星汇大厦20楼（310004）
8	安徽省汽车检测中心	公路	丁金全	合肥市嘉山路68号（230041）

续上表

序号	机构名称	类别	联系人	地址及邮编
9	福建省交通科学技术研究所	综合	李希川	福州市五一中路104号（350004）
10	江西省交通科学研究院	公路	朱耀庭	南昌市庐山南大道176号（330038）
11	山东省交通科学研究所	综合	崔俊胜	济南市无影山中路38号（250031）
12	河南省交通科学技术研究院有限公司	公路	李玉梅	郑州市航海中路219号（450006）
13	重庆市交通规划勘察设计院	综合	黄伟宏	重庆市渝北区财富大道17号财富2号C幢（401121）
14	云南省交通科学研究院	公路	马军	云南省昆明市拓东路石家巷9号（650011）
15	甘肃省交通规划勘察设计院有限责任公司	公路	余小龙	兰州市酒泉路213号交通综合大厦（730030）
16	新疆维吾尔自治区交通规划勘察设计研究院	公路	苗江涛	新疆乌鲁木齐市仓房沟路12号（830006）
17	中国船级社质量认证公司	水路	瑞启光	北京市东城区东皇城根南街40号（100006）
18	交通运输部科学研究院	综合	李忠奎	北京市朝阳区惠新里240号（100029）
19	交通运输部水路科学研究院	水路	李庆祥	北京市海淀区西土城路8号（100088）
20	交通运输部公路科学研究院	公路	刘莉	北京市海淀区西土城路8号（100088）
21	交通运输部天津水运工程科学研究所	水路	李国一	天津市滨海新区塘沽新港二号路37号（300456）
22	长江航运科学研究所	水路	倪德先	湖北武汉市江岸区解放大道2749号（430011）
23	中交水运规划设计院有限公司	水路	张亚敏	北京市东城区国子监街28号（100007）

附录5 交通运输部关于印发交通运输节能减排专项资金支持区域性、主题性项目实施细则(试行)的通知

(厅财字〔2012〕251号)

为推动低碳交通运输体系建设,更好地发挥交通运输节能减排专项资金对低碳交通运输体系建设的促进作用,根据财政部、交通运输部《交通运输节能减排专项资金管理暂行办法》(财建〔2011〕374号)和交通运输部《建设低碳交通运输体系指导意见》(交政法发〔2011〕53号),交通运输部和财政部制定了《交通运输节能减排专项资金支持区域性、主题性项目实施细则(试行)》,现印发给你们。请在推进实施区域性、主题性交通运输节能减排工作中认真贯彻落实,并做好区域性、主题性项目的初审和上报工作。

交通运输节能减排专项资金支持区域性、主题性项目实施细则(试行)

第一章 总 则

第一条 为充分发挥交通运输节能减排专项资金(以下简称专项资金)的促进作用,有效支持交通运输部开展的低碳交通运输体系建设,根据财政部、交通运输部《交通运输节能减排专项资金管理暂行办法》(财建〔2011〕374号)和《建设低碳交通运输体系指导意见》(交政法发〔2011〕53号),制定本实施细则。

第二条 本实施细则所称区域性项目是指由交通运输部批准,某一具体行政区域内,以其交通运输主管部门(以下简称实施单位)为实施主体,符合交通运输部《建设低碳交通运输体系指导意见》相关要求的交通运输节能减排项目;主题性项目是指由交通运输部批准,某一具体行业领域内,以其交通运输行业管理部门(以下简称实施单位)为实施主体,符合交通运输部《建设低碳交通运输体系指导意见》相关要求的节能减排项目。

第三条 专项资金安排遵循突出重点、注重实效和公开、公正、透明的原则。

第二章 实施与审核

第四条 省级交通运输主管部门按要求提出区域性项目或主题性项目建设申请,由交通运输部会同财政部确定。

第五条 省级交通运输主管部门组织实施单位,对拟建设的区域性或主题性项目编制实施方案,并出具节能减排项目投资额和节能减排量报告。省级交通运输主管部门对实施方案和报告进行

初审后，报交通运输部。

实施方案主要内容包括：交通运输节能减排现状、节能减排目标、项目的节能减排量及节能减排投资额概预算，项目进度计划、保障措施等。

第六条　交通运输部委托交通运输节能减排项目管理中心组织专家对实施方案进行评审，重点审查实施方案编制是否符合《建设低碳交通运输体系指导意见》要求，节能减排项目安排是否可行、合理；实施方案根据专家意见完善后，报交通运输部、财政部审定。

第七条　交通运输部根据实施方案内容编制专项资金支持方案，首次拨付资金，纳入同期交通运输节能减排专项资金项目下达预算申请，公示期满无异议的，报财政部。

第八条　财政部对交通运输节能减排专项资金项目下达预算申请审核后，将专项资金下达到实施单位所在地同级财政主管部门，并将专项资金下达结果抄送交通运输部。

第九条　省级交通运输主管部门、财政主管部门组织实施单位及同级财政主管部门编制具体的资金使用方案，并将资金安排使用情况报交通运输部、财政部。

第十条　实施单位同级财政主管部门按照国库管理制度有关规定，专款专用，并根据专项资金使用方案，将专项资金及时拨付给项目具体承担单位。

第十一条　实施单位负责实施方案的组织落实，省级交通运输主管部门、财政主管部门负责实施方案执行情况的督促和检查；实施单位每年 11 月须向上级交通运输主管部门报告执行进度等情况。

实施方案遇特殊困难在规定管理周期内难以完成的，由省级交通运输主管部门提出申请，经交通运输部确认后，可以适当延期。

第十二条　区域性项目或主题性项目实施完成后，由交通运输部组织专家或专业机构组成考核组进行现场考核，依据相关低碳交通运输评价指标体系，重点对实施方案所设目标以及具体项目完成情况进行考核，并出具考核报告。

第十三条　交通运输部根据考核报告编制专项资金支持结算方案，结算方案根据项目和节能减排目标完成情况等确定，末次拨付资金，纳入同期交通运输节能减排专项资金项目预算申请，公示期满无异议的，报财政部审核，并执行相关资金拨付程序。

第三章　支持标准和方式

第十四条　财政部、交通运输部根据项目性质、节能减排投资总额、实际节能减排量等综合测算确定资金支持额度。具体标准按财政部、交通运输部印发的《交通运输节能减排专项资金管理暂行办法》（财建〔2011〕374 号）规定执行。

第十五条　专项资金分两次拨付。实施方案通过审定的当年，进行首次拨付，拨付资金额度不超过总补助额度的 40%；待考核工作完成后进行末次拨付，拨付金额根据考核结果确定。

第四章　监督管理

第十六条　各级交通运输主管部门和财政部门要加强对实施方案实施情况的监督检查，对因工作不力造成项目整体实施进度较慢的，限期进行整改；对未实现预期节能效果的，适当核减支持资金总额；对弄虚作假、重复上报等情节恶劣的，取消区域性项目或主题性项目实施资格，并依法追究相关责任。

第十七条　各级财政、交通运输主管部门应当加强对专项资金使用的监督管理，建立健全专项资金绩效评价制度。

第十八条　对专项资金的使用情况，由财政部、交通运输部组织重点抽查，对违反规定截留、挪用、骗取资金的，将严格按照《中华人民共和国预算法》和《财政违法行为处罚处分条例》（国务院令第427号）及相关法规予以处理。

第五章　附　　则

第十九条　本细则由交通运输部会同财政部负责解释。

第二十条　本办法自发布之日起执行。

附录6 交通运输部关于印发交通运输节能减排第三方审核机构认定暂行办法及推荐申报第三方审核机构的通知

（厅政法字〔2012〕259号）

各省、自治区、直辖市、新疆生产建设兵团交通运输厅（局、委），天津市、上海市交通运输和港口管理局，天津市市政公路管理局，交通运输部直属事业单位，有关交通运输企业：

为做好交通运输节能减排专项资金审核工作，根据《交通运输节能减排专项资金管理暂行办法》（财建〔2011〕374号），部组织制定了《交通运输节能减排第三方审核机构认定暂行办法》，现印发给你们。

为做好2013年交通运输节能减排专项资金补助项目在部分领域开展第三方机构审核的试点工作，按照《交通运输节能减排第三方审核机构认定暂行办法》，部将认定一批第三方审核机构，并将在单位自愿申请，省级交通运输主管部门（部直属单位、中央所属交通企业集团）推荐的基础上，组织审核认定后予以公布。

请各省级交通运输主管部门、部直属单位、中央所属交通企业集团本着认真负责的精神，对推荐单位的申报材料严格审核，择优确定1家单位向部推荐，并于2012年11月15日前将有关材料（纸质版及电子版）报交通运输节能减排项目管理中心。

交通运输节能减排第三方审核机构认定暂行办法

第一章 总 则

第一条 为做好对交通运输节能减排第三方审核机构（以下简称第三方审核机构）的认定工作，确保开展科学合理、高效公正的节能减排量审核工作，根据《交通运输节能减排专项资金管理暂行办法》和有关规定，制定本办法。

第二条 本办法适用于对交通运输节能减排第三方审核机构的认定、管理和监督等活动。

交通运输节能减排量第三方审核是指对申请交通运输节能减排专项资金的项目开展节能减排量、替代燃料量或节能减排投资额审核。

第三方审核机构是指在确定的业务范围内开展节能减排量审核，并出具节能减排量审核报告的独立法人单位。

第三条 交通运输部对第三方审核机构进行认定、管理和监督，交通运输节能减排项目管理中心（以下简称管理中心）按部规定和要求进行日常管理工作。

第二章 机构认定

第四条 第三方审核机构应当符合以下条件：

(一)在中华人民共和国境内注册或开办的、具有独立法人资格的企事业单位。

(二)从事公路水路交通运输领域科研、设计、检测、咨询等交通运输企事业单位。

(三)能够独立开展公路水路交通运输节能减排量的审核工作。

(四)机构技术负责人具有高级专业技术职称并有5年以上交通运输领域科研、设计、咨询、检测工作经历。从事交通运输节能减排工作的技术人员不少于10人。

(五)具有良好的信誉、健全的组织机构、财务会计制度和质量管理体系。

第五条 符合第四条规定的交通企事业单位,可自愿申请(填写《交通运输节能减排第三方审核机构申请表》),经所在省级交通运输主管部门(部直属单位、中央所属交通企业集团)推荐和交通运输部认定,成为第三方审核机构。

交通运输部按照公开、公平、公正和择优的原则认定第三方审核机构,明确其可以从事的业务范围,并向社会公布。

第六条 根据审核机构从事业务范围不同,审核资质分为"公路、水路、综合"三类。"公路"是指从事道路运输装备及公路基础设施建设与运营领域项目审核;"水路"是指从事水路运输装备及港航基础设施建设与运营领域项目审核;"综合"是指可以从事包含"公路"、"水路"两类技术领域项目审核。

第七条 第三方审核机构接受申请单位委托后,成立第三方审核小组开展审核。

第八条 第三方审核小组成员应当符合以下条件:

(一)审核组组长须是具有交通运输相关专业的高级技术职称并且具有全日制高等院校相关专业本科以上学历,从事相关工作五年以上的本单位人员。

(二)审核组组员须具有交通运输相关专业的中级技术职称或者全日制高等院校相关专业本科以上学历,并且从事相关工作两年以上。

(三)熟悉交通运输节能减排工作和接受过相关审核培训。

第九条 第三方审核小组由三至五人组成,第三方审核机构也可以外请符合要求的相关专业人员作为组员参与项目审核,外请人员比例不得超过审核小组总人数的40%。第三方审核机构需对外请人员开展的审核活动负责。

第三章 审核职责

第十条 第三方审核机构的主要职责:

(一)根据《交通运输节能减排专项资金管理暂行办法》的相关要求,按照《交通运输节能减排专项资金项目审核技术导则》的规定,对项目的节能减排量进行审核。

(二)出具项目节能减排量审核报告。

(三)对审核人员进行日常管理、监督和培训。

(四)按要求上报审核工作情况及提出有关建议。

第十一条 审核工作的主要内容:

(一)项目真实性审查。

(二)现场核查项目节能减排规定内容。

(三)出具项目节能减排审核报告。

第十二条　第三方审核机构有权要求申请单位提供由具备相关资质的机构出具的节能减排量检测报告或项目决算审计报告等资料。申请单位应当积极配合第三方审核机构开展节能减排量审核活动。

第十三条　第三方审核机构应当根据国家相关规定和标准，恪守职业道德，独立开展项目节能减排审核，在规定时限内出具项目节能减排量审核报告，确保审核的科学性、公正性和权威性，并对出具的项目节能减排审核报告负责。

第十四条　申请单位根据工作量支付第三方审核机构审核费用。

第十五条　第三方审核机构及人员与申请单位有利害关系的应该主动回避。

第四章　监督管理

第十六条　第三方审核机构应当在每年第一季度向管理中心报送上年度工作报告，工作报告的主要内容包括：上年度完成审核项目基本情况、审核记录、影像资料等证明材料及工作建议等。

第十七条　第三方审核机构法定代表人、住所地等重要事项发生变更，应当自发生变更之日起20个工作日内向管理中心提交书面报告。

第十八条　管理中心按部规定对第三方审核机构节能减排报告的审核结果进行抽查，对审核工作程序和质量进行评价，并对第三方审核机构实行动态管理。

第十九条　第三方审核机构应当接受社会监督。对第三方审核机构的投诉、举报，情况属实的按照有关规定进行处理。

第三方审核机构有下列行为之一的，给予通报警告，情节严重的，将取消其审核资格，并依法追究法律责任。

（一）出具虚假失实的审核报告的。

（二）节能减排审核报告有重大失误或质量低劣的。

（三）泄露申请单位技术秘密或商业秘密的。

（四）转包节能减排审核项目的。

（五）违反国家相关规定的其他行为。

第二十条　审核人员有下列行为之一的，给予通报警告，情节严重的依法追究法律责任：

（一）私自接受委托的。

（二）违反保密规定泄露企业商业机密的。

（三）因严重不负责任给申请单位造成巨大经济损失的。

（四）收受申请单位贿赂弄虚作假出具鉴定报告的。

（五）拒绝接受监督、检查或者向其提供虚假资料的。

（六）其他违反《交通运输节能减排专项资金管理暂行办法》和相关规定的行为。

第五章　附　　则

第二十一条　本办法由交通运输部政策法规司负责解释。

第二十二条　本办法自发布之日起实施。

附录7　交通运输部关于印发交通运输节能减排能力建设项目管理办法（试行）的通知

（厅政法字〔2012〕252号）

各省、自治区、直辖市、新疆生产建设兵团交通运输厅（局、委），天津市、上海市交通运输和港口管理局，天津市市政公路管理局，交通运输部直属事业单位，有关交通运输企业：

为进一步规范交通运输节能减排能力建设项目的管理，根据财政部、交通运输部《交通运输节能减排专项资金管理暂行办法》（财建〔2011〕374号）和交通运输部《建设低碳交通运输体系指导意见》（交政法发〔2011〕53号），交通运输部制定了《交通运输节能减排能力建设项目管理办法（试行）》，现印发给你们。请在组织实施交通运输节能减排能力建设项目过程中，认真贯彻执行。

交通运输节能减排能力建设项目管理办法（试行）

第一章　总　　则

第一条　为充分发挥交通运输节能减排专项资金（以下简称专项资金）的引导作用，有效支持交通运输部开展的低碳交通运输体系建设，提升行业节能减排管理和创新能力，根据《交通运输节能减排专项资金管理暂行办法》（财建〔2011〕374号）和《建设低碳交通运输体系指导意见》（交政法发〔2011〕53号），制定本办法。

第二条　交通运输节能减排能力建设项目（以下简称项目）是指为推进低碳交通运输体系建设，按照专项资金管理办法支持范围的要求，组织开展的交通运输节能减排标准、统计、监测、考核、评价体系建设，以及基础性、战略性、前瞻性研究等。

第三条　项目管理坚持注重实效，公开、公平、公正的原则。

第四条　部节能减排主管部门是项目的归口管理部门，交通运输节能减排项目管理中心（以下简称管理中心）协助做好相关具体工作。

第二章　项目立项

第五条　部节能减排主管部门根据交通运输节能减排规划确定的目标、任务，结合节能减排工作的实际，于每年十月份组织研究确定下年度项目。

第六条　相关单位根据部节能减排主管部门确定的项目，编制项目可行性研究报告。部节能减排主管部门采取招标或专家评审等方式对可行性研究报告进行评议，择优确定项目承担单位。

第七条　通过招标或专家评审的项目列入年度交通运输节能减排专项资金计划，报财政部审核。

第八条　经财政部审核的项目，由部节能减排主管部门（甲方）与承担单位（乙方）签订《交通运输节能减排能力建设项目任务书（合同）》。

第三章 项目实施

第九条 项目承担单位应编制研究工作大纲，并于签订任务书后1个月内完成大纲评审工作，报管理中心备案。

第十条 根据项目进度安排，由管理中心组织对项目的执行情况、中期成果和经费使用情况等进行检查，形成会议纪要和专家意见处理表，并于项目完成时作为验收材料。

第十一条 跨年度的项目实行年度报告制度，项目第一承担单位应于当年11月30日前向管理中心报送项目执行情况报告。

第十二条 项目实施期间，如需对项目的考核目标、研究内容、负责人、完成时间等重要事项作调整或变更的，由项目第一承担单位向部节能减排主管部门提出申请，经批准后方可变更。

第十三条 对于未能及时上报项目执行情况报告或擅自变更任务书的承担单位，部节能减排主管部门将予以通报批评，并记入信用记录。

第十四条 项目承担单位应严格按照国家有关财务规定使用项目经费，做到专款专用。

第四章 项目验收

第十五条 项目承担单位应在项目完成后一个月内提出验收申请，并按规定向管理中心提交验收材料。

第十六条 经审查符合验收条件的，部节能减排主管部门对项目组织验收；对不符合验收条件的项目，部节能减排主管部门将责令承担单位限期整改。

第十七条 项目因故不能按期完成的，第一承担单位应在规定完成期前一个月提出延期申请，报部节能减排主管部门批准。项目延期时间一般不得超过三个月。

第十八条 对于不能按期完成项目的承担单位，部节能减排主管部门将对其进行通报批评，视情节轻重责令其退回部分或全部经费，暂停承担项目的资格1至3年。

第十九条 项目验收以任务书确定的研究内容和考核目标为基本依据，主要对项目研究工作是否达到任务书约定的目标和要求，研究成果的实用性、创新性、先进性和社会效益等方面作出客观、公正的评价。

第二十条 项目验收一般采取专家会议评审方式，并形成验收意见。

通过验收的项目由部节能减排主管部门向第一承担单位下达验收意见通知书（见附件7）。

第五章 成果管理

第二十一条 项目承担单位在收到验收意见通知书后，应及时做好项目实施中所产生的实验报告、数据手稿、图纸、声像等资料的整理、建立档案工作。

第二十二条 项目承担单位应对成果及时采取知识产权保护措施，依法取得相关知识产权。项目所形成的知识产权，其归属、管理和使用按照《交通运输行业知识产权管理办法》的规定执行。

第二十三条 成果涉及国家秘密的，有关单位和人员应按照《中华人民共和国保守国家秘密法》及有关规定，切实做好保密管理工作。

第二十四条 项目验收后1个月内,项目承担单位按要求向管理中心报送项目的全套归档资料。

第六章 附 则

第二十五条 本办法由交通运输部政策法规司负责解释。

第二十六条 本办法自发布之日起执行。

附录8 交通运输部关于印发交通运输节能减排专项资金申请指南(2013年度)的通知

(厅政法字〔2012〕245号)

各省、自治区、直辖市、新疆生产建设兵团、计划单列市交通运输厅(局、委)、财政厅(局),天津市、上海市交通运输和港口管理局,天津市市政公路管理局,交通运输部直属事业单位,有关交通运输企业:

为推进交通运输节能减排重点工作,指导交通运输企事业单位申请交通运输节能减排专项资金,根据财政部、交通运输部《关于印发〈交通运输节能减排专项资金管理暂行办法〉的通知》(财建〔2011〕374号),制定了《交通运输节能减排专项资金申请指南(2013年度)》,现印发给你们。请按照有关要求,组织做好本地区2013年度专项资金项目申请、初审和汇总上报工作。

交通运输节能减排专项资金申请指南(2013年度)

为指导交通运输节能减排专项资金申请工作规范、效能、有序开展,确保专项资金申请与审核的公开、公平、公正,提高专项资金使用效益,优化财政资金政策导向,根据财政部、交通运输部《交通运输节能减排专项资金管理暂行办法》(财建〔2011〕374号),结合交通运输节能减排工作实际,制定本指南。

一、专项资金优先支持领域

2013年度交通运输节能减排专项资金优先支持以下领域的项目:

(一)公路交通运输基础设施建设与运营领域。

1. 公路及沿线设施、桥梁、隧道、运输站场节能照明技术应用。
2. 清洁能源、可再生能源在公路交通运输基础设施建设与运营中的应用。
3. 温拌沥青技术和沥青路面冷再生技术应用。

(二)道路运输装备领域。

1. 天然气车辆在道路运输中的应用。
2. 绿色汽车维修技术应用。
3. 机动车驾驶培训模拟装置应用。

(三)港航基础设施建设与运营领域。

1. 清洁能源、可再生能源在港航领域的应用。
2. 靠港船舶使用岸电技术应用。
3. 集装箱码头RTG"油改电"技术应用。
4. 港口机械节能技术应用。

（四）水路运输装备领域。

1. 营运船舶和施工船舶节能减排改造技术应用。

2. 天然气船舶在内河运输中的应用。

（五）交通运输管理与服务能力建设领域。

1. 营运车辆和港口智能化运营管理系统应用。

2. 治理公路运输车辆超限超载不停车预检系统应用。

3. 内河船舶免停靠报港信息服务系统应用。

4. 公众出行和物流公共信息服务系统应用。

5. 交通运输节能减排统计监测考核体系建设。

（六）交通运输节能减排试点示范项目。

1. 交通运输部低碳交通运输体系建设的主题性、区域性和能力建设试点项目。

2. 财政部、国家发展改革委"节能减排财政政策综合示范城市"项目。

3. 交通运输部公布的交通运输行业节能减排示范项目。

二、专项资金申请条件

（一）支持对象与方式：

专项资金原则上采取以奖代补方式，主要对象是开展节能减排项目的公路水路交通运输企事业单位，重点为交通运输部"车、船、路、港"千家企业低碳交通运输专项行动参与企业。

（二）申请单位应具备的条件：

1. 具有独立法人资格。

2. 管理规范，具有健全的财务管理制度。

3. 能源管理机制健全，具有较完善的能源计量、统计和考核管理体系。

（三）申请项目应符合下列条件：

1. 本指南规定的优先支持领域。

2. 具有明显的节能减排效果或对交通运输节能减排有明显的促进作用。

3. 具有完整的项目审批实施手续，且在2010年1月1日至2012年12月31日期间完成交（竣）工验收。

4. 无知识产权纠纷。

5. 从未获得过交通运输节能减排专项资金补助和未享受过中央其他财政节能减排资金支持。

三、申请与审核程序

2013年度专项资金申请与审核的具体程序如下：

（一）专项资金项目申请采取完整纸质文本和网络表格文本相结合的申报方式进行。申请单位先通过"交通运输节能减排专项资金项目管理信息系统（入口地址：http://jnzx.mot.gov.cn/）"（以下简称"节能减排信息系统"）填写网上《交通运输节能减排专项资金申请书》，提交所在省（自治区、直辖市、计划单列市）（以下简称：省区市）交通运输主管部门进行立项申请确认。随后，申请单位准备下列相关书面材料：

1. 申请单位企业法人营业执照或事业单位机构代码证复印件(加盖单位公章)。

2. 申请单位能源管理机制和财务管理制度情况(包括机构、制度和人员)等。

3. 相关证明材料,包括项目立项、交(竣)工验收审批材料,申报数据证明材料(如设备采购或服务合同、发票、生产与能耗统计资料、检测报告、专项决算审计报告)等。

4. 一张刻录记载项目情况的光盘,包括必要的现场照片或视频资料,以及可能的社会媒体对项目公开报道资料。

(二)省区市交通运输主管部门收到申请单位网上提交的《交通运输节能减排专项资金申请书》后,立即组织进行网上立项审查的申请确认。必要时,可调审申请单位正在准备的相关书面材料。对立项审查确认的项目:

1. 及时赋予申请单位网上《交通运输节能减排专项资金申请书》水印,通知申请单位从节能减排信息系统中正式下载打印已定式的《交通运输节能减排专项资金申请书》,准备连同相关书面材料装订成册形成完整书面文本,正式报省区市交通运输主管部门。

2. 通知申请单位及时从交通运输部已公布的第三方审核机构名单中选择委托第三方审核机构对项目规定的内容进行审核,并督促第三方审核机构按照规定的程序和内容依法依规开展审核,出具《交通运输节能减排专项资金申请项目第三方审核报告》(一式4份)提交相关部门单位(其中:申请单位1份,省区市交通主管部门3份)

3. 2013年选定以下领域开展第三方机构审核:

(1)天然气车辆在道路运输中的应用。

(2)集装箱码头RTG“油改电”技术应用。

(3)营运船舶和施工船舶节能改造技术应用。

(三)省、区、市级交通运输主管部门收到申请单位书面文本后,应及时会同同级财政主管部门对申请单位提交的申请材料进行初审,提出意见并加盖公章,对申请材料的真实性负责,填写《交通运输节能减排专项资金申请项目汇总表》,连同第三方审核机构出具的《交通运输节能减排专项资金申请项目第三方审核报告》报交通运输部、财政部。同时,通过节能减排信息系统提交网络表格文本。交通运输部委托交通运输节能减排项目管理中心(以下简称管理中心)受理申请材料,申请材料一式3份(可以1份原件,2份复印件)。

(四)管理中心组织交通运输节能减排专家库专家对申请材料进行审核、汇总,并对重点项目进行现场审核后,报交通运输部政策法规司(交通运输部节能减排与应对气候变化工作办公室)。交通运输部政策法规司会同部相关司局审核后,将专项资金建议补助方案(含专家评审结果)在交通运输部政府网站公示5天。公示期满无异议的,报交通运输部节能减排工作领导小组审议后,报财政部审批。

(五)财政部对专项资金项目审批后,将专项资金按照有关规定程序下达相关省区市财政主管部门,并将项目审批与资金下达结果抄送交通运输部。各省区市财政主管部门负责将专项资金拨付到申请单位。由各级财政、交通运输部门组织开展部分项目的绩效调查工作。

(六)中央管理的交通运输企业及所属单位申请项目,由集团公司对项目真实性进行审核并出具相关意见后,送请项目所在省区市交通运输、财政主管部门按程序上报。

(七)交通运输部直属事业单位对本单位申请材料进行审核、汇总后直接上报。交通运输部直属事业单位申请项目通过财政部审批后，财政部将专项资金列入交通运输部部门预算，资金支付按照国库管理有关规定执行。

四、其他事项

节能减排信息系统开放时间：2012 年 11 月 15 日至 2013 年 3 月 31 日。

项目材料报部截止受理时间：2013 年 3 月 31 日。

附录9 交通运输部办公厅、财政部办公厅关于印发交通运输节能减排专项资金申请指南（2012年度）的通知

（厅政法字〔2011〕292号）

各省、自治区、直辖市、新疆生产建设兵团、计划单列市交通运输厅（局、委）、财政厅（局），天津市、上海市交通运输和港口管理局，天津市市政公路管理局，交通运输部直属事业单位，有关交通运输企业：

为推进交通运输节能减排重点工作，指导交通运输企事业单位申请交通运输节能减排专项资金，根据财政部交通运输部《关于印发交通运输节能减排专项资金管理暂行办法的通知》（财建〔2011〕374号），部制定了《交通运输节能减排专项资金申请指南（2012年度）》，现印发给你们。请按照有关要求，组织做好本地区2012年度专项资金项目的申请、初审和汇总上报工作。

交通运输节能减排专项资金申请指南（2012年度）

为指导交通运输节能减排专项资金申请工作规范、高效、有序开展，确保专项资金申请与审核的公开、公平、公正，提高专项资金使用效益，优化财政资金政策导向，根据《交通运输节能减排专项资金管理暂行办法》（财建〔2011〕374号），结合交通运输节能减排工作实际，制定本指南。

一、专项资金优先支持领域

2012年度交通运输节能减排专项资金优先支持以下领域的项目：

（一）公路基础设施建设与运营领域。

1. 公路、桥梁、隧道及沿线设施节能照明技术应用。

2. 可再生能源在公路建设与运营中的应用。

3. 温拌沥青技术应用。

（二）道路运输装备领域。

1. 天然气车辆在道路运输中的应用。

2. 绿色汽车维修技术应用。

3. 机动车驾驶培训模拟装置应用。

（三）港航基础设施建设与运营领域。

1. 清洁能源、可再生能源在港航领域的应用。

2. 靠港船舶使用岸电技术应用。

3. 集装箱码头RTG“油改电”技术应用。

4. 港口机械节能运行控制技术应用。

(四)水路运输装备领域。

1. 营运船舶和施工船舶节能技术应用。

2. 天然气船舶在内河运输中的应用。

(五)交通运输管理与服务能力建设。

1. 营运车辆和港口智能化运营管理系统应用。

2. 内河船舶免停靠报港信息服务系统应用。

3. 公众出行信息服务系统应用。

4. 交通运输节能减排统计监测考核体系建设。

(六)交通运输节能减排试点示范项目。

1. 交通运输部“低碳交通运输体系建设城市试点”项目。

2. 财政部、国家发展改革委“节能减排财政政策综合示范城市”项目。

3. 交通运输部公布的交通运输行业节能减排示范项目。

二、专项资金申请条件

(一)支持对象与方式:

专项资金支持对象是开展公路水路交通运输节能减排工作的企事业单位,原则上采取以奖代补方式。

(二)申请单位应具备的条件:

1. 具有独立法人资格。

2. 管理规范,具有健全的财务管理制度。

3. 能源管理机制健全,具有较完善的能源计量、统计和管理体系。

(三)申请项目需符合的条件:

1. 符合本指南规定的优先支持领域。

2. 具有明显的节能减排效果或对交通运输节能减排有明显的促进作用。

3. 具有完整的审批手续,且在2010年1月1日至2011年12月31日期间完成。

4. 无知识产权纠纷。

5. 未获得过交通运输节能减排专项资金补助,未享受过其他中央财政节能减排资金支持。

三、申请与审核程序

2012年度专项资金申请与审核分两批进行,具体程序如下:

(一)申请单位向所在省(自治区、直辖市、计划单列市)(以下简称:省区市)交通运输、财政主管部门提交以下材料,所有材料装订成册。

1.《交通运输节能减排专项资金申请书》。

2. 申请单位企业法人营业执照或事业单位机构代码证(复印件加盖单位公章)。

3. 相关证明材料,包括项目立项、竣工验收审批材料,申报数据证明材料(如设备采购或服务合同、发票、记录、检测报告、专项决算审计报告),申请单位能源管理机制和财务管理制度情况(包括机构、制度和人员)等。

（二）省区市交通运输、财政主管部门对申请单位提交的申请材料进行初审，提出意见，加盖公章，对申请材料的真实性负责，并填写《交通运输节能减排专项资金申请项目汇总表》，报交通运输部、财政部。交通运输部委托交通运输节能减排项目管理中心（以下简称：管理中心）受理申请材料，申请材料一式10份（可以1份原件，9份复印件），同时以光盘形式提供电子文件。

（三）2012年开展专项资金申请项目第三方机构审核试点，选定"营运船舶和施工船舶节能技术应用"类申请项目作为试点项目，中国船级社质量认证公司作为第三方审核机构。省区市交通运输、财政主管部门在收到"营运船舶和施工船舶节能技术应用"类申请项目并初审同意后，须委托中国船级社质量认证公司对项目进行审核，并将《交通运输节能减排专项资金申请项目第三方审核报告》连同项目申请材料一并上报。

（四）管理中心组织交通运输节能减排专家库专家对申请材料进行审核、汇总后，报交通运输部政策法规司（交通运输部节能减排与应对气候变化工作办公室）。交通运输部政策法规司会同部相关司局审核后，将专项资金建议补助方案在交通运输部政府网站公示5天。公示期满无异议的，报交通运输部节能减排工作领导小组审定后，报财政部审批。

（五）财政部对专项资金项目审批后，将专项资金下达有关省区市财政主管部门，并将项目审批与资金下达结果抄送交通运输部。各省区市财政主管部门负责将专项资金拨付到申请单位。

（六）中央管理的交通运输企业及所属单位申请项目，由集团公司对项目真实性进行审核并出具意见后，按上述程序通过项目所在省区市交通运输、财政主管部门上报。

（七）交通运输部直属事业单位对本单位申请材料进行审核、汇总后直接上报。交通运输部直属事业单位申请项目通过财政部审批后，财政部将专项资金列入交通运输部部门预算，资金支付按照国库管理有关规定执行。

附录10　交通运输行业2012年全国节能宣传周活动总结

(厅函政法〔2012〕83号)

2012年是"十二五"承上启下的重要一年,也是实现"十二五"节能减排目标的关键一年。作为节能减排三大重点领域之一,交通运输行业各级主管部门和企事业单位充分认识到节能减排工作的重要性和紧迫性,按照《国务院"十二五"节能减排综合性工作方案》的要求,认真落实交通运输部《公路水路交通运输节能减排"十二五"规划》。按照国家发展改革委等14部委印发的《关于2012年全国节能宣传周活动安排的通知》(发改环资〔2012〕1320号)的要求,节能宣传周期间,交通运输行业紧紧围绕"节能低碳,绿色发展"的主题,结合行业实际,因地制宜,精心谋划,务实推进,开展了内容丰富、形式多样的节能宣传和实践活动,广大行业干部职工"节能低碳,绿色发展"的理念进一步深化,建设低碳交通运输体系的责任感、紧迫感进一步增强。

一、高度重视,统筹安排,确保良好效果

全国节能宣传周期间,交通运输行业各级主管部门高度重视,围绕"节能低碳,绿色发展"这一主题,结合行业工作的重点和特点,把开展好节能宣传周活动放到重要议事日程,制订了社会影响力大、预期效果好的具体实施方案,确保取得良好宣传效果。交通运输部党组高度重视节能减排工作,交通运输部党组成员、副部长高宏峰同志强调,各地区、各单位、各部门要统筹安排,周密部署,既要保证全局各项工作有条不紊进行,又要保证宣传周活动扎扎实实开展;既要积极营造宣传教育氛围,又要着力解决实实在在的问题;既要使节能减排理念深入人心,又要让节能减排行动扎根于民。

5月,交通运输部结合行业实际印发了《关于组织开展交通运输行业2012年节能宣传周活动的通知》(政法便函〔2012〕41号),并结合部机关及部属单位公共机构的具体情况制定了《关于开展2012年部机关及部属各单位公共机构节能宣传周活动安排的通知》(交机服字〔2012〕3号),明确各级交通运输主管部门和相关企事业单位要重视开展好节能宣传周活动,大力宣传交通运输节能减排"十百千"工程,积极倡导并践行低碳绿色出行理念和方式,广泛宣传推广汽车节能驾驶技术,深入推广应用交通运输节能产品和技术,组织各级机关单位带头开展低碳体验活动。并要求各级机关要以"节能低碳、绿色发展"为主题,举办公益讲座,组织参观节能环保展览,增强干部、职工对低碳绿色发展重要性的认识和感知,鼓励行业内干部职工用实际行动来践行低碳生活,体现社会责任。广泛宣传公共机构节能减排成果,普及节能知识,传播节能理念。明确了交通运输行业节能宣传的重点和要求,并跟踪推进各单位开展节能宣传活动。各级交通运输主管部门和企事业单位分别制定了节能宣传周方案,有效地落实了节能宣传周的各项活动,确保了交通运输行业节能宣传周活动的顺利开展。

二、精心组织,务实推进,部机关率先垂范

为了深入推进节能宣传周活动有序开展,紧密围绕节能宣传周主题,交通运输各级机关领导干

部积极带头参与，努力做到人人参与，人人体验，人人为节能减排与低碳发展做贡献。交通运输部制定了《交通运输部机关2012年全国节能宣传周活动方案》，组织开展了一系列以“节能低碳，绿色发展”为主题的节能宣传周活动。

6月11日，交通运输部正式启动2012年节能宣传周活动，并举行了部机关公共自行车启动仪式，号召部机关职工使用公共自行车进行公务活动，带头践行绿色低碳出行方式。启动仪式由部党组成员、政策法规司何建中司长主持。高宏峰副部长在启动仪式上指出，要通过开展节能宣传周活动，充分调动全社会参与节能减排的积极性，增强全民节能和环保意识，提倡节约、绿色、低碳的生产方式、消费模式和生活习惯。李盛霖部长宣布交通运输行业2012年全国节能宣传周启动，职工代表宣读了“低碳出行倡议书”并骑自行车绕部一周体验低碳出行。翁孟勇副部长、冯正霖副部长、李建波组长出席了启动仪式。

6月12日，组织部机关部分人员参观了由北京市人民政府和国家发展改革委主办的“2012年中国北京国际节能环保展览会”。展览会的主题是“绿色产业，创新发展——绿色，让城市更宜居”，展会集中展示了前沿、高端的节能环保技术和系统解决方案，全方位、立体化宣传了节能环保理念、技术和产品，在节能宣传周期间组织本次参观的主要目的是宣传国家节能环保政策，培育节能环保产业，展示推广节能环保新技术、新产品。

6月13日是“低碳体验日”，部机关当天停开空调，关停电梯四部，公共区域的4000多盏照明灯仅打开了200余盏。在大厅、电梯间等醒目位置张贴了节水护水、绿色出行等节能宣传海报，同时向每一位干部职工发送了内容为“请大家绿色出行，上、下班乘坐公交车、骑自行车或步行，低楼层请走楼梯”的倡议短信，倡导大家共同节能低碳、绿色出行。

6月14日，邀请应对气候变化领域专家举办了交通运输节能减排大讲堂。讲座以“发挥交通运输部门的关键作用、积极应对气候变化”为主题，从应对气候变化的国内外形势和国家政策、“十二五”规划中国家应对气候变化的主要措施、建设低碳交通尤其是建设低碳交通城市三个方面进行了探讨和交流。交通运输部机关和在京部属单位部分干部职工参加了讲座。

6月15日，我部召开交通运输行业第五批节能减排示范项目授牌仪式暨全国客运行业节能减排达标竞赛宣贯会。高宏峰副部长为交通运输行业第五批节能减排示范项目授牌，中国海员建设工会姚久强副主席就在全国道路客运行业开展节能减排达标竞赛活动作了动员部署，示范项目和参与达标竞赛活动单位代表作了发言，高宏峰副部长作了讲话。高宏峰副部长对交通运输行业节能减排示范项目活动作了全面总结，充分肯定了示范项目的引领作用，并对下半年行业开展节能减排工作提出了明确要求。部党组成员、政策法规司司长何建中总结了全国节能宣传周期间部机关开展的系列宣传活动及成果，要求各地贯彻落实高宏峰副部长讲话精神，精心部署，周密组织，做好行业节能减排各项工作。全国总工会和中国海员建设工会领导、部节能减排工作领导小组成员、示范项目实施单位与推荐单位代表参加了会议。

节能宣传周前后，交通运输部还发布了《2011中国交通运输节能减排与低碳发展年度报告》，汇集了交通运输行业节能减排和低碳发展的相关信息。积极参加了由国务院机关事务管理局与中国科协共同举办的“科技助力公共机构节能”科普巡展活动，通过巡展向机关干部职工展示了今年来中央国家机关节能工作取得的突出成效和部分节能常识。相关活动经中央及行业媒体报道，形成了良好的舆论氛围。通过宣传周活动，部机关干部职工“低碳出行、绿色交通”理念进一步深化，建设低碳交通运输体系的责任感和紧迫感进一步增强。

三、突出特色,因地制宜,开展系列活动

节能宣传周期间,各级交通运输主管部门精心策划,周密安排,充分动员,抓好落实,组织开展了各具特色,又富于成效的宣传活动。广大交通运输企事业单位业已认真组织、积极行动,推广先进节能减排理念及技能,促进节能减排工作不断深入。

(一)深入宣传,亲身体验

交通运输行业十分重视一年一度的"节能宣传周"活动,各级交通运输主管部门通过悬挂节能减排主题横幅,张贴宣传画、设立节能咨询台、利用电子显示屏幕、发放节能减排宣传资料、举行"低碳体验日"等形式,充分调动交通运输系统广大干部职工的积极性,形成了节能减排的良好氛围。

辽宁省交通运输厅在全省共张贴宣传挂图5000余幅,悬挂标语1830条,制作宣传知识牌板2194块,安装节水节电标识2577块,向路人发放宣传单10万余份。湖北省交通运输厅活动现场设立"绿色维修"、"节能驾驶"、"绿色出行"、"新能源利用"、"公共机构节能"五个咨询台,现场接受宣传教育3000余人次,发放宣传册2000余本。海南省交通运输厅印制以"节能驾驶"和"绿色出行"为主题的交通行业节能减排宣传手册《节能低碳绿色发展》,于启动仪式会场发放手册1500本,在厅机关中开展以"珍惜生命之源,人人节水护水"为主题的宣传周活动,发放《海南省公共机构"节能宣传周活动"宣传手册》22本,在厅宣传栏张贴节水节能的宣传画4幅,悬挂横幅4条。西藏自治区交通运输厅印发节能减排《少用一次性制品,树立适度消费》倡议书200余份、"节能减排的重要性"、"汽车节油方法"、"汽车节油新技术措施"等宣传资料18000余份,制作悬挂横幅76条,开办专题宣传栏18期,车辆粘贴宣传条幅2000多张,张贴标语3000余张。四川省航务海事系统悬挂宣传横幅224条,张贴宣传标语1016条,张贴宣传画或海报497张,发放宣传资料14900份,办宣传墙报34期,播放宣传影碟248次。在全行业大范围开展了节能减排宣传推广活动,营造了良好舆论氛围。

(二)突出亮点,典型推动

交通运输行业一直以来着力打造交通运输节能减排"十百千"工程(十个低碳交通运输体系建设城市试点,一百个交通运输行业节能减排示范项目,一千家"车、船、路、港"千家企业低碳交通运输专项行动参与企业)。其中"交通运输节能减排示范活动"为打造交通运输节能减排"十百千"工程做出了突出贡献,2007年为了全面贯彻落实《国务院关于加强节能工作的决定》以及部《关于全国交通行业全面贯彻落实国务院加强节能工作的决定的指导意见》和《关于进一步加强交通行业节能减排工作的意见》等文件精神,我部决定以提高生产效率、降低能源消耗为核心,开展交通运输行业节能减排示范活动,在每年的节能宣传周期间,推出20个覆盖车、船、路、港节能减排示范项目,通过总结提炼示范项目的成功做法,将节能减排的先进技术和先进经验向全行业推广,发挥示范作用,以点带面,推动行业的节能减排工作,促进行业管理创新、技术创新,提高企业经济效益和服务水平,全面提高交通行业节能降耗水平。

从100个示范项目的推荐单位看,涵盖了交通运输部道路运输司以及江苏、山东、浙江等21个省、市、自治区的交通运输主管部门,中远、中外运长航、中交建、中海、船级社、招商局等大型央企,交通运输部公路科学研究院、交通运输部水运科学研究院、中交水运设计院等研究单位,中国道路运输协会等中介机构。从100个示范项目的实施单位看,共涉及97个交通运输行业的企事业单位。从100个示范

项目的专业领域看，不仅涵盖了车、船、路、港、航等交通领域，而且第五批示范项目中，还涉及了城市轨道交通领域的项目。从各专业领域的示范项目数量上看，道路运输项目 39 个、船舶运输项目 18 个、公路项目 16 个、港口项目 23 个、航道项目 3 个、城市轨道交通 1 个。五年以来，通过“交通运输节能减排示范活动”，形成了一个覆盖公路水路交通运输领域的较为全面的示范项目体系。

（三）抓住契机，创新形式

交通运输行业以“节能宣传周”为契机，结合行业特点，广泛开展了各种形式的节能宣传活动，推进行业节能减排工作深入开展。

交通运输部以道路客运行业为试点，开展了全行业共同参与的节能减排达标竞赛活动。通过“比管理、比技能、比创新、比能效”，号召行业提高节能减排意识，推广应用示范项目，创新运输组织模式，加强企业能源管理，切实提高道路客运行业的能源利用效率。海南省道路运输局以“节能进驾校”为主题，对海南交通技工学校组织 128 名教练员进行了为期一周的“节能驾驶模拟器”培训，使教练员熟练掌握了利用“节能驾驶模拟器”开展驾驶培训的理念和技巧。辽宁省高速公路管理局丹东、凌源管理处开展了节能知识竞赛活动，向全处职工发放竞赛试题，对在节能知识竞赛中取得好成绩的职工进行奖励，进一步激发职工学习节能减排知识积极性。中国远洋运输（集团）总公司利用举办“节能环保从小事做起”知识讲座契机，制作了“节能低碳、绿色发展”背板，交通运输部安全总监、中远集团在京领导等 160 余人在背板上签名，表达了集团全体职工对“节能低碳，绿色发展”主题的支持和期盼。中国外运长航集团有限公司在节能宣传周期间开展“低碳爬楼，绿色心情”活动，发动青年员工爬楼上下班，该活动得到了广大青年员工的积极响应，通过发布微博宣传低碳生活理念，并将爬楼活动常态化发展下去。中国交通企业管理协会为了全面了解近几年交通运输企业节能减排工作的现状，更好地为交通运输主管部门制订节能减排方针政策提供科学、真实、可靠的数据，为推进全国交通运输企业更好地完成“十二五”交通运输节能减排各项目标任务，组织进行了“2012 全国交通运输企业节能减排问卷调查”活动，形成了第一份交通运输企业节能减排调研报告，深入了解了近两年交通运输行业在节能减排方面的资金投入、运营管理、技术手段、节能效果等整体情况，以及企业在节能减排方面所遇到的困难、需求及提出的合理化建议，推动行业节能减排又快又好发展。

四、持之以恒，常抓不懈，建立长效机制

2012 年的节能宣传周活动，在交通运输行业各级领导的高度重视、广大干部职工的积极参与下，通过全行业开展的一系列丰富多彩的活动，使得广大干部职工“节能低碳、绿色发展”的理念得到了进一步的强化，在舆论宣传和活动体验的积极影响下，资源忧患意识、节约环保意识和节能减排责任意识明显提高，形成了厉行节约的良好氛围，交通运输行业 2012 年节能宣传周活动取得了良好的效果，达到了预期目标。我部将以此为契机，为开创“十二五”交通运输节能减排工作新局面起好步开好局，继续坚持以科学发展观为指导，坚持理论创新与推广应用相结合，坚持政府引导与企业自主相结合，科学规划，统筹安排，突出重点，明确责任，坚持节约资源和保护环境的基本国策，着力推进绿色发展、循环发展、低碳发展，为人民创造良好生产生活环境。

附录11　交通运输部关于公布交通运输行业第五批节能减排示范项目的通知

（交政法发〔2012〕269号）

根据交通运输部办公厅《关于推选交通运输行业第五批节能减排示范项目的通知》（厅政法字〔2012〕8号）和交通运输部节能减排与应对气候变化工作办公室《关于公布交通运输行业节能减排示范项目推选办法的通知》（交能办函〔2010〕208号），在组织项目申报、专家评审及项目公示的基础上，经部节能减排工作领导小组审定，确定“隧道照明综合节能技术应用”等20个项目（附表3）为交通运输行业第五批节能减排示范项目，现予公布。

附表3　交通运输行业第五批节能减排示范项目名单

序号	项目名称	推荐单位	实施单位
1	隧道照明综合节能技术应用	云南省交通运输厅	云南省公路开发投资有限责任公司
2	泡沫沥青厂拌冷再生技术在陕西的应用	中国交通建设集团有限公司	中交第二公路工程局有限公司 中交第四公路工程局有限公司
3	收费亭红外辐射智能加热节能技术应用	辽宁省交通厅	辽宁省高速公路管理局
4	综合运用节能减排技术，打造低碳高效道路客运	交通运输部道路运输司	常州公路运输集团有限公司
5	汽车维修节能产业链	福建省交通运输厅	福建省汽车运输有限公司
6	化学品网络化运输模式试点	中国外运长航集团有限公司	中外运化工国际物流有限公司
7	延长车用润滑油使用周期	浙江省交通运输厅	杭州长运运输集团有限公司
8	多种节能减排技术（措施）的综合应用	江苏省交通运输厅	江苏省扬州汽车运输集团公司
9	汽车钣金喷涂流水线生产方式应用	山东省交通运输厅	润华集团山东汽车修理有限公司
10	绿色汽车维修技术应用	江苏省交通运输厅	无锡商业大厦集团东方汽车有限公司
11	轨道交通地下车站通风空调系统节能环保技术应用	上海市交通运输和港口管理局 上海市城乡建设和交通委员会	上海申通地铁集团有限公司
12	长江新型325TEU节能集装箱船推广应用	中国外运长航集团有限公司	重庆长江轮船公司
13	“富强中国”轮使用岸电项目	河北省交通运输厅	河北远洋运输集团股份有限公司
14	船舶能效管理	中国远洋运输（集团）总公司	大连远洋运输公司
15	轮胎式集装箱龙门起重机采用锂电池供电节能改造项目	上海市交通运输和港口管理局 上海市城乡建设和交通委员会	上海国际港务（集团）股份有限公司
16	装卸机械驾驶培训模拟装置应用	天津市交通运输和港口管理局	天津港（集团）有限公司 交通运输部天津水运工程科学研究院
17	集装箱码头牵引车“一拖双挂”运输模式应用	浙江省交通运输厅	宁波港吉码头经营有限公司
18	矿石卸船机综合节能技术改造项目	山东省交通运输厅	日照港集团有限公司
19	绞吸挖泥船施工仿真模拟系统	中国交通建设集团有限公司	中交天津航道局有限公司
20	PHC管桩免高压蒸养节能技术应用	中国交通建设集团有限公司	中交三航局第三工程有限公司

附录12 交通运输部关于印发《2011年交通运输行业节能减排工作总结和2012年工作要点》的通知

（交政法发〔2012〕46号）

各省、自治区、直辖市、新疆生产建设兵团交通运输厅（局、委），天津市市政公路管理局，天津市、上海市交通运输和港口管理局，部属各单位，部内各单位，部管各社团，有关交通运输企业：

现将《2011年交通运输行业节能减排工作总结和2012年工作要点》印发给你们，请结合本地区、本单位实际，认真组织学习和贯彻落实。

2011年交通运输行业节能减排工作总结和2012年工作要点

一、2011年交通运输行业节能减排工作总结

2011年是"十二五"开局之年。《中华人民共和国国民经济和社会发展第十二个五年规划纲要》明确提出，与2010年相比，2015年单位国内生产总值能源消耗应降低16%，单位国内生产总值CO_2排放应降低17%。交通运输行业深入贯彻落实科学发展观，全面贯彻落实国务院节能减排工作战略部署，坚持理论创新与行业实践相结合，坚持示范试点与推广应用相结合，坚持政府引导与企业自主相结合，科学规划，统筹安排，突出重点，明确责任，扎实推进，为实现国家和行业"十二五"节能减排目标奠定了良好基础。

（一）加强领导，精心组织，落实工作部署。

2011年，李盛霖部长主持召开了2次部节能减排工作领导小组会议，传达国务院节能减排工作部署，安排行业节能减排重点工作，研究讨论相关重大问题。部印发了《2010年交通运输行业节能减排工作总结和2011年工作要点》，提出了在2011年重点推进的工作内容及相关要求。组织传达学习了国务院全国节能减排工作电视电话会议精神，印发了《关于公路水路交通运输行业落实〈国务院"十二五"节能减排综合性工作方案〉的实施意见》，将国务院节能减排工作部署与行业实际相结合，明确分工，落实责任，确保取得实际成效。印发了《公路水路交通运输节能减排"十二五"规划》和《"十二五"水运节能减排总体推进实施方案》，对进一步拓展和深化交通运输节能减排工作发挥了基础性指导作用。全国各级交通运输主管部门认真贯彻落实部节能减排工作安排，结合各地实际，提高思想认识，强化组织领导，发挥引导功能，推进低碳发展，初步形成领导重视、互相配合、上下联动、左右互动的良好工作局面。

(二)创新理论,指导实践,开展低碳试点。

继续推进部重大课题"建设低碳交通运输体系研究",组织完成了项目验收,总结并提升了低碳交通运输体系建设理论经验。在研究成果的基础上,部印发了《建设低碳交通运输体系指导意见》和《建设低碳交通运输体系试点工作方案》,选择确定天津、重庆、深圳、厦门、杭州、南昌、贵阳、保定、武汉、无锡10个城市开展试点。组织召开了低碳交通运输体系建设城市试点启动会和推进会,组织评审并批复了试点城市实施方案,组织开展了试点城市实地调研,协调推进,具体指导,不断深化试点工作,标志着试点工作由试点启动阶段进入组织实施阶段。

(三)积极引导,确保公平,用好专项资金。

在财政部的支持下,2011年中央财政安排交通运输节能减排专项资金2.5亿元用于支持公路水路交通运输节能减排工作。在"公平、公正、公开"的原则下,部组织开展了年度专项资金项目申请和审核工作,成立了交通运输节能减排项目管理中心,与财政部联合印发了《交通运输节能减排专项资金管理暂行办法》和《交通运输节能减排专项资金申请指南(2011年度)》,组织相关科研单位研究制订了专项资金申请项目节能减排量核算方法,编制了《交通运输节能减排专项资金项目评审程序》,初步建立起专项资金项目管理制度体系。从交通运输行业节能减排专家库中遴选项目评审专家,经过项目专家评审会、部节能减排与应对气候变化工作办公室审议、在部政府网站公示、对部分申请项目进行现场核查和暗访、部节能减排工作领导小组审议等程序,对122个申报项目给予了补助。经核算,2011年度补助项目,除无法准确计算节能减排量的交通运输管理与服务能力建设类项目外,形成的节能量为31.5万吨标准煤,替代燃料量为22.4万吨标准油,减少CO_2排放113.8万吨。

(四)政府引领,企业参与,深化千企行动。

继续深入组织开展"车、船、路、港"千家企业低碳交通运输专项行动,召开了专项行动总结会,对专项行动进行了阶段性总结和再部署,表彰了专项行动优秀组织单位、先进企业和先进个人。2011年,"车、船、路、港"千家企业低碳交通运输专项行动得到继续深化。"车":积极推进甩挂运输;发布了交通运输行业标准《汽车驾驶节能操作规范》;举办了机动车安全节能驾驶竞赛;试点推进绿色汽车维修技术;推广车辆智能化运营管理系统。"船":组织实施长江干线船型标准化工作,经沿江省级交通运输部门审核批准列入拆解计划的船舶已达3742艘,拆改完工船舶3105艘,核准使用中央补贴资金3.85亿元;推广内河船舶免停靠报港信息服务系统、推进船用岸电技术的应用;在江苏、安徽开展天然气船示范项目;组织开展了建立绿色航运发展长效机制试点工作;进行试点企业及船舶的能效考核和认证。"路":加快推进电子不停车收费系统,修订发布了《高速公路电子不停车收费技术要求》,指导各地加快ETC基础设施和服务网络建设,协调京津冀和长三角区域ETC联网运营,截至2011年年底,全国已经开通ETC的省份达20个,建成ETC专用车道3200条,ETC用户突破200万;开展高速公路运营节能技术应用与示范工程,推进路面材料再生利用技术的应用。"港":继续推广应用靠港船舶使用岸电技术和港口轮胎式集装箱门式起重机"油改电";推广港口机械节能运行控制技术;开展了成品油码头油气回收利用技术研究。

(五)周密部署,狠抓落实,推进重点工作。

贯彻落实国务院确定的交通运输节能减排重点工作,务实推进,取得了实际成效。继续严格实行营运车辆燃料消耗量准入制度,印发了《关于进一步做好道路运输车辆燃料消耗量检测和监督管理工作的通知》。自2011年3月1日起废止了《道路运输车辆燃料消耗量过渡期车型表》,所有申办营运资格的新购车辆(含进口车辆)必须符合燃料消耗量限值标准要求,不符合标准的车型不得投入营运。截至2011年11月,部已累计审查、公布了17批《道路运输车辆燃料消耗量达标车型表》,共发布达标车型22492个,其中客车车型占15.4%。新进入运输市场的达标车型共计251.8万辆,节约燃油142.5万吨,减少CO_2排放460.2万吨。继续严格实行客运运力调控政策,对于年平均实载率低于70%的县际以上客运班线,一律不得新增运力,并从严控制新增座位数。对一类客运班线、与高速铁路和城际轨道交通平行的客运班线,原则上不再审批新增运力。对与现有班线重复里程在70%以上的二类以上客运班线,严格控制新增班线和运力。加强客运包车运力的调控,努力做到运力供需平衡。启动了甩挂运输首批试点工作,与国家发展改革委联合印发了《关于确定甩挂运输首批试点项目(单位)的通知》,确定了26个项目为甩挂运输首批试点项目,发布了第一批甩挂运输推荐车型(10个半挂牵引车车型和6个半挂车车型)。编制了《甩挂运输"十二五"发展规划》,确立了"十二五"期甩挂运输试点工作的范围、总体规模及实施安排。

(六)组织评选,总结推广,发挥示范作用。

经组织项目申报、专家评审、项目公示、部节能减排工作领导小组审定等程序,确定并公布了20个交通运输行业第四批节能减排示范项目。目前,已累计公布四批共80个交通运输节能减排示范项目,对总结节能减排经验、推广节能减排技术、促进节能减排工作发挥了积极作用。通过节能产品(技术)生产或经销单位自愿申请、省级交通运输主管部门推荐、节能产品(技术)检测承担机构检验、专家评审论证、公示等环节,确定并公布了30项"十二五"期第一批全国重点推广公路水路交通运输节能产品(技术),为交通运输企业选择节能产品(技术)提供了指导,对促进企业节能降耗发挥了推进作用。配合国家发展改革委,继续做好隧道半导体照明产品应用示范工程的指导和监督,组织开展了示范工程实地调研,组织相关机构开展示范工程应用效果检测,稳步推进半导体照明产品在交通运输领域的应用。

(七)科研攻关,完善标准,强化科技支撑。

组织开展了"交通运输行业碳排放统计监测及低碳政策研究",启动实施了"黄金水道通过能力提升技术研究"、"公路甩挂运输关键技术与示范"等部重大科技专项;继续推进"公路运输节能减排标准体系及系列标准研究"、"营运船舶燃料消耗量限值与CO_2排放指数研究"、"公路工程温室气体排放评价体系与方法研究"、"内河宽浅船舶节能减排实用技术研究"等科研项目。进一步推进科技成果转化,组织开展了"高速公路运营节能技术综合应用研究及示范"、"轻型电动轮胎式龙门起重机推广应用"、"中远之星客滚船太阳能光伏系统示范应用"等科技成果推广应用;深入实施山西忻阜高速公路等科技示范工程,推广了一批潜力大、应用广的节能减排技术和产品。组织开展了科技成果推广目录发布工作,"内河船舶电力推进系统"、"太阳能一体化航标灯"等节能减排类科技成果被列入2011年科技成果推广目录。在标准制定方面:批准发布了《汽车驾驶节能操作规范》等5项行业标准;完成了"营运船舶燃料消耗量限值及验证方法"等2项行业标准的审查和"道路运输车辆燃料消耗量监测评价方法"等3项国家标准的报批;下达了"道路运输行业节能评价方法"等4项标准计划项目;开展了"港口流动机械节能系列标准研究"、"公路隧道照明节能技术标准化研究"等6项标准的立项研究。

(八)深入研究,积极应对,参与气候谈判。

交通运输部6次组团参加了《联合国气候变化框架公约》(UNFCCC)和国际海事组织(IMO)框架下的谈判,出席UNFCCC德班会议和IMO第62届海上环境保护委员会会议。组织开展专题研究,向IMO提交了4份政策和技术提案;会同外交部、国家发展改革委和工信部报请国务院批准了坎昆会议后国际海运温室气体减排谈判对策,有效维护了我国整体利益和行业发展利益。部组织中远、中海、河北远洋等12家远洋公司开展了船舶能效水平调研,初步掌握了我国远洋船舶的能耗总量、单位能耗及能效管理水平等基础数据,并与国际具有代表性的船舶能效水平进行了比对。

(九)重视宣传,开展培训,营造良好氛围。

部与国家发展改革委等14个部门联合印发了《关于2011年全国节能宣传周活动安排意见的通知》,部印发了《关于组织开展交通运输行业2011年节能宣传周活动的通知》和《关于开展2011年部机关及部属各单位公共机构节能宣传周活动安排的通知》,组织全国交通运输行业积极参加节能宣传周活动,大力宣传交通运输节能减排成效,并要求各级机关带头开展节能减排。部机关组织了图片展、低碳体验日、公益讲座、环保纪录片等宣传活动。各级交通运输主管部门紧密围绕节能宣传周主题,因地制宜,开展节能宣传和实践活动,取得了良好的宣传效果。在多双边领域加大行业节能减排对外宣传力度,利用多双边会议和各种交流活动,为学习交流国外先进经验、推动我国具有比较优势的企业"走出去"和技术出口创造条件。举办了建设低碳交通运输体系培训班,还在全国交通局长培训班、部支持西部地区干部培训项目、名师讲师团项目中安排了节能减排相关课程。举办了"2011中国节能与低碳发展论坛"交通节能分论坛。宣传"安全驾驶、绿色驾驶、人文驾驶"理念,举办了第二届机动车驾驶员节能技能竞赛活动,推广先进节能技术和经验,提高了机动车驾驶员的节能意识和水平。

(十)公共机构,率先垂范,做好机关节能。

通过成立部机关公共机构节能减排领导小组,明确了职责分工,建立健全岗位责任制。印发了《交通运输部机关节能工作实施方案》、《关于进一步做好部属公共机构能源资源消耗统计工作的通知》、《关于进一步做好节电工作的通知》等,进一步完善了公共机构节能减排工作制度。定期召开部机关节油、节电、节水工作专题会议,采取切实可行的节能措施,2011年部机关用油量与去年持平,用水量同比去年下降1.28%,部机关办公楼扣除因通信中心、海事、救捞、公安机房等用电设备增加带来的新增用电量后,用电量同比下降5.49%,顺利完成了国管局确定的2011年度节能目标;部机关被国管局和北京市水务局评为"北京市节水型单位"。优先购买经国家认证的节能型设备和产品,逐步淘汰高耗能办公设备。印发了《关于进一步做好2011年部直属和所属派驻地方单位公共机构节能工作的通知》,分解落实节能减排目标,加强对部属各单位公共机构节能的监督、指导和能耗统计工作。

二、2012年交通运输行业节能减排工作要点

2012年是贯彻落实国务院节能减排工作战略部署和完成"十二五"期节能减排工作任务的关键一年。交通运输行业节能减排工作要克服困难,不断拓展,务实推进,着力打造交通运输节能减排"十百千"工程(十个低碳交通运输体系建设城市试点,一百个交通运输行业节能减排示范项目,一千家"车、船、路、港"千家企业低碳交通运输专项行动参与企业),确保取得实效。各级交通运输主管部门要认真学习领会国家和行业节能减排工作精神,巩固提高对节能减排工作重要性、长期性和艰巨性的思想认识,下更大决心,花更大气力,贯彻落实国家和行业各项节能减排政策措施,依据《公路水路交通运输节能减排"十二五"规划》,结合各地实际,立足于低碳交通运输体系建设,组织开展节能减排项目实施、示范推广、监督检查、宣传培训等工作,切实推进交通运输节能减排持续深入,为实现国家和行业"十二五"节能减排目标奠定基础。

（一）贯彻落实国务院"十二五"节能减排与应对气候变化工作部署。

贯彻落实国务院《"十二五"节能减排综合性工作方案》和《"十二五"控制温室气体排放工作方案》对交通运输行业的具体要求，组织落实部发布的《关于公路水路交通运输行业落实国务院"十二五"节能减排综合性工作方案的实施意见》及部门分工方案，抓紧抓好年度重点工作任务的实施，加强组织领导和业务指导，强化目标责任制，加大监督检查力度，确保国家和行业节能减排与应对气候变化工作部署落到实处。继续深入组织开展交通运输行业应对气候变化研究工作，适时发布《交通运输行业应对气候变化行动方案》。

（二）深入推进低碳交通运输体系建设，扩大试点城市范围。

在"建设低碳交通运输体系研究"课题的基础上，完成"交通运输行业碳排放统计监测及低碳政策研究"，进一步深化研究内容，丰富研究成果，充实低碳交通运输体系建设理论经验。继续组织做好低碳交通运输体系建设城市试点，加快研究并出台促进低碳交通运输体系建设的相关政策，加大对试点城市的支持力度，宣传推广试点城市先进成熟经验。扩大试点范围，公布第二批低碳交通运输体系建设试点城市，提高试点工作的代表性。指导第二批试点城市编制试点实施方案并组织审查，督促试点城市落实试点项目，确保试点工作取得预期成效。试点城市所在省级交通运输主管部门要切实加强对试点工作的支持、指导和监督，将试点工作与全省交通运输低碳发展紧密结合，带动其他城市加快低碳交通运输体系建设步伐。试点城市交通运输主管部门要落实部批复的试点实施方案，跟踪项目实施过程，及时解决困难，总结经验，争取地方政府支持，加强与地方政府其他相关部门的沟通与协调，定期向所在省级交通运输主管部门和部节能减排与应对气候变化工作办公室报送试点信息。

（三）继续深入开展"车、船、路、港"千家企业低碳交通运输专项行动，组织做好万家企业节能低碳行动。

切实发挥"车、船、路、港"千家企业低碳交通运输专项行动参与企业对交通运输节能减排工作的示范作用，加强对专项行动参与企业的支持与引导，逐步建立有利于发挥专项行动示范作用的长效工作机制。2012 年专项行动的重点是："车"——严格实行营运车辆燃料消耗量准入制度；组织实施甩挂运输试点工作；在道路运输和港区推广使用天然气车辆；推广节能驾驶技术。"船"——研究提出内河船型标准化工作总体思路和实施方案；发布营运船舶燃料消耗量限值标准；在内河运输试点应用天然气船舶；推广内河船舶免停靠报港信息服务系统；推进靠港船舶使用岸电技术的应用。"路"——进一步推进 ETC 联网工程；开展高速公路运营节能技术应用与示范工程；配合国家发展改革委组织做好隧道半导体照明应用示范工程；推进路面材料循环利用技术和可再生能源的应用。"港"——推进为靠港船舶提供岸电技术的应用；推广轮胎式集装箱门式起重机"油改电"技术的应用；推广带式输送机系统及其他港口机械节能运行控制技术。配合国家发展改革委开展万家企业节能低碳行动，加强行业指导，强化行业监督，督促行动方案各项措施落到实处。

（四）完善交通运输节能减排专项资金激励机制。

组织开展交通运输节能减排专项资金激励机制研究，探索建立专项资金绩效评价制度，组织实施专项资金绩效调查工作，充分发挥专项资金"以奖代补"政策对交通运输节能减排的引导作用。根据《交通运输节能减排专项资金申请指南（2012 年度）》，指导交通运输企事业单位申报 2012 年度交通运输节能减排专项资金，确保项目审核过程的"公平、公正、公开"。进一步完善专项资金申请项目节能减排量核算办法，做到标准统一，核算科学，保证项目申请与审核工作顺利进行。组织开展专项资金申请项目第三方审核试点，研究建立第三方审核程序，组织实施对2012年度部分申请项目节能减排量的第三方审核。进一步加强交通运输节能减排项目管理制度化、规范化和信息化建设，建立健全项目管理规章制度，推进专项资金申请项目网上申报系统的建设和运行。

（五）创新交通运输节能减排专项资金项目管理模式。

组织开展交通运输节能减排专项资金项目区域性管理和主题性管理试点工作，为逐步形成具体项目管理与区域性管理、主题性管理相结合的管理模式积累经验。选定武汉市、南昌市、厦门市和无锡市为专项资金项目区域性管理试点城市，指导试点城市交通运输主管部门编制区域性交通运输节能减排实施方案；选定港口RTG“油改电”技术应用进行主题性管理试点，集中时间、加大力度，在1～2年内基本完成港口RTG“油改电”技术应用项目的实施；选定天津港、青岛港、连云港港和蛇口集装箱码头有限公司开展“低碳港口建设”主题性管理试点，指导试点港口编制节能减排综合性实施方案。探索建立“立项评审、资金使用、过程跟踪、项目验收”的项目管理模式，切实推进试点低碳交通运输体系建设持续深入。

（六）加强并完善交通运输节能减排统计监测考核体系，推进能源利用在线监测工作。

组织开展交通运输能源利用统计监测研究，突出顶层设计，健全指标体系，依靠科技创新，扩充监测手段。继续完善交通运输能耗统计监测报表制度，巩固并适度扩大监测范围，不断提高监测数据质量。继续组织做好港口、远洋船舶、营运客车等能源利用状况监测工作。针对目前交通运输节能减排统计监测体系薄弱环节，组织开展普通营运货车、内河船舶能源利用状况远程监测试点工作，深入开展前期政策研究，做好在线监测系统的设计。结合国家发展改革委等部门推进重点用能单位能源利用在线监测系统建设的要求，开发、建设在线监测信息管理平台，加快推进相关监测设备的研发和应用。力争通过一年的试点，在2013年正式启动普通营运货车、内河船舶能源利用状况远程监测，逐步科学准确地掌握全行业各领域的能源利用状况，不断提高能源利用监测水平。进一步研究完善交通运输节能减排考核体系方案。发布年度《中国交通运输节能减排与低碳发展报告》。

（七）组织开展交通运输节能减排示范活动。

在总结前四批交通运输行业节能减排示范项目推选过程的基础上，不断提高推选过程的规范化和科学化水平，突出示范项目的示范性和引领性。2012年6月前完成交通运输行业第五批节能减排示范项目的推选工作，提高交通运输企事业单位开展节能减排工作的积极性，扩大示范项目对行业节能减排工作的影响力。形成覆盖公路水路交通运输全领域、反映全行业节能减排先进水平、体现交通运输节能减排引领方向的百个示范项目，并组织开展集中宣传和经验交流活动。从政策、资金等方面加大对交通运输节能减排示范项目的支持力度，研究并建立支持示范项目开展的长效机制。与国家发展改革委等部门继续组织做好隧道半导体照明产品应用示范工程，加强监督指导、过程跟踪和效果评价，确保示范工程按计划完成。

（八）继续推进交通运输节能减排重点工作。

一是继续实施营运车辆燃料消耗量限值标准，研究修订行业标准《营运客车燃料消耗量限值及测量方法》和《营运货车燃料消耗量限值及测量方法》，并积极推进标准升级。开展达标车型统计推优，遴选一批低能耗、高品质车型。进一步加强燃料消耗量检测机构管理规范化建设，对检测试验过程进行实时监控。二是继续执行对客车实载率低于70%的线路不投放新运力,发布道路客运实载率调查与测算技术规范,严格执行客运实载率两个“70%”的规定,提高客车实载率和能源利用效率。三是继续推行公路甩挂运输,深入组织实施甩挂运输试点工程,完善相关法律、政策和标准规范,评选并发布甩挂运输推荐车型,制定出台公路甩挂运输试点专项资金管理办法。四是因地制宜推进天然气汽车在道路运输、城市公交、出租汽车及港口中的应用,建立健全相关标准规范,促进天然气汽车技术升级和天然气供应及配套设施建设,继续给予必要的政策支持和资金引导。五是深入开展绿色汽车维修工程,组织编制绿色汽车维修指导意见和绿色维修作业指导书,开展绿色汽车维修技术交流和绿色汽车维修企业评选。六是在出租汽车行业开展电话预约服务模式(“电招”)试点。七是从政策、资金等方面加大对天然气船舶试点工作的支持力度,研究制定天然气船舶及相关加气设施的技术标准。八是制定并发布靠港船舶使用岸电技术相关标准,研究制定促进靠港船舶使用岸电技术推广应用的相关政策。

(九)组织实施节能减排科技专项行动。

依据《公路水路交通运输节能减排“十二五”规划》和《公路水路交通运输“十二五”科技发展规划》,组织实施节能减排科技专项行动,促进交通运输节能减排科技研发、成果转化和标准化工作。大力推进“黄金水道通过能力提升技术”、“公路甩挂运输关键技术与示范”等部重大科技专项的组织实施,组织开展“交通运输节能减排专项资金激励机制研究”、“公路交通运输节能减排法律法规制度体系研究”和“交通运输业推广使用新能源和清洁燃料汽车的问题与对策”等软科学研究。开展节能减排科技成果推广应用,启动“温拌沥青技术在寒区公路建设中的推广应用”、“低碳环保技术在农村公路建设中的推广应用”等科技成果推广项目,深入推进京珠复线长沙至湘潭高速公路资源节约型和环境友好型科技示范工程、江西庐山西海高速公路安全绿色交通科技示范工程、云南昆龙高速公路运营节能科技示范工程等的组织实施,组织实施城市智能交通和长三角航道网及京杭运河水系智能航运服务国家物联网应用示范工程。组织开展2012年度交通运输建设科技成果推广目录发布工作,为推广节能减排技术搭建有效平台。继续推进节能减排国家和行业标准的制修订工作,组织开展“营运车辆油耗检测设备技术要求研究”和“天然气汽车替代燃料量评价方法研究”等标准的项目研究。

(十)继续做好气候变化谈判和对外交流合作工作。

继续深入开展国际海运温室气体减排特别是市场机制措施方案的专题研究,为我对外谈判和对内决策提供技术支持。继续积极参与UNFCCC和IMO框架下的谈判,参加多哈会议和第63届、第64届海上环境保护委员会会议,主动开展外交工作,发挥建设性作用,维护国家气候变化谈判的整体利益,为我行业的发展创造良好外部环境。深入开展船舶能效履约研究,建立健全船舶节能减排监督管理制度,研究完善船舶排放统计监测体系,为实施国际公约做好准备。继续利用多双边渠道,扩大对外宣传,推动行业“走出去”,学习借鉴国外先进节能减排理念、技术和管理方法,促进行业科学发展。

(十一)积极开展交通运输节能减排宣传培训。

多渠道、多种形式大力宣传交通运输节能减排政策措施、先进经验和社会贡献,坚定全行业做好交通运输节能减排工作的决心和信心,加强交通运输节能减排先进产品技术和管理经验的推广与交流,为做好交通运输节能减排工作营造良好的舆论氛围。按照节能宣传周主题要求,组织做好2012

年交通运输行业节能宣传周活动，大力推广交通运输节能低碳发展理念，促进公众节能低碳出行生活习惯和方式的养成，形成低碳出行、节能光荣的社会新风尚。组织开展交通运输节能减排培训，结合年度节能减排工作重点，采取专家讲座、集体讨论、实地参观等多种形式，提供相互交流学习的平台。深入开展机动车驾驶员素质教育工程，加大节能驾驶操作规范的宣传力度和营运车辆驾驶员继续教育中的绿色驾驶培训力度，逐步普及机动车绿色驾驶技术。开展出租车节能驾驶交流与竞赛。

（十二）继续做好公共机构节能工作。

继续落实完善部公共机构节能减排工作制度，采取切实可行措施，努力完成国管局制定的2012年度节电、节水和节油目标。召开部公共机构节能减排工作会议，部署2012年度公共机构节能减排重点工作。组织开展对部属各单位公共机构能耗统计工作的培训，加强对部属各单位公共机构节能工作落实情况、统计台账和统计数据的监督检查，抽查数量不少于10%。进一步做好高效照明产品推广使用工作。研究建立公共机构建设项目节能评审制度的可行性，对部属各单位新建和维修改造公共机构项目进行节能评审。加强公共机构节能减排宣传，组织做好2012年度公共机构“节能宣传周”活动，进一步提高机关职工节能意识。

附录13　交通运输部关于贯彻落实公路水路交通运输行业落实国务院“十二五”节能减排综合性工作方案的实施意见的部门分工方案的通知

（厅政法字〔2012〕16号）

各有关单位：

贯彻落实《公路水路交通运输行业落实国务院“十二五”节能减排综合性工作方案的实施意见》的部门分工方案已经部节能减排工作领导小组2012年第一次会议审议通过，请认真落实。

一、推进低碳交通运输体系建设及低碳交通运输体系城市试点工作

1.继续深入开展并完成交通运输部重大科研课题“建设低碳交通运输体系研究”。（政策法规司、科技司负责）

2.加快构建综合交通运输体系，优化交通运输结构。（综合规划司负责）

3.根据交通运输部《建设低碳交通运输体系指导意见》和《建设低碳交通运输体系试点工作方案》，有序推进天津、重庆等10个试点城市开展低碳交通运输体系建设城市试点，适时扩大试点范围。（政策法规司负责）

二、继续深入开展“车、船、路、港”千家企业低碳交通运输专项行动

4.组织实施甩挂运输试点工作；推广节能驾驶和绿色汽车维修技术；推广使用节能和新能源汽车；积极落实老旧营运车辆淘汰奖补政策；加快淘汰高耗能和老旧汽车，基本淘汰2005年以前注册运营的“黄标车”（达不到国I标准的汽油车和达不到国III标准的柴油车）。（道路运输司、财务司负责）

5.实施内河船型标准化。（水运局、海事局、船级社负责）

6.优化航路航线，推进远洋运输业节能减排。（水运局、海事局、船级社负责）

7.加快淘汰高耗能、老旧船舶；研究推进船用岸电技术。（水运局、海事局、船级社负责）

8.推广应用内河船舶免停靠报港信息服务系统和推广使用天然气等清洁燃料船舶。（水运局、海事局、船级社负责）

9.全面推行ETC联网工程；开展高速公路运营节能技术应用与示范工程；推进路面材料循环利用技术的应用。（公路局负责）

10.继续推广轮胎式集装箱门式起重机“油改电”；推广应用港口节能产品和技术。（水运局负责）

11.试点应用油码头油气回收利用技术。（水运局、海事局负责）

三、继续积极组织节能减排示范工作，采取多种形式推广节能减排示范项目

12.在组织申报、专家评审、项目公示的基础上，争取在“十二五”期间推出4批交通运输行业节

能减排示范项目。(政策法规司负责)

13. 做好全国重点推广公路水路交通运输节能产品(技术)的推选工作,在“十二五”期间公布2批全国重点推广公路水路交通运输节能产品(技术)目录。(政策法规司负责)

14. 进一步完善交通运输节能减排专项资金激励机制,充分发挥财政资金“以奖代补”政策对交通运输节能减排的引导作用。(财务司、政策法规司负责)

15. 组织年综合能源消费量1万吨标准煤及以上的客运、货运企业和沿海、内河港口企业;或拥有600辆及以上车辆的客运、货运企业,货物吞吐量5千万吨以上的沿海、内河港口企业;以及部分年综合能源消费量5000吨标准煤以上的重点交通运输企业参与全国“万家企业节能低碳行动”,加强行业指导,强化行业监督。(政策法规司负责)

四、继续深入开展道路运输节能减排

16. 严格执行营运车辆燃料消耗量限值标准,继续开展达标车型受理、审查、公示和发布工作,达不到燃油消耗量限值标准的车辆不准进入道路运输市场。(道路运输司负责)

17. 继续执行道路客运实载率低于70%的线路不投放新运力,完善并强化100个重点城市的103个汽车客运站的监测工作,统一道路客运班线实载率统计方法。(道路运输司负责)

18. 做好“公路甩挂运输关键技术与示范”等重大科技专项的组织实施工作,制定相关技术标准,为甩挂运输的推广与发展提供技术支持。(科技司、道路运输司负责)

五、继续推进水路运输节能减排

19. 实施《“十二五”水运节能减排总体推进实施方案》,建立健全水运节能减排标准体系,提高设计与管理水平;完善水运节能减排标准规范,制定《集装箱堆场装卸设备供电设施技术规范》、《水运工程建设项目节能评价规范》、《港口设备能耗标识及能耗与排放限值标准》、《干散货码头粉尘控制规范》和《码头船舶岸电设施建设规范》。(水运局、海事局负责)

20. 修订《船舶污染物排放标准》;制定溢油应急处理产品和装备、设备的标准等。(海事局、船级社负责)

六、积极发展城市公共交通

21. 落实国家确定的城市公交优先发展战略,科学合理配置城市各种交通资源,完善城市公共交通运营设施,有序推进城市轨道交通建设。(道路运输司负责)

22. 优化交通运输结构,坚持“公交优先、城乡一体”发展理念,推进城乡道路客运一体化发展;组织实施“公交都市”建设示范工程,努力改善城市居民出行条件,倡导“低碳交通、绿色出行”理念。(道路运输司负责)

七、继续推广节能技术改造

23. 推进公路运输站场、港口码头节能技术改造。(道路运输司、水运局负责)

24. 积极开展隧道节能照明试点、示范工作,制(修)订公路隧道照明相关技术规范;在高速公路服务区和收费站推广实施节能照明改造。(公路局负责)

25. 推进太阳能、风能、地热能等可再生能源在交通建设和运营中的应用。(公路局、水运局负责)

26. 开展干散货码头防风抑尘设施升级改造工作。(水运局负责)

八、加强节能减排研究与技术开发

27. 加强交通运输节能标准化战略研究,形成节能标准体系框架和标准体表。(科技司、政策法规司负责)

28. 加强节能标准制(修)订,制定"公路工程节能规范"和"港口船舶岸电供电"等技术标准。(科技司、公路局、水运局、海事局、船级社负责)

29. 完善机动车燃油消耗量限值标准,制定"城市公共汽车燃油消耗量限值及测量方法"标准。(科技司、道路运输司负责)

30. 开展长江和西江干线标准船型及设计关键技术研究。(科技司、水运局、船级社负责)

31. 开展《营运船舶燃料消耗量及 排放限值标准》和《制订在役船舶退出营运市场燃料消耗量及排放限值标准》及相关政策等研究。(水运局、科技司、国际司、海事局、船级社负责)

32. 研究和编制《绿色内河船舶入级规范及指南》、《绿色海船入级规范及指南》、《营运船舶能效管理认证和环境分级规范标准》等;开展船舶柴油机氮氧化物排放 TierIII 的技术和标准研究。(水运局、海事局、船级社负责)

九、进一步健全节能减排统计、监测、考核体系

33. 进一步建立健全交通运输节能减排统计监测考核体系。(政策法规司会同有关部门负责)

34. 建立和完善交通运输能耗统计制度,完善能耗统计核算与监测方法。(综合规划司负责)

35. 加强船舶氮氧化物排放的统计监测。(海事局负责)

36. 建立年度《交通运输节能减排低碳发展报告》发布制度。(政策法规司负责)

37. 结合交通运输行业实际,积极推广合同能源管理,实行能源审计制度,开展能效水平对标活动;建立健全能源管理体系,实行能源利用状况报告制度。(政策法规司会同有关部门负责)

十、加强公共机构节能工作

38. 继续按照国管局印发的《公共机构能源资源消耗统计制度》要求,按月度、季度、年度统计部机关及部属单位的能耗数据,做好分析,按期上报国管局,并将用能情况及时反馈给各用能单位。(机关服务中心负责)

39. 强化政府节能采购,严格执行政府优先和强制采购节能产品制度。(办公厅、机关服务中心负责)

40. 加强公共机构节电、节水、节油工作,作节能减排的表率;加快公共机构办公区节能改造。(机关服务中心负责)

41. 按照国管局要求,研究建立建设项目节能评审制度,部机关及部属各单位新建和维修改造项目应通过节能评审。(机关服务中心负责)

42. 推进公务用车制度改革,按照国务院有关公务用车管理的文件要求,严格控制部机关公务用车编制和规模;加强车辆用油定额管理和考核;提高新购公务用车中自主品牌、节能和新能源汽车的

比例。(办公厅、财务司、机关服务中心负责)

43. 把节能减排纳入社会主义核心价值观宣传教育体系。(政策法规司会同有关部门负责)

44. 组织好全国节能宣传周、世界环境日等主题宣传活动,加强日常性节能宣传教育。(政策法规司会同有关部门负责)

45. 积极宣传节能减排的重要性、紧迫性以及国家采取的政策措施和取得的成效,宣传先进典型,普及节能减排知识和方法,加强舆论监督和对外宣传。(政策法规司会同有关部门负责)

46. 抓好家庭社区、青少年、企业、学校、军营、农村、政府机构、科技、科普和媒体十个节能减排专项行动。(政策法规司会同有关部门负责)

二〇一二年一月三十日

附录14　交通运输部关于开展低碳交通运输体系建设第二批城市试点工作的通知

（厅政法字〔2012〕19号）

北京、云南、陕西、浙江、广东、辽宁、黑龙江、江苏、山东、海南、四川、湖南、安徽、湖北、河南省（市）交通运输厅（委）：

根据部《关于印发〈建设低碳交通运输体系指导意见〉和〈建设低碳交通运输体系试点工作方案〉的通知》（交政法发〔2011〕53号）精神及各省（市、区）交通运输主管部门要求，为进一步深化推进低碳交通运输体系建设，经部节能减排工作领导小组研究，决定在北京等16个城市开展低碳交通运输体系建设第二批试点工作。现将有关事项通知如下：

一、目的意义

加快建设以低碳排放为特征的交通运输体系是我国积极应对全球气候变化一项新的战略任务。通过试点，旨在积极探索交通运输低碳发展的各种可行模式和合理路径，在试点基础上总结经验，并予以体系化推广，形成加快建立以低碳排放为特征的交通运输体系的有效推进机制。

城市是人类生产和生活的中心，也是交通要素集聚地和运输网络枢纽点。目前，中国的城市化率已经达到47%左右，且以每年1个百分点左右的速度增长。城市一般拥有较密集的交通基础设施，同时也是交通供需矛盾较为突出的地域。选择以城市为主体开展低碳交通运输体系建设试点，以达到以点带面、重点突破、整合资源、积累经验的目的。

二、试点范围和期限

第二批城市试点工作选定北京、昆明、西安、宁波、广州、沈阳、哈尔滨、淮安、烟台、海口、成都、青岛、株洲、蚌埠、十堰、济源市开展低碳交通运输体系建设试点工作。试点期限原则定为2012年至2014年。

三、试点总体要求

第二批试点城市要根据实际情况，结合自身特点，借鉴第一批试点城市的经验，尽快健全完善交通运输节能减排与低碳发展工作的组织机构，安排专人负责城市试点工作，积极配套相关工作经费，建立交通运输能源消耗与碳排放统计、核算体系。组织开展论证研究工作，明确提出建设低碳交通运输体系的目标，制定有利于促进交通运输节能减排低碳发展的政策和措施，认真选择试点项目，科学合理制订试点实施方案，经省（市）级交通运输主管部门审核后，报部审定后实施。

四、试点主要内容

试点内容原则上应涵盖城市辖域内公路、水路交通运输以及城市客运等方面，并结合城市特点，围绕以下具体项目有选择地开展试点：

建设低碳型交通基础设施。选择具有较好基础条件的公路、港口、场站枢纽建设项目，切实提升低碳建设理念，实施低碳优化设计，强化低碳施工组织和运营管理，合理使用低碳建设和运营管理技术、设施、设备、材料、工艺等。

推广应用低碳型交通运输装备。加大城市公交车辆、出租汽车以及营运客货车辆、运输船舶的结构调整力度，合理提升清洁能源和新能源车辆的拥有比例，强化营运车辆燃料消耗量限值准入工作，推广天然气及混合动力车船，加快淘汰老旧、高耗能车船，稳步推进运营车船的标准化改造，推广使用港口、站场设施装备和运营车船的节能减排技术。

优化交通运输组织模式及操作方法。积极发展集约高效的物流运输组织模式，重点探索甩挂运输、多式联运的合理路径，推进大宗货物和集装箱水铁联运。优化城市公交、客运班线的线网布局和站场布局，加快推进城乡客运一体化进程，稳步发展道路客运联网售票系统。切实落实城市公交优先发展战略，因地制宜采取各种有效措施缓解城市交通拥堵，有效引导公众低碳出行。实施节能驾驶培训工程，积极推广节能操作经验。

建设智能交通工程。大力发展智能交通技术，积极引导交通运输企业强化运营管理的信息化建设。加快物联网技术在公路、水路运输领域的推广应用，推广港口车辆和装卸机械智能化调度系统和无纸化作业、城市智能化公共交通与运营管理工程等，提高运输生产的智能化程度。

完善交通公众信息服务。在城市现有交通公众信息服务平台中，增加低碳交通信息服务功能，努力建设和完善公众出行信息服务系统，采取多种方式发布交通出行信息，提供安全、便捷、舒适、低碳的出行方案。

建立健全交通运输碳排放管理体系。建立健全交通运输行业节能减排统计、监测和考核体系，完善节能减排和应对气候变化的管理制度和运行机制，积极探索利用碳交易、合同能源管理等市场机制。

五、试点支持政策

将从交通运输节能减排专项资金中列出部分资金，用以支持低碳交通运输体系建设城市试点工作。专项资金主要采取“以奖代补”方式，对实际节能减排效果可量化的试点项目给予适当奖励，对节能减排统计监测考核体系、监管体系、信息服务系统等能力建设项目给予一定比例的资金补助。试点城市所在的省、市级交通运输主管部门应加强对重点试点项目的技术改造、设备更新以及其他建设和管理工作的支持，并积极争取同级财政资金支持。

六、试点工作组织

建立“部——省级交通运输主管部门——试点城市交通运输主管部门——试点项目实施主体”四级试点工作机制。各级职责如下：

交通运输部：负责拟订总体试点工作方案，审定试点城市的实施方案，制定并落实有关试点支持政策，指导和监督试点工作开展，组织试点绩效评估，协调与国务院其他部委的相关工作。

省级交通运输主管部门：贯彻落实部试点工作的有关部署，负责试点城市实施方案的初审并报部审定，具体指导和监督试点工作开展，组织试点运行动态监测，制定并落实配套支持政策，协调与省级政府其他部门的相关工作。

试点城市交通运输主管部门：贯彻落实上级交通运输主管部门有关试点工作的部署和安排，组织拟订具体的实施方案并报省级交通运输主管部门初审，建立试点统计、监测、考核体系及相关工作制度，认真组织好试点的各项具体工作，负责试点工作总结并配合做好试点绩效评估，协调与本级政府其他部门的相关工作。

试点项目实施主体：按照试点城市交通运输主管部门的实施方案要求，制定试点项目实施工作计划，具体组织好试点项目的建设和管理，接受市级交通运输主管部门的指导和监督，加强自身试点运行监测，按规定上报运行数据。

七、时间进度安排

第一阶段：前期工作阶段（2012 年 2 月—2012 年 8 月）2012 年 2 月上旬，部启动并全面部署第二批城市试点工作；2012 年 2 月—7 月，试点城市交通运输主管部门组织编制试点实施方案（具体要求见附件），可依托科研院所等单位开展相应技术工作；2012 年 8 月上旬，省级交通运输主管部门对城市试点实施方案进行初审并报部；2012 年 8 月底前，部组织审定城市试点实施方案。

第二阶段：试点实施阶段（2012 年 9 月—2014 年 9 月）试点城市按部批准的试点实施方案，提出详细的工作计划，全面推进各项试点工作。期间，试点项目完成后，实际节能减排量达到规定要求的项目，按照《交通运输节能减排专项资金管理暂行办法》给予奖励。

第三阶段：总结评估阶段（2014 年 10 月—2014 年 12 月）部组织相关技术支持单位对试点工作进行全面总结，完成各个试点项目的绩效评估，形成试点城市总结报告，为开展低碳交通运输体系建设工作提供借鉴。

附件：建设低碳交通运输体系城市试点实施方案编写内容参考提纲（略）

交通运输部办公厅
二〇一二年二月二日

附录15　关于公路水路交通运输行业落实国务院“十二五”节能减排综合性工作方案的实施意见

（交政法发〔2011〕636号）

各省、自治区、直辖市、新疆生产建设兵团及计划单列市、经济特区交通运输厅（局、委），天津市市政公路管理局，天津市、上海市交通运输和港口管理局，部属各单位，部内各单位，部管各团体，有关交通运输企业：

2011年8月，国务院印发《“十二五”节能减排综合性工作方案》（国发〔2011〕26号）。其中对交通运输行业节能减排提出了具体要求。一是加快构建综合交通运输体系，优化交通运输结构，深入挖掘结构性节能减排潜力。二是实施低碳交通运输体系建设城市试点，深入开展“车、船、路、港”千家企业低碳交通运输专项行动，探索并积累交通运输低碳发展的途径和经验。三是开展码头、车站节能改造，全面推行不停车收费系统，进一步推进公路水路交通基础设施建设与运营过程的节能减排。四是推广公路甩挂运输，积极推广节能与新能源汽车，加速淘汰老旧汽车、船舶，基本淘汰2005年以前注册运营的“黄标车”，实施内河船型标准化，推进远洋运输业节能减排，不断提高公路水路运输装备能源利用效率，减缓温室气体排放。五是积极发展城市公共交通，科学合理配置城市各种交通资源，有序推进城市轨道交通建设，倡导“低碳交通、绿色出行”理念。六是全面加强交通运输领域用能管理，建立和完善交通运输能耗统计制度，完善统计核算与监测方法，提高能源统计的准确性和及时性。

为贯彻落实国务院《“十二五”节能减排综合性工作方案》，进一步推进交通运输行业节能减排工作，提高行业能源利用效率，降低CO_2排放强度，合理控制能源消费总量，实现国家和行业节能减排“十二五”规划目标，结合行业实际，提出以下实施意见。

一、总体要求

交通运输行业要真正把思想和行动统一到党中央国务院的决策和部署上来，切实增强全局意识、危机意识和责任意识，树立低碳发展理念，进一步把节能减排工作作为落实科学发展观、加快转变经济发展方式的重要抓手，加快形成资源节约、环境友好的生产方式和消费模式，增强可持续发展能力。各单位要按照国务院《“十二五”节能减排综合性工作方案》的要求，认真落实交通运输部《公路水路交通运输节能减排“十二五”规划》。部内有关司局和各级交通运输主管部门要进一步加强对节能减排工作的组织领导、对国务院提出的要求和交通运输部“十二五”节能减排规划提出的目标任务进行分解、落实到各个相关单位和责任人，并有针对性地进行检查指导，推动节能减排各项工作取得实效。

二、工作目标

（一）总体目标：到2015年，交通运输行业结构性节能减排取得明显进展，节能减排科技创新与服务体系基本健全，节能减排监管能力显著提升，交通运输能源利用效率明显提高，CO_2排放强度明显降低，绿色、低碳交通运输体系建设取得明显成效。

（二）主要指标：到2015年，在能源强度指标方面，与2005年相比，营运车辆单位运输周转量能耗下降10%左右，其中营运客车、营运货车分别下降6%和12%左右；营运船舶单位运输周转量能耗下降15%左右，其中海洋和内河船舶分别下降16%和14%左右；港口生产单位吞吐量综合能耗下降8%左右；在CO_2排放强度指标方面，与2005年相比，营运车辆单位运输周转量CO_2排放下降11%左右，其中营运客车、营运货车分别下降7%和13%左右；营运船舶单位运输周转量CO_2排放下降16%左右，其中海洋和内河船舶分别下降17%和15%左右；港口生产单位吞吐量CO_2排放下降10%左右。

三、主要任务

（一）推进低碳交通运输体系建设及低碳交通运输体系城市试点工作。继续深入开展并完成交通运输部重大科研课题“建设低碳交通运输体系研究”。加快构建综合交通运输体系，优化交通运输结构。根据交通运输部《建设低碳交通运输体系指导意见》和《建设低碳交通运输体系试点工作方案》，有序推进天津、重庆等10个试点城市开展低碳交通运输体系建设城市试点，适时扩大试点范围。重点做好：建设低碳型交通基础设施，推广应用低碳型交通运输装备，提供低碳交通运输组织模式及操作方法，建设智能交通工程，完善交通公众信息服务，建立健全交通运输碳排放管理体系。此外，结合试点城市的特点，研究实施有利于促进交通运输节能减排的政策、措施。

（二）继续深入开展“车、船、路、港”千家企业低碳交通运输专项行动。重点是：“车”—组织实施甩挂运输试点工作，推广节能驾驶和绿色汽车维修技术，推广使用节能和新能源汽车，加快淘汰高耗能和老旧汽车，基本淘汰2005年以前注册运营的“黄标车”，加快提高车用燃油品质；“船”—实施内河船型标准化，优化航路航线，推进远洋运输业节能减排。加快淘汰高耗能和老旧船舶，推广应用内河船舶免停靠报港信息服务系统，研究推进船用岸电技术的应用，推广使用清洁燃料船舶；“路”—全面推行ETC联网工程，开展高速公路运营节能技术应用与示范工程，推进路面材料循环利用技术的应用；“港”—继续推广应用靠港船舶使用岸电技术和轮胎式集装箱门式起重机“油改电”，推广应用港口节能产品和技术，试点应用成品油码头油气回收利用技术。

（三）继续积极组织节能减排示范工作，采取多种形式推广节能减排示范项目。在组织申报、专家评审、项目公示的基础上，争取在“十二五”期间推出4批交通运输行业节能减排示范项目。做好全国重点推广公路水路交通运输节能产品（技术）的推选工作，在节能产品（技术）生产或经销单位自愿申请，经省级交通运输主管等部门推荐的基础上，在“十二五”期间公布2批全国重点推广公路水路交通运输节能产品（技术）目录。进一步完善交通运输节能减排专项资金激励机制，充分发挥财政资金“以奖代补”政策对交通运输节能减排的引导作用。组织年综合能源消费量1万吨标准煤以上以及部分年综合能源消费量5000吨标准煤以上的重点交通运输企业参与全国“万家企业节能低碳行动”。

（四）继续深入开展道路运输节能减排。严格执行营运车辆燃料消耗量限值标准，继续开展达标车型受理、审查、公示和发布工作，达不到燃油消耗量限值标准的车辆不准进入道路运输市场。继续执行道路客运实载率低于70%的线路不投放新运力，完善并强化100个重点城市的103个汽车客运站的监测工作，统一道路客运班线实载率统计方法。做好“公路甩挂运输关键技术与示范”等重大科技专项和公路甩挂运输试点项目的组织实施工作，制定相关技术标准，为甩挂运输的推广与发展提供技术支持。

（五）继续推进水路运输节能减排。实施《“十二五”水运节能减排总体推进实施方案》，建立健全水运节能减排标准体系，提高设计与管理水平，完善水运节能减排标准规范，制定《集装箱堆场装卸设备供电设施技术规范》、《水运工程建设项目节能评价规范》、《港口设备能耗标识及能耗与排放限值标准》和《干散货码头粉尘控制规范》。修订《船舶污染物排放标准》；制定溢油应急处理产品和装备、设备的标准等。

（六）积极发展城市公共交通。落实国家确定的城市公交优先发展战略，科学合理配置城市各种交通资源，完善城市公共交通运营设施，有序推进城市轨道交通建设。健全城市公交政策法规和标准规范体系，全面提升城市公共交通运营服务水平，不断提高城市公交分担率。优化交通运输结构，坚持“公交优先、城乡一体”发展理念，推进城乡道路客运一体化发展，组织实施“公交都市”建设示范工程，努力改善城市居民出行条件，倡导“低碳交通、绿色出行”理念。

（七）继续推广节能技术改造。推进公路运输站场、港口码头节能技术改造。积极开展隧道节能照明试点、示范工作，制（修）订公路隧道照明相关技术规范。在高速公路服务区和收费站推广实施节能照明改造。推进太阳能、风能、地热能等可再生能源在交通建设和运营中的应用。开展干散货码头防风抑尘设施升级改造工作。

（八）加强节能减排研究与技术开发。加强交通运输节能标准化战略研究，形成节能标准体系框架和标准体系表；加强节能环保标准制修（订），制定“公路工程节能规范”和“港口船舶岸电供电”等技术标准；完善机动车燃油消耗量限值标准，制定“城市公共汽车燃油消耗量限值及测量方法”标准。开展长江和西江干线标准船型及设计关键技术研究。开展《完善新投入营运船舶燃料消耗量及CO_2排放限值标准》和《制订在役船舶退出营运市场燃料消耗量及CO_2排放限值标准》等研究。研究和编制《绿色内河船舶入级规范及指南》、《绿色海船入级规范及指南》、《营运船舶能效管理认证和环境分级规范标准》等；开展船舶柴油机氮氧化物排放TierIII的技术和标准研究。

（九）进一步健全节能减排统计、监测、考核体系。加强与国家统计局等部门的协调，建立和完善交通运输能耗统计制度，完善能耗统计核算与监测方法，加强船舶氮氧化物排放的统计监测，进一步建立健全交通运输节能减排统计监测考核体系。建立年度《交通运输节能减排低碳发展报告》发布制度。结合交通运输行业实际，积极推广合同能源管理，实行能源审计制度，开展能效水平对标活动，建立健全能源管理体系，实行能源利用状况报告制度。

（十）加强公共机构节能工作。继续按照国管局印发的《公共机构能源资源消耗统计制度》要求，按月度、季度、年度统计部机关及部属单位的能耗数据，做好分析，按期上报国管局，并将用能情况及时反馈给各用能单位。强化政府节能采购，严格执行政府优先和强制采购节能产品制度。重点加强公共机构节电、节水、节油工作。加快公共机构办公区节能改造。建立建设项目节能评审制度，部机关及部属各单位新建和维修改造项目必须通过节能评审。推进公务用车制度改革，按照国务院有关公务用车管理的文件要求，严格控制部机关、部属各单位公务用车编制和规模，加强车辆用油定额管理和考核，提高新购公务用车中自主品牌、节能和新能源汽车的比例。组织好全国节能宣传周的活动，加强日常性节能宣传教育，深入开展节能减排全民活动。

二〇一一年十一月九日

附录16　交通运输部关于加快推进公路路面材料循环利用工作的指导意见

（交公路发〔2012〕489号）

各省、自治区、直辖市、新疆生产建设兵团交通运输厅(局、委),天津市市政公路管理局:

路面材料循环利用是公路交通行业节能减排工作的重点之一,也是转变公路交通发展方式的重要内容。为加快推进公路路面材料循环利用工作,提出如下意见:

一、充分认识公路路面材料循环利用工作的重要性

按照国家发展循环经济和节能减排工作要求,部将建设资源节约型、环境友好型行业作为加快转变交通运输发展方式的重点,公路交通应在“两型”行业建设和节能减排方面发挥积极作用,而公路路面材料循环利用是潜力巨大、效果突出的建设养护环保技术之一。据测算,我国仅干线公路大中修工程,每年产生沥青路面旧料达1.6亿吨,水泥路面旧料达3000万吨。然而,据统计,目前我国公路路面材料循环利用率不到30%,远低于发达国家90%以上利用率的水平。加快推进公路路面材料循环利用工作,对促进公路交通事业可持续发展,节约资源、降低排放及保护环境具有重要意义。

二、指导思想和工作目标

(一)指导思想。

坚持以科学发展观为统领,通过技术创新、制度创新,建立有效的政策激励机制,科学有序推进公路路面材料循环利用工作,全面提升公路路面材料循环利用水平,在政策推进和扶持的基础上,形成公路路面材料循环利用新格局,加快构建资源节约型、环境友好型公路交通行业。

(二)工作目标。

到“十二五”末,全国基本实现公路路面旧料“零废弃”,路面旧料回收率(含回收和就地利用)达到95%以上,循环利用率(含回收后再利用和就地利用)达到50%以上,其中东、中、西部分别达到60%以上、50%以上、40%以上。到2020年,全国公路路面旧料循环利用率达到90%以上。

——高速公路:到“十二五”末,路面旧料回收率达到100%,循环利用率达到90%以上,其中东、中、西部分别达到95%以上、90%以上、85%以上。到2020年,路面旧料循环利用率达到95%以上。

——普通干线公路:到“十二五”末,路面旧料回收率达到95%,循环利用率达到70%以上,其中东、中、西部分别达到80%以上、70%以上、60%以上。到2020年,路面旧料循环利用率达到85%以上。

——农村公路:“十二五”期间,要积极开展路面旧料的回收与循环利用,到2020年,基本实现路面旧料的回收与循环利用。

三、主要任务

(一)科学制定工作方案。

各省（区、市）交通运输主管部门要科学制订公路路面材料循环利用工作方案，明确“十二五”及今后较长时期内公路路面材料循环利用的工作目标、重点任务和保障措施，层层分解任务并落实责任，确保公路路面材料循环利用工作的有序推进和目标的实现。

（二）加强路面旧料回收管理。

各省（区、市）交通运输主管部门要制定公路路面旧料回收管理办法，充分发挥市场机制作用，积极引导和支持路面旧料回收站点的建设。高速公路、普通干线公路大中修和改建工程的路面旧料应尽快实现集中回收与统筹利用。具备条件的农村公路路面旧料可集中回收与统筹利用，不具备条件的应就地利用，避免废弃和污染。

（三）加强路面材料循环利用技术推广。

各省（区、市）交通运输主管部门要积极引导并大力推广公路路面材料循环利用技术，综合考虑公路等级、工程性质及规模、路面旧料类型及质量、施工环境、交通与气候条件等因素，合理选用路面材料循环利用技术，面层材料与基层材料原则上应分别回收与循环利用，确保高价值的路面旧料得以科学高效的循环利用。

（四）加强工程设计源头管理。

公路改建和养护工程设计应优先采用路面材料循环利用技术，加强对路面再生结构组合和再生材料的设计，明确路面旧料预处理要求、再生混合料设计方法及技术标准，细化施工工艺、关键环节控制及质量检评标准，形成可靠耐久、经济合理的设计方案。

（五）加强工程施工管理。

要强化施工过程管理，确保路面材料循环利用工程施工条件、技术力量和管理监督同步到位。同时，要通过铺筑试验路段，验证施工工艺、关键环节控制及质量检评标准，确保路面材料循环利用工程的施工质量，使循环利用路面的使用寿命达到设计年限。

四、保障措施

（一）加强组织领导。

各级交通运输主管部门要切实加强领导，大力推进路面材料循环利用工作，建立一套管理到位、行之有效的监督运行机制，形成科学合理、便于实施的考核评价体系，做到路面旧料循环利用的科学统筹合理利用。省级公路管理机构和收费公路经营管理单位要根据工作方案与目标，有组织、有计划地推广一批质量稳定、性能优良的路面材料循环利用技术。

（二）加大政策扶持力度。

部将路面材料循环利用作为节能减排工作的重点，并将其纳入交通运输节能减排专项资金支持范围。省级交通运输主管部门要出台相应的补助扶持政策，积极争取地方财政专项资金补助和税费减免的优惠政策。各级交通运输主管部门和收费公路经营管理单位在制定公路改建、养护计划时，要明确提出路面材料循环利用要求，并作为工程设计和审查的重要内容。

（三）加强技术指导。

各地要加大路面材料循环利用技术的科研、应用和推广力度，通过试点引导，及时总结经验，解决技术瓶颈，检验适合本地特点的路面材料循环利用技术，不断完善地方技术标准、规程或指南，加快提高路面材料循环利用的科技含量和技术水平。部将加快制修订《公路沥青路面养护技术规范》、《公路水泥混凝土路面养护技术规范》、《公路沥青路面再生技术规范》、《公路水泥混凝土路面再生技术规范》等行业标准。

（四）加强技术培训与交流。

各单位要注重通过科研成果推广、示范工程建设、国内外交流合作等方式，广泛开展路面材料循环利用技术培训与交流。加强相关专业技术和管理人员培训工作，完善人才培养机制，培养一批技术水平高、创新能力强的专业技术和管理人才，培育一批结构合理、数量充足、素质优良的设计与施工队伍。通过定期组织路面材料循环利用业务培训、专项技能比赛等多种形式，提高工程技术人员业务水平和实操技能。

附录17 交通运输部关于港口节能减排工作的指导意见

（交水发〔2012〕551号）

各省、自治区、直辖市交通厅（委），天津市、上海市交通运输和港口管理局，部属各有关单位，有关港口企业，有关设计、科研单位：

"十二五"时期，是加快转变经济发展方式，建设资源节约型、环境友好型港口的关键时期。为进一步贯彻国家及部有关节能减排工作的方针、政策及相关要求，按照部节能减排工作领导小组的统一部署，不断深化港口行业节能减排工作，根据港口节能减排工作的整体情况，提出以下指导意见：

一、建立低碳绿色长效机制，确保《公路水路交通运输节能减排"十二五"规划》确定总体目标的实现

根据《公路水路交通运输节能减排"十二五"规划》确定的目标和《"十二五"水运节能减排总体推进实施方案》的实施情况，"十二五"期末，与2005年相比，港口生产单位吞吐量综合能耗下降8%，单位吞吐量CO_2排放量下降10%。

（一）完成港口节能减排任务，确保节能减排目标的实现，最根本的是要建立起低碳绿色港口发展长效机制。一是必须坚持政府引导与市场调节相结合、企业主体与科研院所提供技术支撑相结合、存量挖潜与源头控制相结合、技术创新与试点应用相结合的基本原则；二是因地制宜，根据各港的特点找准切入点、优化港口用能结构、实施能效管理、强化节能减排措施；三是加强组织领导，采取有效措施，应用推广节能减排技术；只有建立起低碳绿色港口发展长效机制，才能实现港口可持续发展，确保"十二五"期港口节能减排目标的实现。

二、加大清洁能源推广应用力度

鼓励利用清洁能源、可再生能源，提高港口使用清洁能源、可再生能源比例。优先采用电能或其他清洁能源作为动力源的工艺技术和装卸搬运设备，使码头装卸工艺系统各环节能力匹配，提高装卸效率、降低能耗。加快港口技术改造，加快淘汰高耗能、高排放、低效率的老旧设备。

（二）继续深化港口装卸机械"油改电"。完成现有轮胎式集装箱门式起重机（RTG）"油改电"和部分杂货码头轮胎式起重机的"油改电"工作。新建、改扩建集装箱码头使用电动RTG（ERTG）或轨道式集装箱门式起重机（RMG）；杂货码头鼓励使用电动轮胎式起重机。鼓励使用全电力驱动的装卸机械和水平运输工具。

（三）推进码头船舶岸电技术的应用。在邮轮、集装箱、散货等主要客、货运码头应配套建设码头船舶岸电设施或预留建设岸电设施空间和容量，鼓励各类码头应用码头船舶岸电技术。

（四）鼓励、支持试点采用LNG（液化天然气）清洁能源驱动港作船舶、港作车辆及其他流动机械。

（五）鼓励利用太阳能、风能等清洁能源为港口提供照明、生产、生活用能等服务。

（六）鼓励采用地热能、海洋能等可再生能源为港口提供制冷、供暖等服务。

三、积极推广节能减排技术和经验

积极应用成熟节能减排技术、大力推广先进节能操作法，优化组织流程、提高作业效率、减少能源消耗。

（七）减少电能损耗。大型专业化码头应推广变频调速、自动化系统控制技术；鼓励新建干散货码头应用带式输送机节能减排新技术；散货码头改造宜采用带式输送机系统节能控制技术。选用节能型变压器减少电能在传输过程中的消耗，充分利用港口装卸过程中产生的回馈能，减少能源浪费。新建港区或在老港区电网改造时，应与供电部门协调，积极采用先进技术治理高次谐波，减少高次谐波产生的附加损耗，提高港区电网供电质量。积极推广低碳绿色照明工程，科学、合理控制照明照度。使用LED（发光二极管）等节能灯具，采用分段、分时控制照明亮度、调整功率、无功补偿、高精度稳压等方式降低电能消耗、延长灯具使用寿命。

（八）提高作业效率。积极组织开展码头装卸生产组织优化研究，新码头建设和老港区的功能调整，要逐步实现管控一体化。优化港区布局和码头设计时应充分利用信息技术，使生产调度、运输组织更为合理，使工艺流程更为先进，提高设备运行效率。推广港口智能调度系统和办公无纸化作业。

（九）继续总结并推广应用先进的港口生产作业节能操作方法。从源头树立港口作业人员节能驾驶操作意识，加大港口节能操作培训。

四、加大先进节能减排技术的研发与推广力度

及时引进、消化与吸收国内外节能减排技术创新成果，积极采用新技术、新工艺、新设备、新材料等节能减排技术，提升港口企业核心竞争力。

（十）开展干散货码头堆场防风防尘成套技术的研究、应用与推广工作，从而达到节水、减少扬尘、改善港区空气质量的目的。

（十一）液体散货码头宜采用油气回收技术，对于油气码头及码头加油站点，鼓励采用先进的油气回收技术和装置。

（十二）继续加强港口含油、含煤污水和危险化学品污水集成处理技术的开发、应用与推广工作。

（十三）新港区建设和老港区改造中，继续推进雨污水收集与处理，并回用于绿化、洗车、道路喷洒、工业冷却、生活杂用水及港区特有的散杂货码头喷淋、洗舱等；在港口推广使用节水、环保器具，节约水资源、减少污染物排放。

（十四）开展停靠LNG动力船舶的码头布点方案、码头平面布置方案等相关技术的研究。

（十五）加大节能减排新设备在港口运输系统应用的研究。在煤炭码头开展底开门车技术应用、连续式卸船机的适用性研究。

（十六）开展节能减排监测检测技术研究。继续完善节能减排计量统计、监测考核等基础研究工作。

（十七）提倡采用低碳绿色节能技术，鼓励电能回馈、储能回用等节能技术的研究与应用。

（十八）开展港口水资源循环利用关键技术的创新研发。鼓励中水、海水淡化水、微咸水、雨水处理回用等有关技术的应用。

五、加强节能减排管理制度建设

各级交通（港口）主管部门和港口企业，要以高度的政治责任感，充分认识节能减排工作的重要性。按照建设低碳绿色港口的总要求，因地制宜切实做好港口节能减排工作。

（十九）建立健全节能减排工作机制，认真落实目标责任制。交通（港口）主管部门要研究相应的工作机制，确定专门机构和专人负责，加强与有关部门的协调和沟通，认真解决工作中的难点，制定相应的政策和措施，建立港口节能减排长效机制，推行节能减排工作的绩效考核制度。

（二十）以建设低碳绿色港口体系为目标，建立低碳绿色发展长效机制，实现港口可持续发展。

（二十一）在试点的基础上，逐步实施港口能效管理制度。建立能效管理体系，将能效管理纳入各个企业整体的结构化的管理体系予以实施，实现对能效全过程的控制与管理。

（二十二）完善深化节能减排计量管理和统计制度。要充分利用信息管理系统等现代化手段，加强节能计量和统计工作，实现能耗精准计量，以衡量节能重点，准确掌握能源消耗情况。

（二十三）健全节能减排监督管理体系。要进一步完善节能减排监测、监察制度，实现港口能耗在线实时监测，加大行业内重点耗能设备和运输装备的抽查检测力度，对达不到能耗限值指标的设备要坚决淘汰。

（二十四）各级交通运输（港口）主管部门和港口企业要建立节能减排工作激励机制。认真做好节能减排工作总结，对在节能工作中做出突出成绩的单位和个人予以表彰奖励。

（二十五）加强节能减排文化和队伍建设，积极开展港口节能减排与低碳科普行动。开展节能减排教育培训，加强国内外节能技术的经验交流与合作，加强国内港口企业之间、企业和科研单位之间节能减排经验、技术、操作法的交流。开展示范推广节能减排技术与经验的基础工作，建立试点和推广机制。不定期举办节能减排技术现场交流会，学习交流节能减排先进技术与管理经验，及时发布和推介节能减排新技术、新经验和新方法。

此外，要积极争取国家交通运输节能减排专项资金的支持，发挥节能减排专项资金的引导作用，推进港口节能减排新机制、新技术、新工艺、新产品的开发和应用。在节能技术与产品推广、重点行业的节能技术和工艺改造、重大节能技术试点示范项目、港口智能化运营管理以及节能减排统计监督考核体系建设等方面争取政策和资金的支持。

本意见自2012年11月1日起施行。原交通部2007年12月20日发布的《关于港口节能减排工作的指导意见》（交水发〔2007〕747号）文同时废止。

中华人民共和国交通运输部
2012年10月26日